Christoph Moeskes (Hg.)
Nordkorea

Christoph Moeskes (Hg.)

Nordkorea

Einblicke in ein
rätselhaftes Land

Ch. Links Verlag, Berlin

Die Deutsche Bibliothek verzeichnet diese Publikation
in der Deutschen Nationalbibliographie;
detaillierte bibliographische Daten sind im Internet
über http://dnb.ddb.de abrufbar.

1. Auflage, Mai 2004
© Christoph Links Verlag – LinksDruck GmbH
Schönhauser Allee 36, 10435 Berlin, Tel.: (030) 44 02 32-0
www.linksverlag.de; mail@linksverlag.de

Umschlaggestaltung: KahaneDesign, Berlin,
unter Verwendung eines Fotos von Arno Maierbrugger (Vorderseite)
und Andreas Taubert / Agentur Bilderberg (Rückseite)
Satz: Ch. Links Verlag, Berlin
Lithos: Uwe Friedrich, Berlin
Druck und Bindung: Friedrich Pustet, Regensburg

ISBN 3-86153-318-9

Inhalt

Inszenierung

Provinz

Lager

Hilfe

Austausch

Anhang

Einleitung

Schaukästen

In der Berliner Glinkastraße, umgeben vom müden Hupen des Hauptstadtverkehrs, übereinander geschichteten Baucontainern und einer Apotheke, die Medikamente in fünf Sprachen verkauft, steht ein Schaukasten. Nachts, wenn die Gegend menschenleer ist, strahlt dieser Schaukasten in hellem Neonlicht; tagsüber, wenn Beamte und Angestellte zur Mittagspause eilen und die wenigen Touristen, die es in diesen Teil von Berlin-Mitte verschlagen hat, im Stadtplan nachsehen, ob sie hier noch richtig sind, verzichtet man auf die Beleuchtung. Es bleibt sowieso niemand stehen, und wenn doch, bleibt er lange stehen, so lange, bis er nicht mehr weiß, ob das, was er gerade sieht, einer Halluzination entspringt oder ob er sich noch hoffnungsloser verirrt hat, als ein Tourist es jemals könnte.

Der Schaukasten ist ein Rätsel, eine Verstörung, eine Wunderkammer aus einer anderen Welt. Auf einem Foto bilden Tausende von Menschen ein pinkfarbenes Fahnenmeer. Darunter ist zu lesen: »Teilnehmer der Demonstration zu Ehren des 50. Gründungstages der Republik schreiten voller Zuversicht voran, sich einmütig um Kim Jong Il zusammenzuscharen und allenfalls eine aufblühende Großmacht aufzubauen.« Ein anderes Foto zeigt einen Mann mit Sonnenbrille. Er trägt einen khakifarbenen Blouson. Militärs umringen ihn. Sie tragen Armeeuniform. Darunter steht: »Kim Jong Il, Vorsitzender des Verteidigungskomitees der KDVR, während seiner Vor-Ort-Inspektion einer Einheit der Koreanischen Volksarmee (KVA) an der vordersten Frontlinie.« Andere Bilder zeigen eine »Teilansicht der rekonstruierten und modernisierten Hühnerfarm Sopho«, die »Bearbeitung von großen Achsen im Vereinigten Schwermaschinenwerk Taean« und – weniger imposant und Funken sprühend – »Kim Jong Il und Kim Il Sung während ihrer Besichtigung einer neu hergestellten Landmaschine«. Und dann erhebt sich eine Rakete in den Himmel, unscharf zwar, aber dennoch eine

Rakete: »Koreanischen Wissenschaftlern und Technikern gelang es im Jahr 1998, als sich das Land wegen der Machenschaften der Imperialisten in der schwierigsten Lage befand, den ersten künstlichen Erdsatelliten, den sie mit eigener Technik entwickelt hatten, mit Hilfe einer mehrstufigen Rakete auf einmal auf seine Umlaufbahn zu bringen.«

Was hat das alles zu bedeuten? Ist der Schaukasten ein modernes Kunstobjekt? Oder ist er ein vergessenes Relikt aus jenen Zeiten, als es die DDR noch gab? Oder ist er etwas anderes, etwas vollkommen Eigentümliches und Fremdes? Der kleine Schaukasten in der Berliner Glinkastraße macht den unvoreingenommenen Betrachter sprachlos. Er gehört der Demokratischen Volksrepublik Korea, die hier seit 30 Jahren ihre Botschaft unterhält.

Wir wissen nicht viel von diesem Land, und das wenige, was wir wissen, schrumpft auf ebenso wenige Bilder zusammen, wie sie in dem Schaukasten hängen. Nordkorea, so der uns geläufige Name des Landes, das einen Satelliten »auf einmal« (und nicht etwa stückweise) in den Weltraum geschossen haben will, hat sich als Chiffre für das Groteske etabliert. Es ist das Land, dessen Berge, Täler und Flüsse in die wochenlange Wehklage der Bevölkerung über den Tod des Staatsgründers und Großen Führers Kim Il Sung im Jahr 1994 eingestimmt haben.[1] Es ist das Land, das als einziger der noch bestehenden sozialistischen Staaten eine dynastische Erbfolge eingerichtet hat und Kim Jong Il, den Sohn Kim Il Sungs, als Geliebten Führer ebenfalls gottgleich verehrt. Es ist das Land, in dem der so Beerbte zum Staatsbesuch in Russland drei Wochen mit einem Sonderzug durch Sibirien rollt oder dem Zoo der Hauptstadt Pjöngjang »15 von seiner tiefen, liebevollen Fürsorge durchdrungene Dekorations- und Schoßhunde« schenkt, damit sie »dem Volk zur Freude und zum Ansporn«[2] dienen. Es ist das Land, das das Jahr, in dem wir leben, nicht mit »2004«, sondern auch mit »Juche 93« angibt,[3] der Staatsideologie, die der vor 92 Jahren geborene Große Führer und nunmehr Ewige Präsident Kim Il Sung ersonnen hat.[4]

Des Bizarren und Abstrusen ist noch mehr in Nordkorea. Doch in unserem eigenen Schaukasten hängen auch Bilder, die das Land mal als »besorgniserregenden Staat«, mal als »Schurkenstaat«, mal auf der »Achse des Bösen« zu zeichnen suchen. Es sind ebenso unscharfe Bilder wie das der Rakete in dem nordkoreanischen Schaukasten. Sie zeigen Leichtwasserreaktoren oder Luftaufnahmen vom Kernkraftwerk Yongbyon. Es sind Bilder, die uns Angst machen und machen sollen, weil sie aus einem Land stammen, das möglicherweise über Nuklearwaffen verfügt, in jedem Fall aber als unberechenbar und enigmatisch, für manche sogar als geradezu verrückt gilt.

Daneben hängen in unserem Schaukasten vielleicht noch ein, zwei Fotos, die nicht nur Schrecken verbreiten, sondern wirklich schrecklich sind. Die Bilder zeigen auf dem blanken Boden sitzende Kinder, von schwachem Dämmerlicht beleuchtet, mangelernährt von Kräutern und Moos. Sie wurden jenseits der chinesischen Grenze aufgenommen. Die jungen Nordkoreaner, die dem Hunger in ihrer Heimat entfliehen konnten, singen manchmal noch ein Kinderlied: »Am Morgen und Abend denken wir an unseren Großen Führer Kim Il Sung. Müssen wir auch große Härten durchstehen, wir folgen seinem Weg.«[5]

Geschlossene Gesellschaft

Auch wenn diese Bilder von Nordkorea zutreffen, fällt die Vorstellung doch schwer, dass ein Land ausschließlich aus Groteske und Schrecken bestehen soll. 22 Millionen Menschen können nicht ihr ganzes Leben lang damit befasst sein, dem Großen und dem Geliebten Führer zu huldigen, Raketen mit Nuklearsprengköpfen zu bauen oder Kräuter zu essen. Sie sind nicht wahnsinnig. Sie leben, schlafen, träumen, lachen wie wir. Sie tun dies allerdings seit über einem halben Jahrhundert unter ungewöhnlichen Bedingungen. Und für uns ist merkwürdig, dass wir nicht wissen, wie ungewöhnlich diese Bedingungen tatsächlich sind. Die wenigen tausend Besucher,[6] denen die Behörden in Pjöngjang jährlich Zutritt in ihr Land gewähren, verbringen zwar die Tage mit den Nordkoreanern, aber noch nie hat ein Ausländer den Alltag mit ihnen geteilt. Die Gäste stehen unter ständiger Aufsicht, Begegnungen sind sorgfältig arrangiert.

Dieser doppelte Verschluss macht den Aufenthalt in Nordkorea zu einer einzigartigen Erfahrung: Was ist echt, was inszeniert, was zufällig? Die Besucher ihrerseits, sofern sie das Land wenigstens ansatzweise begreifen wollen (ganz verstehen kann man es wohl nicht), sollten sich fragen: Was in Nordkorea ist asiatisch, was koreanisch, was nordkoreanisch? Erscheint uns das Land vielleicht

nicht deswegen seltsam, weil uns seine kulturellen und geschichtlichen Kontexte verborgen sind?

Nordkorea-Reisende betreten zunächst ein Land, das aus jeglicher Zeit gefallen zu sein scheint. Neonreklame gibt es ebenso wenig wie mittelalterliche Siedlungen, die glucksenden Gesänge der
traditionellen koreanischen Pansori-Sänger sind ebenso wenig zu
hören wie Madonna oder Elvis. Stattdessen sehen die Besucher Au-
tobahnen, auf denen kaum ein Wagen fährt, Hotels, in denen sie oft
die einzigen Gäste sind, und eine Hauptstadt, die rätselhaft entvöl-
kert ist. Nordkorea ist ein stilles, leeres Land. Es scheint zu modern,
um rückständig zu sein – und zu anders, um als modern zu gelten.
Seine Farben und Geräusche wirken eigentümlich gedämpft, als
wenn das Leben, wie wir es kennen, eine Verausgabung wäre und jenes ein Vorhalt zukünftiger Bedürfnisse.

Umso schriller muten die Proklamationen an, mit denen der Staat
sich darzustellen sucht. Bei den Arirang-Massenspielen, die allsom-
merlich im Kim-Il-Sung-Stadion in Pjöngjang stattfinden, halten
20 000 Nordkoreaner bunte Farbtafeln hoch. In atemberaubender
Synchronisation bilden sie ständig wechselnde menschliche Mo-
saike. »Die Republik mit Blut verteidigen!«, lautet eine der von
Bombeneinschlägen oder Wildgänsen flankierten Botschaften, aber
auch: »Korea ist eins.« Militärmusik schallt aus den Lautsprechern.
Auf dem Rasen fügen sich Tausende junger Turnerinnen und Turner
zu einem Umriss Koreas zusammen, als wenn die Wiedervereinigung des seit 1953 geteilten Landes unmittelbar bevorstünde. Was
im Berliner Schaukasten noch ausgespart ist, wird hier mit allem,
was zur Verfügung steht, verkündet: Südkorea ist ein Konstrukt der
Amerikaner, der Norden der Hüter des wahren Korea. Dass es bei
den Aufführungen ungleich mehr Mitwirkende als Zuschauer gibt,
ist unerheblich: In Nordkorea zählt die Botschaft und nicht der
Empfänger, hier zählt das Medium der Masse und nicht der einzelne
Empfang.

Der Effekt, den diese Unvertrautheit auch für Gäste aus anderen
asiatischen Ländern mit sich bringt, ist enorm. Das totalitäre Regime führt seine Besucher durch eine totale Staatsinszenierung. Sobald sie am Bahnhof oder Flughafen in Pjöngjang eingetroffen sind,
werden sie von der örtlichen Reiseleitung in Empfang genommen,
die sie von nun an auf Schritt und Tritt begleitet. Außer mit dem
Fahrer, Dolmetscher und Reiseführer hat der Tourist allenfalls noch

mit solchen Nordkoreanern zu tun, die im Hotel, in besonderen Verkaufsläden oder als Erklärer an den Sehenswürdigkeiten arbeiten. Zufällige Kontakte sind ausgeschlossen. Die Entourage hetzt durch die menschenleeren, sechsspurigen Boulevards der Hauptstadt von einem Denkmal zum anderen, von einem Schauobjekt zum nächsten. Im Koreakrieg von 1950 bis 1953 nahezu vollständig zerstört, erscheint das wiederaufgebaute Pjöngjang weniger wie eine Stadt denn wie eine Sammlung von Kulissen, eine kapitale Behauptung, ein Schaukasten ähnlich dem in der Berliner Glinkastraße, nur riesenhaft in die dritte Dimension vergrößert. Für die 2,7 Millionen Einwohner gilt es als Privileg, dort zu leben. Den übrigen Nordkoreanern ist die Hauptstadt zentraler Wallfahrtsort, der Fortschritt und Größe des Landes nicht nur versinnbildlicht. Er offenbart sie.

Jeder Neuankömmling, ob aus dem Ausland oder den anderen Landesteilen, muss sich in Pjöngjang einer Initiation unterziehen, die ihn als würdig erweist, die Kunststadt bestaunen zu dürfen. Delegationsbusse aus Nampo im Westen, aus Hamhung und Chongjin im Norden, aus Wonsan im Osten oder aus kleinen Städten und Dörfern parken am Mansu-Hügel im leer gefegten Herzen der Stadt; ein Volvo oder Kleinbus, dem Touristen entsteigen, steht daneben. Sie alle schreiten zur 20 Meter hohen Bronzestatue Kim Il Sungs, legen Blumen nieder und verbeugen sich. Das Denkmal wurde 1972 zum 60. Geburtstag des Großen Führers errichtet, ebenso das Revolutionsmuseum, an dessen Seitenwand es steht. In Korea wird der 60. Geburtstag traditionell als besonderer Ehrentag gefeiert, Kim Il Sungs 70. ließ jedoch Konfetti und noch mehr Bauwerke regnen. So wurde 1982 der Triumphbogen eingeweiht, der mit seinen 60 Metern höher als der in Paris ist und an den heldenhaften Widerstand gegen die Japaner erinnern soll, die Korea von 1910 bis 1945 annektiert hatten. Ferner wurden eingeweiht: der Große Studienpalast des Volkes, eine Eisbahn und der Juche-Turm, dessen Kunstfackel die Staatsideologie in einer Höhe von 170 Metern symbolisiert und damit sein Pendant, das Washington Monument, um einen Meter überragt.

Kein Land der Gegenwart ist schon so lange so sehr von der übrigen Welt abgeschottet wie Nordkorea. Doch die Anleihen, derer sich der Staat bedient, stammen nicht allein aus koreanischen und sozialistischen Traditionen, sondern eben auch aus jener Welt, von der er sich abzugrenzen versucht. Nirgendwo wird dieser Widerspruch so deutlich wie in der Staatsideologie Juche. »Der Ausdruck«, schreibt der amerikanische Koreakenner Bruce Cumings, »ist wirklich unübersetzbar. Je näher man seiner Bedeutung kommt, desto mehr entzieht sie sich.«[7] Juche verbindet Elemente des Marxismus-Leninismus, des Nationalismus, christlicher Heilserwartung und konfuzianischer Hierarchievorstellungen zu einer schwer greifbaren Universaltheorie, die das gesamte Leben in Nordkorea durchdringt. Sie ist in den unzähligen Werken und Sprüchen ihres Erfinders Kim Il Sung ebenso niedergelegt wie in der Verfassung, deren 4. Artikel die Juche-Ideologie als Leitprinzip des Staates definiert. Wörtlich übersetzt bedeutet Juche »Subjekt«. Kim Il Sung führte den Begriff 1955 ein, um sich von sowjetischen Einflüssen zu lösen und den eigenen Aufbau des Sozialismus voranzutreiben. Was als Mittel zur Entkolonialisierung verstanden werden kann, erwuchs in der Folgezeit zu einer selbstreferentiellen Doktrin, die sich gegen jegliche Einflüsse von außen wehrte und in der Wirtschaft eine radikale Autarkie zur Folge hatte.

Juche umfasst nicht nur das Bekenntnis zur Nation. Der Begriff beschreibt auch eine innere Verfasstheit, eine allzeit bereite Meditation, die Gedanken des Großen Führers mit den eigenen in Einklang zu bringen und sie in die Tat umzusetzen. Um an dem überlegenen Geheimwissen teilzuhaben – das nichts anderes als ein Mittel der Herrschaftssicherung Kim Il Sungs ist –, bedarf es der besonderen Schulung. Ausländern wird sie immer seltener zuteil, seitdem Pjöngjang um 1990 davon abgerückt ist, die Ideologie missionarisch in die Welt zu verbreiten. Wir wissen nicht genau, wie Nordkoreanern Juche vermittelt wird. Doch die Erziehung dürfte kaum anders ablaufen, als es der Österreicher Walter Pfabigan Anfang der achtziger Jahre erlebt hat – als stundenlanger, sich täglich wiederholender Frontalunterricht. »Das Ziel einer ›Erziehung in Dschutsche‹ ist nicht der kompetent-kritische Diskutant der Ideen des Führers, sondern der gehorsame Untertan«, schreibt Pfabigan in seinem Buch »Schlaflos in Pjöngjang« und fährt ermattet fort: »Allmählich habe ich das Gefühl, dass mein Verstand abstirbt; mechanisch schreibe ich mit. (...) Aber plötzlich geschieht etwas in mir: All das wird mir irgendwie plausibel, eine unklare Bereitschaft zur Zustimmung entsteht. Wäre das Leben nicht vielleicht wirklich leichter mit einem Führer?«[8]

Der erfolglos verführte Student aus Westeuropa hatte die Wahl, ob er sich dieser Obhut anvertraut. Die Nordkoreaner haben sie nicht. Sie werden schon von Kindesbeinen an auf den Großen und den Geliebten Führer eingeschworen, die in rastlosem Einsatz das Volk zur Verwirklichung von Juche anleiten. Diese extrem enge Bindung kann dauerhaft nur funktionieren, wenn die Gesellschaft als »große Familie« organisiert ist, innerhalb derer stark abgegrenzte Hierarchien herrschen. Bruce Cumings macht dabei zwei Machtkreise aus: »Das nordkoreanische System besteht nicht nur aus der hierarchischen Struktur von Partei, Armee und Staatsbürokratie. (...) Es besteht überdies aus einer Hierarchie immer größer werdender konzentrischer Kreise. (...) Im Zentrum steht Kim. Der nächste Kreis ist seine Familie, der nächste die Guerillas, die mit ihm kämpften, dann kommt die Parteielite.«[9] Innerhalb dieser Koordinaten finden in Nordkorea Politik und sozialer Auf- und Abstieg statt. Dabei kommt alles Gute direkt vom »sorgenden Vater« Kim Il Sung. Alles Schlechte wird dem Ausland, den »Volksfeinden« oder – als kleines Zugeständnis an eventuelle eigene Unzulänglichkeiten – der schleppenden Bürokratie zugeschrieben.

Juche ist für uns die erste merkwürdige Bedingung, unter der die Nordkoreaner leben. Die unbedingte Hingabe an Kim Il Sung und seinen Sohn Kim Jong Il ist die zweite. Ihr Personenkult sprengt jede Vorstellung. Für Ausländer zeigt sich die Führerverehrung zuerst in der sichtbaren Welt. Wie in Pjöngjang stehen im Zentrum jeder Stadt große metallene Kim-Il-Sung-Statuen, zu denen die Nordkoreaner besonders am Geburtstag des Ewigen Präsidenten strömen. In öffentlichen Gebäuden und Wohnungen hängen eingerahmte Bildnisse des Großen Führers und des Geliebten Führers. Die Porträts werden mit Bürsten gereinigt, die in besonderen Behältnissen aufbewahrt werden. Sollte eines nicht mehr im Originalzustand sein, wird dies als politisches Verbrechen geahndet. In Schulen, Betrieben und Kasernen gibt es besondere Räume, in denen die Werke des Großen und die des Geliebten Führers studiert werden, ähnlich den »Lenin-Zimmern« in der Sowjetunion der dreißiger Jahre.[10]

Neben sozialistischen Vorbildern rekurriert der Personenkult auf Huldigungsformen, wie sie im alten konfuzianischen Korea üblich waren. König Yongjo etwa, der von 1724 bis 1776 herrschte, galt als »höchster Geist der Nation«. Seit ungefähr 1970 aber hat der Führerkult ein Ausmaß erreicht, das die Trennschärfe dessen, was sich aus alten und was sich aus jungen Traditionen speist, in einen einzigen großen Propagandataumel auflöst. Soweit bekannt ist, musste sich Kim Il Sung in den sechziger Jahren gegen innenpolitische Widersacher behaupten. Das Erreichen der endgültigen Machtfülle mag dazu beigetragen haben, dass die Verehrung danach grenzenlos wurde. Entscheidend ist aber, dass ein Personenkult, je länger er währt, immer intensiver betrieben werden muss, um sich nicht zu verbrauchen. Seit Anfang der siebziger Jahre tragen Nordkoreaner eine Anstecknadel mit dem Porträt des Großen Führers; in den achtziger Jahren, als Kim Jong Il öffentlich zum Nachfolger aufgebaut wurde, kamen auch solche hinzu, die ihn, den Geliebten Führer, zeigen. Fremde können diese sichtbaren Zeichen der Zugehörigkeit zur »großen Familie« nicht erwerben, obwohl die Souvenirläden des Landes zahlreiche andere Anstecknadeln, mehrsprachige Propagandabroschüren und auch kleine Juche-Türmchen aus Alabaster bereithalten. Nur Ausländer, Kinder und Menschen in Berufsbekleidung tragen keine Buttons mit den Bildnissen Kim Il Sungs und Kim Jong Ils. Der Geliebte Führer naturgemäß auch nicht – er ist schließlich mit dem Gehuldigten identisch und kann sich schwerlich selbst bewundern.

Die Identität zwischen den beiden Führern und dem Land geht so weit, dass Nordkorea allein aus ihnen zu bestehen scheint. In die Berge sind in riesigen koreanischen Lettern Slogans eingehauen, die Kim Il Sung ein langes Leben wünschen oder zur Anstrengung in Juche anhalten. Diese Art der Verewigung ist in Ostasien nicht ungewöhnlich. Wanderer und Mönche haben seit je Gedichte oder ihren Namen in der Landschaft hinterlassen. Dies entspringt einer romantischen Übereinstimmung mit der überwältigend schönen Natur, in Nordkorea jedoch einer proklamierten Übereinstimmung der Natur mit einer Person. Überall, wo der so in die Ewigkeit Gehauene Rast machte, ist heilige Erde, sind Bänke oder Baumstümpfe liebevoll eingezäunt. Ebenso geweiht ist jede Einrichtung, die Kim Il Sung in den 40 Jahren seiner exorbitanten Reisetätigkeit besucht hat. Die Vor-Ort-Belehrungen, die der Allwissende in Chemiekombinaten, Schulen, Kliniken, Kasernen, Fischaufzuchtanlagen oder Schuhfabriken abgehalten hat, sind haargenau protokolliert und unverzüglich in den Erziehungskanon eingegangen.

Der ebenso propagierte wie beherzigte Personenkult spielt sich in einem nahezu völlig sterilen Umfeld ab. Das ist für uns die dritte

Merkwürdigkeit, unter der die Nordkoreaner leben. Für fast jeden ist es seit dem Ende des Koreakrieges 1953 unmöglich, sich aus anderen Medien als den staatlichen zu informieren. Ausländische Zeitungen, Zeitschriften und Bücher sind nur wenigen Privilegierten zugänglich. Fernseh- und Radiogeräte sind auf die staatlichen Sendefrequenzen fixiert. Das Fernsehen hat drei Kanäle, wobei zwei nur am Wochenende senden, das Radio elf. Wer ein Gerät kauft, wird registriert. So kann überprüft werden, ob an den Empfängern nachträglich manipuliert wurde. Unter diesen Bedingungen muss jeder Ausländer gleichsam auch als Medium gelten, als potentieller Störsender, der imstande ist, das Informationsmonopol des Staates zu unterlaufen. Kontakt zu Fremden ist daher ausschließlich streng ausgewählten und geschulten Personen gestattet. Untersagt ist seit langem auch die Berührung mit der eigenen Geschichte, sofern sie nicht den staatlichen Vorgaben gehorcht: Koreanische Bücher, die vor 1945 erschienen sind, können so gut wie gar nicht eingesehen werden. Und selbst solche, die in der Demokratischen Volksrepublik gedruckt wurden, gibt es nur in der aktuellen Fassung oder für handverlesene Kader. Aus älteren Ausgaben ließen sich womöglich Widersprüche ableiten, wo es keine Widersprüche geben darf.[11]

So steht die nordkoreanische Propaganda da wie ein Denkmal, das sich ständig selbst erbaut, und fast scheint es, als wäre das gesamte Land ein einziges Denkmal, ein Monolith aus plärrenden Lautsprecherdurchsagen, wehenden Transparenten und unendlicher Schulung, ein einziges großes Denkmal-Nicht. Jeder Bürger, der jünger als 60 Jahre ist (das sind die meisten) und keinen Kontakt zum Ausland hat (das sind die allermeisten), hat in seinem Leben nichts anderes kennen gelernt als die vermeintliche Überlegenheit des nordkoreanischen Staates, die liebevolle Fürsorge Kim Il Sungs und Kim Jong Ils und die grenzenlose Anstrengung, ihnen die erwiesene Güte durch Loyalität zu vergelten. Wir kennen nicht den gesamten Umfang der Indoktrination. Doch schon Grundschüler können komplette Aufsätze der beiden Führer rezitieren und wissen über jedes noch so nebensächliche Ereignis ihrer Biographien bescheid. Nichts sagt mehr über den später erfahrenen Mangel an Freiheit aus als der Umstand, dass die Kindheit in Nordkorea als die glücklichste Zeit gilt.

Widerstand und wieder Krieg

Als ich im Frühjahr 2000 als Tourist in Nordkorea war, besuchte ich mit meinen beiden Begleitern eine Aufführung im Palast der Schulkinder. 12- bis 14-Jährige spielten in Glitzerkostümen Schlagermusik, Akrobatik wurde geboten, Ballett, Sologesang, wieder Schlagermusik, und am Ende fuhr ein jugendliches Symphonieorchester hydraulisch aus dem Graben. Es war eine perfekte Aufführung. Doch nicht das begeisterte das nordkoreanische Publikum. Auch nicht die Bilder, die in der einstündigen Inszenierung an die Bühnenwand projiziert wurden und bonbonfarbene Landschaften und Fantasiehochhäuser zeigten. Es war das Foto Kim Il Sungs, das plötzlich – das Orchester hatte gerade den Bühnenboden erreicht – auf der Leinwand erschien. Begeisterungsstürme brandeten auf. Die Nordkoreaner erhoben sich, klatschten in die Hände, jauchzten auf und setzten sich wieder, als das nächste Dia kam und einen feuerroten Sonnenuntergang zeigte.

So mechanisch die Begeisterung wirkte, sie war dermaßen fulminant, dass sie – andere Worte fehlen – nur echt zu nennen war. Die Nordkoreaner tun offenbar nicht nur so, als liebten sie ihren Großen Führer, sie lieben ihn tatsächlich. Für Außenstehende ist diese Liebe unfassbar. Eine Studie des amerikanischen Geheimdienstes CIA stellt fest: »Die Menschen sind unfähig, über den Staat, die Partei, Regierungsinstitutionen, über Moral, ihre eigenen Wünsche und so gut wie alles andere zu reden, ohne sich andauernd auf Kim Il Sung zu beziehen. (...) Es ist für junge Leute nicht ungewöhnlich zu weinen, sobald sie über die ›grenzenlose Güte‹ Kims sprechen, der sich um sie, die Kriegswaisen, sorgt.«[12]

Wie können junge Leute sich als Kriegswaisen bezeichnen, wenn sie den Koreakrieg nicht miterlebt und leibliche Eltern haben, die sich tatsächlich liebevoll um sie kümmern? Offenbar hat der bei uns nur noch als geschichtliche Fußnote wahrgenommene Krieg zwischen Nord und Süd Erfahrungen und Gefühlszustände hinterlassen, die für die nordkoreanische Gegenwart genauso wichtig sind wie für die Vergangenheit. Er scheint das eigentliche Prinzip zu sein, auf dem der Staat seine Proklamationen gründet und zur unbedingten Abwehrbereitschaft gegen mutmaßliche Feinde, insbesondere die USA, anhält. Viele Museen, Filme, Opern und Plakate wollen diese geschichtlichen Strategien in die Jetztzeit transportieren. Andere Werke der Propaganda haben einen anderen, nicht minder kriegerischen Inhalt. Sie befassen sich mit dem Widerstand gegen die japanischen Kolonialherren. Die 40-jährige Besatzung und der Koreakrieg sind auf der gesamten Halbinsel nicht vergessen. In Nordkorea aber sind sie staatstragend.

Für die längste Zeit war Korea ein verschlossenes, von Bauern, Feudalherren und einer hohen Kultur geprägtes Land. Der Begriff »Einsiedlerreich«, der heute dem Norden der Halbinsel nicht ohne Grund zugeschrieben wird, wurde bereits im 19. Jahrhundert vom Ausland geprägt. Es schaute begehrlich auf Korea, nachdem die Briten 1842 China und die Amerikaner 1854 Japan zur Öffnung gezwungen hatten. 1836 hüllte sich der erste französische Missionar, der das Land durchstreifte, noch in ein Trauergewand. So vermied er, dass ihn jemand ansprach und seine mangelnde Sprachkenntnis aufdeckte. 1866 aber fuhr das bewaffnete amerikanische Handelsschiff »General Sherman« den Fluss Taedong hinauf, lief kurz vor Pjöngjang auf eine Sandbank und wurde niedergebrannt. So erfolgreich dieser Widerstand gegen die Fremden auch war, aufhalten konnte er sie nicht. Das Ringen um wirtschaftlichen und strategischen Einfluss gewannen Anfang des 20. Jahrhunderts die Japaner. Nach Kriegen gegen Russland und China kam die koreanische Halbinsel in den Besitz des expandierenden Kaiserreiches, 1905 durch einen Protektionsvertrag, 1910 durch Annexion.

Die Kolonialherren unterwarfen das Land einer rücksichtslosen Japanisierung. Ein riesiger Polizei- und Verwaltungsapparat wachte darüber, dass das Land ausschließlich zum eigenen Vorteil modernisiert wurde. »Die Diskriminierung war beträchtlich: Nach dem 1911 erlassenen Unternehmensgesetz konnten Koreaner eine Geschäftstätigkeit nur mit Zustimmung der Regierung aufnehmen; Eisenbahn, Kommunikationswesen und Bergbau gingen in japanischen Besitz über. 1939 wurden alle Koreaner verpflichtet, ihre Namen in mehrsilbige japanische Vor- und Zunamen umzuwandeln. In der Schule und am Arbeitsplatz war die koreanische Sprache offiziell verboten.«[13] Außer dem Adel, der besonders im Süden mit den Besatzern paktierte, fühlten sich viele zum Widerstand herausgefordert. Zwischen 1905 und 1910 erhoben sich Bauern gegen die verhassten Besatzer, Tausende Koreaner ließen ihr Leben.

Der Guerillakampf etablierte sich trotzdem als Hauptmittel des Widerstands. Während nationalliberale Gruppen seit den zwanziger Jahren das Selbstbestimmungsrecht der Völker einforderten, versuchten die Kommunisten Tatsachen zu schaffen und die Japaner zu schlagen, wo sie nur konnten. In den dreißiger Jahren entstanden zahlreiche kleine Kampfgruppen, die im unzugänglichen Norden der Halbinsel operierten wie in der ebenfalls von Japan besetzten Mandschurei. Einer dieser beweglichen Überraschungstrupps wurde von Kim Il Sung angeführt, der sich seit 1932 den Ruf eines charismatischen Befreiungskämpfers erworben hatte. Anfang der vierziger Jahre ging Kim Il Sung nach Sibirien, um seine Kriegskünste in sowjetischen Trainingslagern zu verfeinern. Im russischen Chabarowsk wurde ihm am 16. Februar 1941 ein Sohn geboren: Kim Jong Il. Der Makel ausländischer Herkunft machte der nordkoreanischen Legendenindustrie nicht sonderlich zu schaffen. Sie verjüngte ihn um ein Jahr und versetzte seinen Geburtsort kurzerhand in ein »Revolutionscamp« am Berg Paektu, der am stärksten verehrten koreanischen Gebirgslandschaft.

Solcherlei Legenden waren noch nicht nötig, als Japan im Sommer 1945 den Zweiten Weltkrieg verloren hatte und aus Korea abzog. Der ehemalige Guerillero Kim Il Sung und seine Waffenbrüder kehrten nach Pjöngjang zurück und begannen, den Norden nach sozialistischem Vorbild neu zu ordnen. Dabei reduzierte Kim Il Sung, soweit bekannt ist, ebenso geschickt sowjetische Machtansprüche wie die seiner kampferprobten Kameraden. Moskau baute die Verwaltung auf und rüstete bis 1948 die Armee. Kim Il Sung jedoch führte eine Landreform durch und stilisierte sich immer mehr zum alleinigen Herrscher. 1949 hieß er bereits so, wie er die nächsten 45 Jahre genannt werden sollte: *suryong* – Großer Führer. Unmittelbar nach Kriegsende war dieser alte koreanische Ehrentitel Stalin vorbehalten gewesen.[14]

Der südliche Teil der Halbinsel war von diesen Entwicklungen kaum berührt. Hier bildeten die Vereinigten Staaten übergangsweise eine Militärregierung. Beim Neuaufbau des Landes stützte sich der Sieger des Zweiten Weltkrieges vornehmlich auf die alten Eliten, die sich mit der japanischen Besatzungsmacht arrangiert hatten. Dies führte zu erheblichen Spannungen zwischen Konservativen auf der einen Seite und linken Intellektuellen, Bauern und Arbeitern auf der anderen Seite. Wieder kam es zu Guerillakämpfen, die vom Norden unterstützt wurden. Die Amerikaner setzten daraufhin den 38. Breitengrad als Trennlinie der Einflussbereiche fest, die Sowjets widersprachen ihnen nicht. Um die Situation zu entschärfen, sollten unter Aufsicht der Vereinten Nationen (UN) bald Wahlen im noch ungeteilten Korea abgehalten werden. Doch der Norden verweigerte sich dem. So wählte der Süden eine Nationalversammlung, die am 15. August 1948 die Republik Korea mit dem Präsidenten Rhee Syng Man an der Spitze gründete. Die Hälfte der Parlamentssitze blieb unbesetzt.

Der Norden antwortete schnell. Am 9. September gründete sich die Demokratische Volksrepublik Korea. Aus zwei konkurrierenden Verwaltungen waren zwei rivalisierende Regierungen geworden, die einen jeweils eigenen Machtanspruch auf die ganze koreanische Halbinsel hegten. Auf beiden Seiten kam es zu Schusswechseln, und noch bevor das Wort vom Kalten Krieg geprägt war, war er bereits in seine heiße Phase getreten.

Bis heute ist unklar, welche Seite den unmittelbaren Kriegsanlass gegeben hat. Fest steht, dass am 25. Juni 1950 nordkoreanische Truppen den 38. Breitengrad überschritten und in den Süden einmarschierten. Die südkoreanische Armee war dem Ansturm nicht gewachsen. Binnen weniger Tage fiel Seoul, und nach wenigen Wochen kontrollierte der Norden 90 Prozent der Halbinsel. Die Vereinten Nationen riefen ohne die Stimme der Sowjetunion dazu auf, den Süden zu unterstützen. Im September 1950 landeten amerikanische Truppen unter General MacArthur im Süden der Halbinsel. Die Amerikaner führten den Kriegseinsatz der UN an, an dem in geringem Umfang auch Truppen aus Südkorea, England, Frankreich und elf weiteren Nationen beteiligt waren. In kurzer Zeit konnten die Alliierten die nordkoreanische Armee wieder hinter den 38. Breitengrad zurückdrängen.

General MacArthur wollte sich damit nicht zufriedengeben. Seine Bomber überzogen den Norden mit Luftangriffen, bei denen auch Napalm eingesetzt wurde, jenes Brandmittel, das im späteren Vietnamkrieg traurige Berühmtheit erlangen sollte. Die Nordkoreaner konnten dem wenig entgegenhalten. Viele verbarrikadierten sich unter der Erde. Ende Oktober 1950 erreichten die UN-Truppen den Amnokgang, den Grenzfluss zu China. Durch die Präsenz der Amerikaner sah sich nun die 1949 gegründete Volksrepublik bedroht. China sandte Hunderttausende Soldaten, die im Winter gemeinsam mit nordkoreanischen Einheiten die UN-Truppen zeitweilig bis hinter Seoul zurückdrängten. Im Frühsommer 1951 hatte sich die Front etwas nach Norden verschoben und war wieder dort angekommen, wo der Krieg seinen Ursprung genommen hatte: am 38. Breitengrad.

In den beiden folgenden Jahren verhandelten die Kriegsparteien über einen Waffenstillstand, während die Kämpfe unvermindert weitertobten und der amerikanische Präsident Eisenhower sogar mit dem Einsatz der Atombombe drohte. Am 27. Juli 1953 schließlich einigten sich die Vereinten Nationen und Nordkorea im Grenzdorf Panmunjom darauf, die Waffen ruhen zu lassen. Die Vereinbarung gilt bis heute; einen Friedensvertrag gibt es nicht. Es wird geschätzt, dass der Krieg, der streng genommen als Bürgerkrieg begann und sich rasch zum offenen Regionalkonflikt im beginnenden Kalten Krieg auswuchs, bis zu drei Millionen koreanische Zivilisten und 700 000 koreanische Soldaten das Leben kostete; etwa eine Million chinesische, 54 000 amerikanische und 3200 weitere alliierte Soldaten fielen ihm zum Opfer.[15]

Nirgendwo ist die Erinnerung an die verheerenden Kämpfe so lebendig wie in Nordkorea. In China wird die verlustreiche sozialistische Bruderhilfe als Episode wahrgenommen. In Amerika wird der »Einsatz für Frieden und Freiheit« vom öffentlichen Scheitern im Vietnamkrieg nahezu vollständig überdeckt. Und in Südkorea war man in den folgenden Jahrzehnten vor allem mit dem Ausbau zur Wirtschaftsmacht und dem Abbau diktatorischer oder autoritärer Regierungsstrukturen befasst. In Nordkorea aber haben die Luftangriffe der Amerikaner, die teilweise Züge eines Vernichtungskrieges trugen, eine Leerstelle hinterlassen, die durch nichts anderes ersetzt wurde als durch Wehrbereitschaft, Widerstand und wieder Krieg. Die Erinnerung an ihn bildet bis heute die Grundlage, auf der das Land seinen Willen zur Behauptung und der Staat seine Behauptung zum Wollen gründen. Nordkorea ist im Krieg geboren, und es hat den Anschein, als fürchte es, seine Existenz zu verlieren, sollte es sich einmal nicht mehr von Feinden umringt sehen.

Der zentrale Ort, der den Kampf als permanenten Wiedergänger darstellt, ist das Revolutionsmuseum in Pjöngjang – der Stadt, auf die zwischen 1950 und 1953 etwa ebenso viele Bomben niedergingen, wie sie damals Einwohner hatte: 400 000. In 90 Räumen spannt die Ausstellung den Bogen vom Widerstand gegen die Japaner über die Befreiung und den so genannten Vaterländischen Befreiungskrieg bis in die nicht minder revolutionäre Gegenwart. Heroismus ist das Leitmotiv. Kim Il Sung, seine Gattin Kim Jong Suk und der

Sohn Kim Jong Il sind beinahe die einzigen Helden. Walter Pfabigan fasst beispielhaft zusammen, wie in dem Museum Geschichte vermittelt wird: »Die Führerin spricht einen erläuternden Text, schildert eine für die Revolution bedrohliche Situation. Das erste Bild – in der Regel ein riesiges Gemälde – zeigt, wie der Führer reagiert; er erkennt die Gefahr und gibt eine Anweisung. Das kleinere zweite Bild (...) zeigt, wie die Massen die Anweisung befolgen. (...) In Vitrinen liegen Gegenstände, die den Text und die Bilder illustrieren. Ein weiteres Foto zeigt das beeindruckende Ergebnis der Anweisung des Führers, der sein Handeln in einem ausgestellten Text (...) auch selbst kommentiert. Faksimilierte Zeitungsberichte, die laut Erklärung aus der den Führer bewundernden Weltpresse stammen, bestätigen die Einschätzung des Führers. Wie überall auf unserer Reise bezieht sich hier alles aufeinander, eine geschlossene Welt und eine ebenso geschlossene Kausalkette ist geschaffen – wer kann hier noch zweifeln?«[16]

Die Geschichtsschreibung macht sich dabei zunutze, dass Kim Il Sung und die Koreaner im Norden für lange Zeit im Krieg tatsächlich eins waren. Wie der Große Führer setzten sie sich gegen die amerikanische Offensive zur Wehr, sobald sich Gelegenheit dazu bot. Und wie der Große Führer lebten sie unter der Erde, um den Luftangriffen zu entgehen. »In dem verzweifelten Winter 1950/51«, schreibt Bruce Cumings, »waren Kim Il Sung und seine engsten Verbündeten wieder dort, wo sie in den dreißiger Jahren begonnen haben: verborgen in tiefen Bunkern (...) nahe der Grenze zur Mandschurei. (...) 1952 war nahezu ganz Nord- und Zentralkorea dem Erdboden gleichgemacht. Was von der Bevölkerung noch übrig blieb, überlebte in Höhlen. Die Nordkoreaner schufen ein komplettes Untergrundsystem, von der Wasserversorgung über Schulen und Lazarette bis hin zu Fabriken.«[17]

Dieser Teil des Krieges wird jedoch weitgehend verschwiegen. Solches Beharrungsvermögen, das anderswo durchaus Grund zum Stolz sein könnte, passt offenbar nicht in das Bild des überirdischen, von Kim Il Sung geleiteten Kampfes, der nach nordkoreanischer Auffassung folgendermaßen begann: »Der Krieg, den die US-Imperialisten am 25. Juni Juche 39 (1950) vom Zaun gebrochen haben, war eine schwere Prüfung für das koreanische Volk. (...) [Es] war entschlossen, nicht wieder Sklaven eines Kolonialherren zu sein, und völlig davon überzeugt, dass es den Krieg gewinnen würde. An

der ganzen Front holten die Truppen der Volksarmee zum Gegen-
schlag aus und befreiten Seoul nach drei Tagen.«[18] Von diesem
Standpunkt aus ist es kein weiter Weg mehr zum Bild von Kim Il
Sung als alleinigem Heerführer und Vater der Schutzbefohlenen.
Der Krieg hinterließ viele echte Waisen. Aber erst dem Erinnerungs-
monopol des Staates gelang es, ein ganzes Volk als Waisen zu dekla-
rieren und sie umgehend zu adoptieren.

Fortan galt: Nicht der Norden hat den Krieg begonnen, sondern
der Süden. Nicht die Soldaten aus China trugen dazu bei, den Geg-
ner zurückzudrängen, sondern vor allem die Koreanische Volksarmee. Nicht mehrere Generale, Admirale und Offiziere führten sie
an, sondern die Weisheit des Großen Führers. Nicht die Vereinten
Nationen waren der offizielle Kriegsgegner, sondern die Amerikaner. Und sie sind es auch – wohnt man in diesem nur sich selbst be-
hausenden Gedankengebäude –, die das Land weiterhin bedrohen.
Es ist die Logik desjenigen, der gelernt hat, sich in Hinterhalte zu-
rückzuziehen und überraschend anzugreifen. Es ist die Logik des
ehemaligen Guerilla-Kämpfers Kim Il Sung und, so scheint es, die
Logik des ganzen Landes. »Auf etwas eingeschworen zu sein, Solidarität untereinander und Überraschungstaktik sind die Haupt-
quellen des Guerilla-Kämpfers, der nichts zu verlieren hat und doch
fürchten muss, alles zu verlieren«, schreibt der Amerikaner Scott
Snyder in seiner Analyse nordkoreanischer Verhandlungsmuster.
»Für den Guerilla-Kämpfer bringt es keine Vorteile, sich nach den
Regeln der Gegenseite zu richten, im Gegenteil: Dies birgt nur Gefahr.«[19]

Schurken, Staaten, Söhne

Die Welt wird in unregelmäßigen Abständen daran erinnert, wie
stark diese Überraschungstaktiken das Vorgehen der nordkoreanischen Führung noch immer prägen. Im Oktober 2002 bestätigte
Pjöngjang den amerikanischen Verdacht, es arbeite an einem Programm zur Urananreicherung. Es dürfe grundsätzlich Nuklearwaffen besitzen, um seine militärische Abschreckung aufrechtzuerhalten. Wesen und Umfang des Nuklearprogramms offenzulegen,
verbat sich der Staat, der es mit diesen Erklärungen fertig brachte,
gegen drei internationale Abkommen gleichzeitig zu verstoßen: ge-

24

gen den Atomwaffensperrvertrag, dem das Land 1985 beigetreten ist; gegen die 1992 ratifizierte Übereinkunft mit Südkorea, die zur De-Nuklearisierung der Halbinsel verpflichtet; und schließlich gegen das Rahmenabkommen mit den Vereinigten Staaten von 1994. In dem Vertrag hat sich Nordkorea einverstanden erklärt, seine Plutoniumwirtschaft binnen zehn Jahren einzustellen und Kontrollen durch Inspektoren der Internationalen Atomenergie-Behörde (IAEO) zuzulassen. Im Gegenzug verpflichteten sich die USA, zur Verbesserung der Energieversorgung jährlich 500 000 Tonnen Heizöl zu liefern und bis 2003 und 2005 zwei Leichtwasserreaktoren zu bauen. Zu diesem Zweck wurde die Korean Energy Development Organization (KEDO) gegründet.

Die nordkoreanische Offensive stieß die Staatenwelt vor den Kopf. Erinnerungen wurden wach an die Nuklearkrise, die Nordkorea und die USA 1993/94 an den Rand eines Krieges gebracht hatte und erst durch das Rahmenabkommen von 1994 beigelegt wurde. Diesmal jedoch kam es zu einer eher kontrollierten Kettenreaktion: Die Anrainer China, Südkorea und Russland sowie die USA und Japan verurteilten die Vertragsbrüche. Daraufhin kündigte Pjöngjang an, nun auch die Plutoniumanlagen wieder anzufahren, und verwies die IAEO-Inspektoren des Landes. Die IAEO wollte die Angelegenheit dem UN-Sicherheitsrat übergeben – Pjöngjang trat nun auch formal aus dem Atomwaffensperrvertrag aus. Amerikaner und Südkoreaner hielten gemeinsame Militärmanöver ab – Nordkorea testete Raketen und schaltete den wichtigsten Reaktor in Yongbyon etwa 100 Kilometer nördlich der Hauptstadt vermutlich wieder ein. Allein: Die Provokationen und Gegenprovokationen eskalierten nicht. Im August 2003 trafen sich in Peking Vertreter aus Nordkorea, den USA, China, Russland, Japan und Südkorea, um nach einer Lösung der Nuklearkrise zu suchen. Im Februar 2004 fanden sie erneut zusammen. Auch wenn die Sechs-Parteien-Gespräche bislang ergebnislos geblieben sind, bilden sie dennoch eine Art diplomatischen Castor, das nordkoreanische Bedrohungspotenzial einzuhegen.

In der Perspektive Pjöngjangs hat das Land ein gleichsam natürliches Recht, Atombomben zu besitzen. Es wird nicht nur aus der traumatischen Kriegserfahrung abgeleitet, sondern auch daraus, dass die USA entgegen den Vereinbarungen des Waffenstillstands von 1953 Nuklearwaffen in Südkorea stationierten. Dabei ist es für

Pjöngjang unerheblich, dass diese Waffen gemäß dem Abkommen zwischen Nord- und Südkorea von 1992 abgezogen wurden, schließlich sind in Südkorea noch immer 37 000 amerikanische Soldaten stationiert (was den Vereinbarungen von 1953 entspricht). Überdies habe Amerika das Rahmenabkommen von 1994 unterlaufen, da es die Energielieferungen und den Bau der beiden Leichtwasserreaktoren verschleppt habe. Das ist zwar teilweise richtig, doch blendet Pjöngjang aus, dass es selbst den Bau eines dieser zivilen Reaktoren blockiert hat.[20]

Das Plutonium- und Uranprogramm dient der Regierung dazu, das eigene Überleben zu sichern und Verhandlungsmasse gegenüber Washington zu gewinnen. Geschickt operiert die Führung um den Sohn des Großen Führers dabei mit ihrer eigenen Unberechenbarkeit und der Ungewissheit, wie weit die Waffenprogramme gediehen sind. Es ist nicht auszuschließen, dass das Land bereits über Nuklearwaffen verfügt. Nordkorea möchte auf diesem Weg die diplomatische Anerkennung Amerikas, weitreichende Sicherheitsgarantien und wirtschaftliche Hilfe erwirken. Denn spätestens nach dem Zusammenbruch der sozialistischen Staatenwelt geht Nordkorea dem wirtschaftlichen Bankrott entgegen: War der Norden dank Gründergeist und einer funktionierenden Schwerindustrie bis in die siebziger Jahre dem Süden sogar überlegen, setzte Mitte der achtziger Jahre der Verfall ein. Eine Ursache hierfür war, dass die Sowjetunion die Rückzahlung von Altschulden einforderte und zudem die Entwicklungshilfe strich. Durch permanenten Energiemangel und veraltete Maschinen sank die Produktion rapide – jetzt exportiert Nordkorea jährlich so viel wie Südkorea in zwei Tagen.[21] Nordkoreas Mangelwirtschaft ist eine Kriegswirtschaft, mindestens ein Viertel des Sozialprodukts wird für den Unterhalt der weltweit fünftgrößten Armee aufgewendet. Es wird geschätzt, dass eine Million Soldaten und 800 000 Rekruten unter Waffen stehen, hinzu kommen drei bis vier Millionen Reservisten.[22]

Wie prekär die Sicherheitslage in Nord wie Süd ist, lässt sich bei einem Besuch an der innerkoreanischen Grenze in Panmunjom begreifen. Der 240 Kilometer lange und vier Kilometer breite Streifen trennt beide Staaten hermetisch voneinander. Wohl nirgendwo sonst auf der Welt sind so viele Waffen konzentriert wie in der »Demilitarisierten Zone« (DMZ). Die Fahrt von Pjöngjang nach Panmunjom dauert etwa zwei Stunden. »Seoul 70 km« steht auf dem

letzten Hinweisschild der so genannten Wiedervereinigungsauto-
bahn. Hier endet die Fahrt. Selbst die Begleiter müssen mehrfach
ihre Ausweise vorzeigen. Ein Militär übernimmt die Führung zur
letzten Grenze des Kalten Krieges. Die Demarkationslinie verläuft
hier lediglich als fußhoher Streifen aus Beton. Nord- und südkoreanische Soldaten stehen nur wenige Schritte voneinander entfernt.
Sie würdigen einander keines Blickes. Den Besucher überkommt
eine Art waagerechter Höhenangst: Was, wenn man einfach auf die
andere Seite spazieren würde? »Wir wollen keine Zwischenfälle«,
sagt der Militär. Seine Lakonik ist die eindringlichste Warnung.
Auf der anderen Seite dürfte auf ebenso naive Fragen nicht minder
trocken geantwortet werden.

In Panmunjom zeigt sich die ganze Absurdität der koreanischen
Teilung. Drei blaue Hütten stehen je zur Hälfte auf nord- und auf
südkoreanischem Territorium. Nach einem genau festgelegten Plan
werden entweder die Besucher aus dem Norden oder die aus dem
Süden in eine der ehemaligen UN-Baracken geführt. Von zwei Aus-
sichtsterrassen haben die Touristen einen komfortablen Blick auf
die gesamte Szenerie. Egal, auf welcher sie sich befinden: Sie sehen
die Aussichtsterrasse der anderen Seite, drei blaue UN-Hütten und
einen Betonstrich, an dem sich gegenseitig ignorierendes Militär
postiert ist. Nord- und Südkorea haben hier gemeinsam einen Real-
Schaukasten gebaut. »Kein Regisseur hat die Kriegs-Inszenierung
von Panmunjom ersonnen, sie ist ein kollektives Werk einander un-
versöhnt gegenüberstehender Parteien.«[23]

Zu welchen Auswüchsen solcher Hass imstande sein kann, zeigt
sich in den geheimdienstlichen Tätigkeiten beider Seiten, die vor
Todesopfern nicht zurückschreckten. 1968 gab der südkoreanische
Präsident Park Chun Hee den Auftrag, Kim Il Sung umzubringen,
nachdem ein nordkoreanisches Attentat auf ihn fehlgeschlagen war.
Die Todesschwadron erreichte ihr Ziel nicht.[24] Nordkorea seiner-
seits verschleppte zwischen 1977 und 1983 mehrere Japaner. Sie sollten dem Geheimdienst Japanisch beibringen und seinen Mitgliedern
vermitteln, wie man sich im Westen bewegt, ohne aufzufallen. Kim
Jong Il gab zwölf dieser Fälle zu, als er 2002 mit dem japanischen
Ministerpräsidenten Koizumi in Pjöngjang zusammentraf.[25] Mindestens acht der Entführten sind nicht mehr am Leben. Im Oktober
1983 fielen in der birmanischen Hauptstadt Rangun 20 Menschen
einem nordkoreanischen Bombenattentat zum Opfer. Der Anschlag

zielte auf den südkoreanischen Präsidenten Chon Doo Hwan und seine Kabinettsmitglieder. Vier Minister starben. Im November 1987 explodierte ein südkoreanisches Flugzeug. Alle 115 Insassen waren tot. Die nordkoreanische Attentäterin, die den Sprengstoff deponiert hatte, konnte gefasst werden. Sie gab an, sie sei dazu ausgebildet worden sei, für den Großen Führer jegliche Aufgaben auszuführen. Der Anschlag stand vermutlich im Zusammenhang mit den Olympischen Spielen von 1988, für die nicht Pjöngjang, sondern Seoul den Zuschlag erhalten hatte. Der gekränkte Norden wollte der Welt vor Augen führen, dass der Süden nicht für die Sicherheit der Spiele garantieren könne.

Zwölf Jahre später marschierten nord- und südkoreanische Athleten gemeinsam ins Olympiastadion von Sydney ein. Es war die Zeit großer Hoffnungen, die Zeit der »Sonnenscheinpolitik« des südkoreanischen Präsidenten Kim Dae Jung. Im Juni 2000 traf der spätere Friedensnobelpreisträger mit Kim Jong Il in Pjöngjang zusammen. Bei dem ersten und bisher einzigen Gipfeltreffen dieser Art vereinbarten beide zahlreiche Familienzusammenführungen. Später kamen Nord und Süd überein, die wirtschaftliche Zusammenarbeit auszubauen und zwei seit dem Koreakrieg unterbrochene Bahnlinien wiederzueröffnen. Doch diese Zeichen blieben Zeichen; sie wurden kaum mit Inhalt gefüllt: Die Familientreffen sind bis heute auf wenige Auserwählte und Stunden begrenzt. Auf den wiedererrichteten Bahnstrecken hat bislang kein Zug die Grenze passiert. Und auch der Wirtschaftskooperation sind durch die Kommandowirtschaft des Nordens enge Grenzen gesetzt. Nordkorea bleibt ein isoliertes Land. Erwartungen, dass es sich öffnet, scheinen oftmals dem Staunen darüber zu entspringen, dass es sich so lange schon verschließt.

Die Demokratische Volksrepublik wegen all der hier genannten Absonderlichkeiten nun »Schurkenstaat« zu nennen, mag außenpolitisch kurzsichtig sein. Das Diktum George W. Bushs (auch er ein Präsidentensohn) und die Kriege in Afghanistan und dem Irak dürften die Führung um Kim Jong Il lediglich darin bestärkt haben, sich bedroht zu sehen. Im Inneren jedoch ist Nordkorea zweifellos das, was man sich unter einem Schurkenstaat vorzustellen hat. Wir kennen nicht den gesamten Umfang der Repressionen und Überwachungen, die das Regime einsetzt, um seine Herrschaft zu sichern. Doch Flüchtlinge und Überläufer, die sich ins chinesische Grenzgebiet und nach Südkorea absetzen konnten, geben ein in den Grundzügen übereinstimmendes Bild. Es gibt keinen Grund, dieses Bild in Frage zu stellen, auch wenn es nicht von unabhängiger Stelle überprüft werden kann.

Nach Angaben des Korea Institute for National Unification (KINU) in Seoul und des U.S. Committee for Human Rights in North Korea gibt es in Nordkorea mindestens zehn Lager, in denen über 150 000 politische Gefangene zur Arbeit gezwungen werden.[26] Sie müssen, kaum mit Nahrungsmitteln versorgt, in lagereigenen Bergwerken, Fabriken oder auf Feldern Produktionszahlen erwirtschaften, die nicht zu erfüllen sind. Die Sterblichkeit ist besonders zu Beginn extrem hoch. Wer die ersten Monate überlebt, überwindet den Ekel und isst Ratten. Die Internierten haben weder Kontakt zur Außenwelt, noch sagt ihnen die Staatsmacht, warum sie ins Arbeitslager verbracht wurden. Die geringste Kritik an Kim Il Sung oder Kim Jong Il kann genügen, um lebenslang im Gulag zu verschwinden. Verschleppt werden nicht allein vermeintliche Missetäter, sondern auch ihre Familien – gemäß dem Ausspruch Kim Il Sungs von 1972: »Die Saat der Klassenfeinde, wer auch immer sie sind, muss bis in die dritte Generation ausgerottet werden.«[27]

Daneben gibt es Lager, in denen auch »gewöhnliche« Kriminelle inhaftiert sind. Wie die Arbeitslager befinden sich diese Strafanstalten vor allem im unzugänglichen Norden des Landes. Obwohl die Lebensbedingungen dort kaum günstiger sind, rechnet der Staat damit, die Gefangenen zu »bessern«. Die Häftlinge müssen sich endloser Propaganda und Selbstkritik unterziehen. Hierhin werden auch viele jener gebracht, die aus blanker Verzweiflung nach China geflohen und von den dortigen Behörden zurückgeschickt worden sind.

In den Jahren 1994 bis 1998 grassierte in Nordkorea eine Hungersnot entsetzlichen Ausmaßes. Schätzungsweise zwei bis drei Millionen Menschen starben an Unterernährung und ihren Folgen.[28] Wie viele der Überlebenden gesundheitliche Schäden davontrugen, lässt sich nicht absehen. Obwohl es der Staat seinen Bürgern untersagt, den Wohnort ohne Genehmigung zu verlassen, machten sich unzählige Menschen auf die Suche nach Essbarem. Bis zu 300 000 leben mittlerweile jenseits der chinesischen Grenze,[29] wo sie von der koreanischen Minderheit und christlichen Hilfsorganisationen im Verborgenen unterstützt werden. Peking möchte das Flüchtlingsproblem so klein wie möglich halten, um einerseits keinen Streit mit Pjöngjang und andererseits keine größere Flüchtlingswelle zu riskieren.

Die Hungersnot wurde durch mehrere Flut- und Dürrekatastrophen ausgelöst. Die tieferen Ursachen liegen in den Unzulänglichkeiten der kollektiven und zentral verwalteten Landwirtschaft, die sich dramatisch verstärkten, nachdem Anfang der neunziger Jahre die russischen Lieferungen von Energie, Düngemitteln und Ersatzteilen ausfielen. Nach Berechnungen des World Food Program der Vereinten Nationen fiel die Jahresproduktion von Reis und Mais von 8 Millionen Tonnen in den achtziger Jahren auf 2,9 Millionen Tonnen im Jahr 2000.[30] Der Staat war nicht mehr in der Lage, seine Bürger zu ernähren. 1995 bat Pjöngjang die Welt um Hilfe – ein einmaliger Vorgang in der Geschichte dieses ebenso stolzen wie kommunikationsgestörten Landes. Über 50 Nichtregierungsorganisationen (NGOs)[31] und die Programme der Vereinten Nationen haben inzwischen die größte Not lindern können. Obwohl heute der schlimmste Hunger vorbei ist, benötigt das Land jährlich 900 000 Tonnen Getreide von außen; 40 Prozent der Kinder unter fünf Jahren gelten als unterernährt.[32]

In dieser Situation hat die Führung im Sommer 2002 vorsichtige Schritte hin zu einer wirtschaftlichen Liberalisierung unternommen. Auch wenn Kim Jong Il und die anderen Machthaber das Wort »Reform« nicht hören wollen, sind die Veränderungen doch erheblich. Wo vorher aseptische Leere schreckte, locken in Pjöngjang nun einige private Verkaufsstände. Auch sind die so genannten Bauernmärkte legalisiert, die es seit den neunziger Jahren gibt. Ausländer, die dieses marktwirtschaftliche Atoll im »Paradies der Werktätigen« betreten dürfen, müssen nicht mehr mit extra für sie gedruckten Geldscheinen zahlen, sondern können Euro, manchmal auch den nordkoreanischen Won, verwenden. Aber nur die wenigsten Nordkoreaner profitieren von der sorgsam überwachten Öffnung: »Der Preis für Reis ist 538-mal so hoch wie vor einem Jahr, der Preis für Mais 471-mal. Die Löhne sind dagegen nur um das 18-fache gestiegen. Für den Normalbürger ist nach der Reform, die nicht so heißen darf, das Überleben noch schwieriger geworden.«[33]

Einblicke

All dies kann sich der Besucher vergegenwärtigen, wenn das Flugzeug der Air Koryo zur Landung in Pjöngjang ansetzt, die Eisenbahn über die Stahlbrücke des Amnokgang aus China rumpelt, das Schiff mit gespendetem Speiseöl in den Hafen Nampo einläuft. Begreifen wird er erst einmal nichts. Zu fremdartig sind noch immer die Eindrücke, die der nordkoreanische Realschaukasten auch jenen bietet, die in sozialistischen Systemen aufgewachsen sind. Zu mächtig sind die Vorstellungen, die umgekehrt die Gäste von dem Land haben. Es ist sehr schwer, zwischen beiden Bilderbergen einen Pfad zu finden, der Kolportage und Klischees hinter sich lässt und zur mutmaßlichen Wirklichkeit führt. Und selbst wenn es gelingt, ist es eine Gratwanderung.

Wie kaum ein anderes Land ist dieser weiße Fleck auf der Landkarte geeignet, als Projektionsfläche unserer eigenen Erwartungen zu dienen. Wer in Nordkorea einen sozialistischen Musterstaat sehen will, kann dies tun: Die örtliche Reiseleitung versorgt ihn mit bestem Essen, und im Palast der Schulkinder führt sie ihm die Vorbildlichkeit des hiesigen Erziehungssystems vor Augen. Wer in Nordkorea eine bizarre Diktatur sehen will, wird auch bestätigt: Begleiter und Gäste verneigen sich vor der riesigen Bronzestatue Kim Il Sungs, an anderer Stelle vor seiner mit Trauermusik beschallten Figur aus Wachs. Wer in dem Land schließlich eine tragische Komödie sehen will, hat ebenfalls Anlass: Während einige Nordkoreaner in den Touristenhotels weltmännisch Billard spielen, versinken nachts die Plattenbauten Pjöngjangs in Finsternis, weil es an Strom mangelt.

Ein um Objektivität bemühter Blick wird dadurch noch erheblich getrübt, dass die Realität, wie wir sie kennen, hier keine Handhabe hat. Das liegt nicht so sehr daran, dass Korea für uns von vornherein fremd ist. Es liegt vor allem daran, dass sich das Land uns bekannter Wirklichkeitsvermittlung nahezu vollständig verschließt. Spontane Kontakte zu seinen Bewohnern sind nicht gestattet, die Bewegungsfreiheit endet meist nach wenigen Metern. Stattdessen nimmt der Staat erhebliche logistische Mühen auf sich, den Gästen ausschließlich das zu zeigen, was gezeigt werden soll. Wie die Touristen sind auch die Mitarbeiter internationaler Hilfsorganisationen unter ständiger Aufsicht und müssen vorher ankündigen, welches Krankenhaus oder Kinderheim sie besuchen wollen. Und selbst jene, die Dutzende Mal im Land gewesen sind oder seit Jahren dort leben, haben nur einen streng reglementierten Zugang zur Wirklichkeit.

Das macht den Aufenthalt in Nordkorea zu einer Grenzerfahrung. Was ist wahr? Was ist künstlich? Was kommt von Herzen? Was ist arrangiert? Die Bauwerke Pjöngjangs und in der Provinz sind stolze Präsentationskulissen. Was ist aber mit den Menschen, die diese Orte bevölkern? Sind sie unterwegs, um Einkäufe zu erledigen, Freunde zu treffen, zur Arbeit zu fahren? Oder sind sie nur Statisten, animierte Zwischenwesen inmitten hauptsächlicher Gebäude und Prospekte? Und was ist mit den Reiseleitern, die den Gast mit Trockenfisch und Bier bewirten und aus ihrem Leben plaudern, als sei es das Selbstverständlichste von der Welt, im nächsten Augenblick aber nachfragen, was man denn eigentlich in ihrer Heimat wolle? Interessiert es sie wirklich oder müssen sie es in Erfahrung bringen, um ihrem Dienstherren Bericht zu erstatten?

Die Demokratische Volksrepublik Korea ist eine Schule der Wahrnehmung; Begegnungen zwischen Gastgebern und Gästen sind eine Universität der angemessenen Distanz. Und doch gibt es sie, die kleinen Sprünge in der Propagandaglocke, die kleinen Schneisen in die Realität. Sie zeigen sich nicht in der Internationalen Freundschaftsausstellung, in der, 400 Meter tief ins Myohyang-Gebirge getrieben, all die Geschenke ausgestellt sind, die der Große Führer und der Geliebte Führer erhalten haben sollen. Sie zeigen sich auch nicht im Grenzdorf Panmunjom, wo eine Axt aufbewahrt ist, mit der in den siebziger Jahren amerikanische GIs nordkoreanische Soldaten attackiert haben sollen. Die kurzen Einblicke in die andere, »normale« Realität zeigen sich in den beeindruckenden alten Tempel- und Grabanlagen, die im ganzen Land versteckt sind und völlig ideologiefrei vom Reichtum der koreanischen Geschichte und Kultur künden. Sie zeigen sich in Fußgängern, die kilometerweit Brennholz nach Hause tragen, während das Delegationsauto über die Landstraße jagt. Und sie zeigen sich in manchen Blicken und Gesten, die von der Freundlichkeit, der verhaltenen Neugier und der Warmherzigkeit der Menschen zeugen.

Einsichten können auf diese Weise nicht gewonnen werden, wohl aber Einblicke in einen Alltag, der dem staatlich behaupteten bisweilen fundamental zuwiderläuft. Dieses Buch versammelt 27 von ihnen – solche, die sich eng an der dekretierten Wirklichkeit bewegen, und solche, die darüber hinausgehen. Reiseliteratur im klassischen Sinne kann es unter nordkoreanischen Bedingungen nicht geben. Dennoch zeichnen die vielstimmigen Eindrücke ein Panorama, das am ehesten der Wirklichkeit entspricht. Die Anthologie sucht das Land nicht zu erklären. Sie legt dar, wie sich Nordkorea seinen Gästen seit Anfang der neunziger Jahre präsentiert und was umgekehrt die Gäste damit anzufangen wussten. Es bleibt dem Leser überlassen, welche Eindrücke der Touristen und Journalisten, der humanitären Helfer, Diplomaten und Geschäftsleute, der Wissenschaftler und Künstler sein Bild von Nordkorea prägen. Ein anderes Bild als vorher wird es in jedem Fall sein. Missverständnisse sind eingeschlossen. Denn noch immer stoßen Fremde auf eine Barriere, die es in dieser Vollkommenheit wohl kein zweites Mal auf der Welt gibt: Wie denken und fühlen die Menschen wirklich? Dem Staat ist es gelungen, die Antwort auf diese Frage bis auf weiteres unter Verschluss zu halten.

Und trotzdem zeigen die jüngsten ökonomischen Veränderungen, wie nötig es ist, unsere Vorstellungen von Nordkorea zu revidieren. Die verhaltene Öffnung zur Marktwirtschaft scheint bislang zwar nur eine öffentliche Ausweitung jener Kulminationsorte des Cleveren, in denen die Oberschicht von Militär und Staat seit je zu Hause ist. Doch belegen die neuesten der hier im Buch versammelten Berichte, dass die Veränderungen tiefer gehen: Die Nordkoreaner zeigen sich zunehmend am Auslandsgeschehen interessiert; besonders dem kulturellen Austausch wird nun ungleich mehr Platz eingeräumt. Die Bundesrepublik, die wie viele andere europäische Staaten erst seit drei Jahren reguläre Beziehungen zur Demokratischen Volksrepublik unterhält, spielt dabei eine Vorreiterrolle. Der Deutsche Akademische Austauschdienst vermittelt Stipendien, und im Sommer 2004 soll ein Lesesaal des Goethe-Instituts in Pjöngjang eröffnet werden.

Es verdient Respekt, wie viele Nordkoreaner ihr Leben seit über 50 Jahren unter äußerst schwierigen Bedingungen meistern. Die Skizzen, Reportagen, Tagebücher und Erinnerungen dieses Buches verdeutlichen, mit welcher Intelligenz und welchem Talent die Bewohner dieses weithin verschlossenen Landes auch aus den schlimmsten Verhältnissen noch das Beste machen können: Fehlt Diesel, fährt der Lastwagen mit verfeuertem Holz. Mangelt es an Kopiergeräten, schreiben die Musikstudenten die Noten von Hand ab. Gibt es keine

Lebensmittel, kocht die Kindergärtnerin Eicheln ein. Dieser persönliche und familiäre Behauptungswillen ist es, der den Einfluss des auf Proklamation und Beharrung setzenden Staates eines Tages verringern könnte. Nordkorea wird nicht so bald seine Identität verlieren. Aber irgendwann wird manch ein Transparent im Schaukasten eines Museums hängen.

Berlin, im März 2004   Christoph Moeskes

Pjöngjang

Die Statue des Großen Führers Kim Il Sung auf dem Mansu-Hügel in Pjöng-jang, 2001.

Dirk Brauns

Sonnenaufgang, keine Bomben.
Reise-Skizzen

(2001)

Wir landen mit Verspätung in Pjöngjang, fahren ins Hotel und hetzen in den Staatszirkus. »Guter Anzug«, bemerkt mein Freund und Kollege Frank, als wir den Kuppelbau betreten. Was ich anhabe, glitzert grau, ist federleicht und knitterfrei.

Der Zuschauerraum ist bereits dunkel. Unsere Betreuer lotsen uns in eine der hinteren Reihen. Hinsetzen und ruhig werden. Es riecht muffig. Aber das wird am Zirkus liegen. Für dessen Zauber fehlt mir der Sinn. Intelligente Pudel, Peitschen schwingende Fräuleinwunder, Clowns mit Wassereimern, Elefanten, Pferde und Drahtseilartisten können sonstwo auftreten, aber bitte ohne mich. Lässt sich ein Besuch, so wie heute, nicht vermeiden, quält mich die Vorstellung, dass ein durchgedrehter Clown auf der Suche nach Opfern im Publikum genau mich herausfischt.

Als die Spaßvögel schließlich auftreten, bleibe ich entspannt. Ich sitze weit genug entfernt. Mein Anzug ist knitterfrei. Die Harlekine des Volkes dort unten sind Trauerklöße. Sie stoßen sich müde von Holzhockern und stolpern über Bälle. Bis auf ein paar Kinder bleibt das Publikum still. Aber die Nummer entwickelt sich. Einer der beiden tänzelt die Treppe hinauf ins Publikum. Bis vor unsere Reihe. Ein Spot leuchtet rechts und links. Plötzlich zeigt der Kerl auf mich und zerrt mich in die Arena. Das Publikum ist sofort hellwach. Clown eins hält einen Hut hoch.

Wenn ich richtig verstehe, soll ich den Hut mit dem Kopf einfangen. Schon fliegt der Hut durch die Luft. Ich hüpfe los und löse mit meinen Verrenkungen ein gigantisches Brüllen aus. Clown zwei lacht, hebt das gute Stück vom Boden auf und zeigt mir, wie die Menschen hier einen Hut aufsetzen. Schminke läuft ihm ins Auge. Er hat nichts gegen mich in der Hand außer diesem Hut. »Mach schon«, rufe ich. Diesmal erwarte ich mein Schicksal hoch konzentriert. Ich bin in Nordkorea. Als der Hut erneut durch die Luft fliegt, strecke ich den Kopf vor und katapultiere mich ohne Rücksicht auf Haltungsnoten und mein Gewand frontal in die Flugbahn. Ich habe Glück. »He!« rufe ich, reiße mir die Bedeckung vom Kopf und werde unter frenetischem Jubel entlassen. Nie wieder Zirkus.

Abends vor dem Hotellift klopft mir ein Russe auf die Schulter, der offenbar auch in der Vorstellung war. *Molodez*, sagt er, »Prachtkerl«. Als ich ihn frage, was er hier mache, nuschelt er »Ingenieur« und starrt stumm auf die Etagenanzeige. Es gibt in diesem Land Geheimnisse, über die man besser nicht spricht.

Meine Suite ist weder luxuriös noch miserabel. Wenn der Roomservice nicht ständig gegen die Zimmertür klopft und das Wasser im Bad ab und an Temperaturen erreicht, bei denen man gern duscht, machen Hotelzimmer mich durchaus glücklich. In diesem Zimmer ist das anders. Es hat nichts damit zu tun, dass das Wasser nur heiß aus der Leitung kommt, und zwar so heiß, dass man sich nicht die Hände waschen kann. Eher damit, dass eine Lampe im Flur nicht funktioniert. So etwas kommt in den besten Hotels vor. Hier aber beschließe ich, ein Experiment zu machen. Ich stelle mich ins Zimmer und rufe: »Warum funktioniert diese verdammte Lampe nicht? Kann niemand in diesem Land Lampen reparieren?« Und bevor ich mich schlafen lege, sage ich weitere Dinge laut, die ausdrücken sollen, für welch nationale Schande ich diesen Defekt halte. Einen Tag später funktioniert die Lampe wieder.

Sicher, es ist nicht auszuschließen, dass die Lampe bei einer in nordkoreanischen Hotels täglich durchgeführten Lampenkontrolle als schadhaft erkannt und sofort repariert wurde. Doch ich entsinne mich an gestern Abend. Ein Mann stieg mit mir aus dem Lift. Wir gingen den Flur entlang, er stets hinter mir. Während ich meine Zimmertür öffnete, hörte ich, wie er die von einer Flurbiegung verdeckte Tür zum Nebenzimmer aufschloss. Neugierig schaute ich um die Ecke. Ich sah nichts als einen Mann, der ein Hotelzimmer betrat. Er bemerkte mich und lächelte.

Was kann den Aufenthalt in solch einem Zimmer versüßen? Ich schalte den Fernseher ein. Nordkoreas Staatssender berichtet von einer Baustelle, auf der sich Menschen in einer langen Reihe Schüsseln und Eimer mit Beton zureichen, der am Ende in ein riesiges Fundament gekippt wird. Ich muss lachen. Der Irrsinn wirkt wie ein Strudel. Ich muss immer weiter lachen.

Um fünf Uhr morgens weckt mich Sirenengeheul. Benommen schlurfe ich durchs Zimmer. Hat der Krieg begonnen? Von meinem Fenster aus kann ich die Hauptstadt gut überblicken. Sonnenaufgang. Keine Bomben.

Zwei in Pjöngjang akkreditierte Diplomaten erzählen mir von einem Jagdausflug: Es ist Winter mit Schnee, die Temperaturen bewegen sich um minus 30 Grad. Sie fahren mit ihrem Jeep in die Berge und genießen die Jagd, eine der wenigen Vergnügungen, die das Leben in Nordkorea Ausländern bietet. Beide Männer bleiben an diesem Samstag ohne Abschuss und sind dennoch gut gelaunt, als sie die Rückreise antreten wollen. Die Dämmerung setzt ein. Es hat weiter geschneit. Sie finden die Stelle im Tal, wo ihr Wagen steht. Doch der Motor springt nicht an. Sie versuchen es lange und schaffen es nicht. Mittlerweile ist es dunkel. Wind kommt auf. Die Temperaturen fallen.

Die beiden Diplomaten befinden sich in einem entlegenem Gebirgsabschnitt. Die nächste Ansiedlung ist 40 Kilometer entfernt und bei diesen Wetter- und Sichtverhältnissen zu Fuß unerreichbar. Es gibt zwei Möglichkeiten. Entweder übernachten sie im Auto, oder sie schlagen sich zu einem etwa drei Kilometer entfernten Gehöft durch, das sie auf der Hinfahrt gesehen haben. Sie entscheiden sich wegen der Kälte gegen die Übernachtung im Auto, plagen sich eine Stunde durch den jetzt heftig wütenden Schneesturm und stoßen mit viel Glück auf die ersehnte Behausung.

Ein Bauer öffnet ihnen. Einer der beiden Hobbyjäger spricht Koreanisch und kann dem Mann die Notlage erklären. Alle drei wissen, dass es nordkoreanischen Staatsbürgern bei Strafe verboten ist, in jeglicher Form privaten Kontakt mit Ausländern zu unterhalten. Die Diplomaten sind seit mehren Jahren im Land und haben noch nie eine nordkoreanische Wohnung von innen gesehen. Der Bauer bittet sie ins Haus. Sie werden bewirtet und schlafen ausgezeichnet. Am nächsten Morgen hilft der Gastgeber den Männern, den Jeep zu reparieren. Sie fahren zurück nach Pjöngjang und beschließen, ihren Retter erneut zu besuchen und sich gebührend zu bedanken.

Am nächsten Wochenende kommen sie zurück und sind fassungslos. Nicht nur ist der Bauer nicht mehr da, auch sein Haus ist verschwunden. Neuschnee hat die Brachfläche versiegelt. Sie suchen den Platz gründlich ab. Irrtum ausgeschlossen. Hier haben sie übernachtet. Erschüttert fahren sie nach Pjöngjang und versuchen, eine offizielle Danksagung zu organisieren. Sie verfassen ein Schreiben, in dem sie ihre Rettung im Namen der Völkerfreundschaft ausführlich rühmen. Einen Monat später dürfen sie mit amtlicher Genehmigung zurückkehren. Der Bauer begrüßt sie vor seinem neuen Haus und entschuldigt sich mit den Worten: »Ich war auf Dienstreise.«

Unser Programm führt uns durchs Land, wir sehen Türme, Statuen, U-Bahn-Stationen, Sportstadien, Parks, Museen, Tempel, Grenzanlagen. Am letzten Tag aber biegt der Kleinbus von der Landstraße ab. Wir besuchen ein nordkoreanisches Dorf.

Zuerst sind wir auf den Feldern der Landwirtschaftlichen Genossenschaft. Man zeigt uns Getreidepflanzen. Dann steuern wir ein zweistöckiges Wohnhaus an. Inzwischen begleiten uns außer den beiden Betreuern etwa zehn Nordkoreaner, darunter der Vorsitzende der Genossenschaft und Journalisten der Lokalzeitung. Wir werden in einer Wohnung im Erdgeschoss empfangen, sitzen auf dem Boden und trinken Tee. Ich habe kein schlechtes Gefühl. Die Hausherrin ist ruhig und freundlich. Sie erzählt von ihrer Arbeit. Der Tee schmeckt. Unser Gespräch kreist um deutsches Rindfleisch, das in einer ersten Spendenlieferung kürzlich auch dieses Dorf erreichte. Die Gastgeberin schwärmt von dem Fleisch. Sie bedankt sich mit leuchtenden Augen. Niemand kann sie abhalten, in die Vorratskammer zu eilen. »Nicht doch!« wehren wir ab. Angesichts der hiesigen Versorgungslage waren die Mahlzeiten der vergangenen Tage peinlich großzügig.

Wir schauen unsicher auf das dunkel gefüllte Glas. Doch die Frau hat es bereits geöffnet und hält uns ein Probierstück hin. »Mit Essig«, sagt sie. Die anderen lehnen ab. Abwechselnd starre ich auf die Bäuerin und das Fleischstück, nehme es in den Mund und spüre sofort: Das war ein kapitaler Fehler. Es ist völlig verknorpelt. Ich glaube, ich muss mich erbrechen. Die auf ihre Einweckkünste stolze Bäuerin, jeder im Raum schaut mich erwartungsvoll an. Ich kaue eine sich vermehrende widerliche Masse, bin völlig verzweifelt und sage »Vorzüglich!« Ich weiß mit Sicherheit, dass ich das Fleisch nicht hinunterwürgen kann, und imitiere ein genussvolles Schlucken. Alle freuen sich. Bei der nächsten Gelegenheit drehe ich mich um und spucke in mein Blechdöschen »Fisherman's Friend«. Ich war in Nordkorea. Begriffen habe ich nichts.

Birke Dockhorn

Abenteuer auf Schienen.
Pjöngjang mit und ohne Begleitung

(1996)

Gegen neun Uhr morgens überqueren wir den Grenzfluss Amnok-gang und erreichen Sinuiju. Wir sind in Nordkorea. Jetzt wird es ernst. Zollbeamte kommen in den Zug und beginnen, das Gepäck genau zu durchsuchen. Ich bin unruhig, denn was werden sie zu meinem deutsch-koreanischen Wörterbuch aus dem Süden sagen? Der Grenzbeamte blättert interessiert. Dann stößt er auf mein Lehrbuch mit nordkoreanischen Texten. Jetzt taut er völlig auf und fragt mich voller Interesse, seit wann und wo ich studiere, warum ich Koreanisch lerne und vieles mehr. Unser Gepäck wird nicht weiter kontrolliert, der Beamte wünscht eine gute Reise und verabschiedet sich. Wer Koreanisch lernt, noch dazu mit Texten über Nordkorea, der muss wohl ein Freund sein – anders können wir beiden Deutschen uns sein Verhalten nicht erklären.

Auf dem Weg nach Pjöngjang sehen wir kahle Berge und sommerlich grüne Felder, ab und zu eine Ortschaft. Dann plötzlich halten wir in einem Bahnhof. Neben uns sehen wir einen Personenzug. Es ist fast gespenstisch: Uralt scheint der Zug zu sein, ohne Fensterscheiben, ohne Türen und übervoll mit Menschen. Sie lassen die Beine aus den Fenstern baumeln, sie stecken die Köpfe aus den Türrahmen heraus, sie sitzen auf dem Dach und sogar zwischen den Waggons auf den Puffern. Menschenmassen laufen den Bahnsteig entlang, um einen anderen Zug zu erreichen. Ich kann nicht erkennen, ob es unserer ist. Nun erinnere ich mich auch, dass in der Nacht Leute zugestiegen sind. Ein paar Mal bin ich aufgewacht, weil schwere Kisten und Säcke auf den Gang geschoben wurden und jemand irrtümlicherweise in unser belegtes Abteil wollte. Die Erinnerung an die Nacht ist genauso geisterhaft wie dieser überfüllte Zug. Die Menschen auf dem Bahnsteig schleppen volle Rucksäcke und andere schwere Lasten. Dunkelblaue, armeegrüne und graue Arbeitssachen tragen sie, auf den ebenfalls grau wirkenden Gesichtern spiegeln sich Sorge und Anstrengung, ich sehe niemanden lachen. Und schon ist der Spuk vorbei, wir fahren weiter.

Kurz vor Pjöngjang beginnen unsere nordkoreanischen Mitreisenden, sich zurechtzumachen. Vorher noch im Trainingsanzug, tragen sie nun Hemden und Anzüge, an denen rote Kim-Il-Sung-AnsteckNadeln prangen. Als wir Pjöngjang erreichen, verabschieden sie sich von uns mit Handschlag und wünschen uns alles Gute auf unserer Reise. Dann steigen sie aus und würdigen uns keines Blickes mehr. Als wenn sie mir nie bei Bier und getrockneten Fischen von sich und ihren Jahren als Ingenieure im Libanon und in Bangladesh erzählt hätten. Als wenn sie mich nie nach Südkorea und der deutschen Einheit gefragt hätten. Als wären wir uns nie begegnet.

Auf dem abgesperrten, nur durch einen separaten Eingang erreichbaren Bahnsteig warten zahlreiche Menschen. Wir werden von unseren Begleitern begrüßt, einem Reiseleiter, der zugleich Dolmetscher ist, und einem Fahrer. Zwei zu zwei steht es also diesmal. Bei meinem ersten Besuch vor einem Jahr gehörte ich zu einer Reisegruppe mit drei Personen, und wir wurden von vier Nordkoreanern betreut – einem Dolmetscher, einem Reiseleiter und zwei Fahrern.

Wir fahren zum Koryo-Hotel. Ich bekomme ein schönes, modernes Zimmer mit Blick auf die Stadt. Auf dem Tisch stehen ein paar Getränke. Ich genehmige mir eine Limonade. Es klopft. Zwei Zimmerfrauen treten ein und fragen auf Koreanisch, ob ich etwas brauche, ob ich etwas zu waschen habe, ob alles in Ordnung sei. Wie ich sie normalerweise hätte verstehen sollen, weiß ich nicht. Ja, antworte ich, ebenfalls auf Koreanisch, es sei alles in Ordnung. »Oh, Sie sprechen gut Koreanisch!« Es klingt fast so wie in Südkorea – die Intonation hier im Norden ist anders, auch das Wort *choson mal* für »koreanische Sprache«. Die Trennung drückt sich auch linguistisch aus: *Hanguk* heißt Korea im Süden, *choson* im Norden. So wird die koreanische Sprache zu *choson mal* bzw. *hanguk mal*.

Die beiden Zimmerfrauen erklären mir einige Dinge und wollen gleich das Geld für die Limonade kassieren. »*Irwon imnida.*« Ich verstehe nicht. Wie viel, bitte? Sie wiederholen den Satz, bis mir aufgeht, dass das Getränk einen Won kostet. An die Aussprache so kleiner Geldbeträge bin ich nicht gewöhnt. In Südkorea geht es bei *paek won*, hundert Won, los – *il won*, ein Won, gilt dort nichts mehr. Die Verkürzung in der Aussprache zu *iron* erleichtert das Verständnis nicht gerade. Mit der eigentlichen Besonderheit aber, nämlich dem gesprochenen »r« am Anfang einiger Wörter, habe ich keine Schwierigkeiten. Der ursprünglich geschriebene, aber nicht gesprochene Buchstabe wurde in Nordkorea zur Aussprachenorm. Südkorea dagegen richtet sich nach der Aussprache und schreibt diese Wörter ohne »r« im Anlaut.

Wir absolvieren das übliche Besucherprogramm in Pjöngjang. Museen gehören genauso dazu wie der Friedhof für die Märtyrer der Revolution. Auf dem Hügel östlich des Zentrums sind über 200 Bronzebüsten aufgereiht. Die Helden des antijapanischen Widerstandes schauen alle in die gleiche Richtung. Erster Programmpunkt ist jedoch die riesige Kim-Il-Sung-Statue vor dem Revolutionsmuseum auf dem Mansu-Hügel. Die Geburtsstätte des Großen Führers, Mangyongdae, besichtigen wir in den nächsten Tagen. Das Haus liegt in der Nähe von Pjöngjang und wird liebevoll gepflegt. Wir hören Legenden von der Kindheit des Großen Führers und von seiner Familie. Die Museumsführerin weint fast vor Ehrfurcht, als sie von dem Topf erzählt, in dem das Nationalgericht Kimchi zubereitet wurde. Obwohl das Behältnis missgestaltet war, hielt es die arme, rechtschaffene Familie in Ehren. Zum Andenken daran wird der Topf hier ausgestellt. Trotzdem ist das Geburtshaus von Kim Il Sung sehenswert, da es für viele Besucher den oft einzigen Anblick eines traditionellen koreanischen Hauses mit Fußbodenheizung und Strohdach ermöglicht.

Auf unserer Fahrt durch die Stadt sehen wir viel Beton und viele Parolen. »Was die Partei beschließt, führen wir aus« steht da etwa, aber auch »Korea ist eins«, »*choson hanada*«. Oder: »Es lebe der großartige Juche-Gedanke.« Nach ein paar Tagen sind wir erschöpft, und Pjöngjang erscheint uns als eine großartige Bühne. Alles ist gut organisiert, man bietet uns dauernd etwas – aber wie sieht das richtige Leben aus? Ein paar kleine Einblicke geben die Menschen, mit denen wir bei den Besichtigungen zusammentreffen. Die meisten reden freundlich mit mir, ohne jede Spur von Misstrauen. Ich habe keine Ahnung, ob das von der Obrigkeit einkalkuliert ist. Normalerweise wird bei solchen Begegnungen ja übersetzt, und die Menschen kommen nicht wirklich in Kontakt mit Ausländern. Die Reaktionen auf meine Sprachkenntnisse ähneln denen in Südkorea: Freude und neugierige Fragen. Wie alt ich bin, will man meist zuerst von mir wissen, und ob ich einen Freund habe oder verheiratet bin. Es gibt keine Hinweise darauf, dass sie neugierig sind auf das

Leben außerhalb ihres Paradieses. Nur eine Museumsführerin fragt mich interessiert, ob die Frauen in Südkorea schön seien, ob sie sich schminkten, was für Kleidung sie trügen.

Die Fahrt mit der U-Bahn wird zum ersten wirklich besonderen Erlebnis. Die 17 Stationen der zwei Linien gelten als besonderes Schmuckstück, die Bahnhöfe tragen Namen wie »Fackel«, »Kriegskamerad«, »Gute Ernte« oder »Paradies«. Zum festen Besuchsprogramm gehören die beiden Stationen »Ruhm« und »Wiedervereinigung«. Schön ist es dort unten in der Tiefe, zwar nicht so taghell, wie ich es mir aus Erzählungen vorgestellt habe, aber die Kronleuchter und Wandmosaike beeindrucken mich. Fotografieren ist hier ausdrücklich erwünscht. Wir versuchen, unseren Reiseleiter zu überreden, uns allein fahren zu lassen. Das gehe nicht. Wir hätten auch gar nicht das richtige Geld, erfahren wir, man brauche nordkoreanische Münzen. Das »mit ausländischer Währung getauschte« Geld, das wir haben, dürfen Ausländer nur in für sie vorgesehenen Geschäften und Hotels benutzen. Schließlich lässt sich unser Reiseleiter doch erweichen und stattet uns mit Münzen aus. Wir können uns plötzlich frei bewegen und nehmen die erstbeste Bahn. Irgendwohin. Und schon setzt Ernüchterung ein. Das Licht in unserem Wagen funktioniert nicht, es ist stockdunkel. Aus einer Tasche riecht es entsetzlich nach Fisch. Die Passagiere sehen uns gar nicht oder nur vorsichtig an. Wir steigen irgendwo aus und befinden uns in einer normalen Station ohne schicke Leuchter an den Decken. Als wir das nun fotografieren wollen, verbietet man es uns. Die Stationsaufsicht will uns auch daran hindern, ins Freie zu gehen. Wir tun es trotzdem. Draußen werden wir von einem Mann mit einem auffälligen Strohhut verfolgt. Wir sehen ein paar Bauarbeiter, fotografieren sie sogar. Sie reagieren überhaupt nicht, schauen einfach weg. Weil wir wie versprochen rechtzeitig im Hotel sein wollen, machen wir uns auf den Heimweg. Wir fühlen uns gar nicht gut. Abseits unserer Besucherwege empfing man uns nicht gerade wohlwollend.

Trotzdem bleibe ich neugierig auf das wirkliche Leben in Pjöngjang jenseits aller Heldendenkmäler und Monumentalbauten. Eines Nachmittags, als unser Programm uns ausnahmsweise vor fünf Uhr nachmittags nichts vorschreibt, beschließe ich, mit der Straßenbahn zu fahren. Weit komme ich vorerst nicht. Schon nach hundert Metern kommt mir der Reiseleiter hinterher. Er fragt, wohin ich möchte, und erklärt, dass ich nicht so einfach spazieren gehen soll.

Mir hat es immer Vergnügen bereitet und gleichzeitig Leid getan, unsere Reiseleiter zu provozieren. Sie stecken in einem Dilemma. Sie können uns nicht einfach sagen, dass es nicht erlaubt ist, auch nur einen Schritt ohne sie zu tun. Das würde ein falsches Licht auf ihr Land werfen, denn hier versucht man, Weltoffenheit, Fortschritt und Sicherheit zu demonstrieren. So betonen sie stattdessen, wie sehr man auf unser Wohl bedacht sei: Wir sollten uns lieber ein wenig ausruhen, wir könnten uns verlaufen, und dergleichen mehr.

Jetzt halte ich dagegen, dass ich ja schließlich in der Lage sei, nach dem Weg zu fragen. Es ist ihm sichtlich unangenehm, und schließlich kommt das Eingeständnis: »Du darfst eben nicht allein weg. Mein Vorgesetzter hat mich geschickt, damit ich dich zurückhole.«

Immerhin ist das eine ehrliche Antwort, ein Anhaltspunkt, der ein klein bisschen hinter die mühsam aufrechterhaltene Fassade blicken lässt. Das jedoch, finde ich, soll der Vorgesetzte mir jetzt persönlich mitteilen. Aller Respekt in mir für die fremde Kultur scheint wie weggeblasen. Seltsamerweise fordern in Nordkorea die Umstände ein solches Verhalten geradezu heraus. Weil mir so viel vorenthalten wird, suche ich um jeden Preis nach Wahrheiten jenseits der Kulissen, die ich letztendlich doch nicht finde.

Im Hotel ist der Vorgesetzte nicht auffindbar. Unser Reiseleiter will ihn suchen, ich warte. Aber schon kommen wieder Ungeduld und Widerspruchsgeist in mir auf, denn ich verliere hier wertvolle Zeit. Ich gehe einfach wieder los, steige in die erstbeste Bahn, werfe zur Bezahlung eine Münze in einen Kasten und suche mir einen Platz. Geschafft. Die Fahrt beginnt. Schon nach einer Weile bekomme ich ein wenig Angst vor meiner eigenen Courage. Die Straßenbahn verlässt das Stadtzentrum und fährt durch Gegenden, in denen die Häuser trostloser wirken. Alles kommt mir fremd vor. Aber egal, ich habe jetzt keine Wahl. Wenn ich aussteige, finde ich mich nicht zurecht. Die Linie fährt vielleicht auch nicht den selben Weg zurück. Also bleibe ich sitzen. Die anderen Passagiere sehen mich verstohlen und misstrauisch an oder ignorieren mich demonstrativ. Mir wird wieder bewusst, dass ich keinerlei Erfahrungen im Umgang mit »normalen« Nordkoreanern habe. Alle bisherigen Zusammentreffen waren mehr oder weniger arrangiert. Die freundlichen Menschen, mit denen ich bisher zu tun hatte, waren sicher zuverlässige Kader, linientreu und geschult auf den Umgang mit Ausländern. Wie durchschnittliche Nordkoreaner auf Ausländer reagieren, habe ich bislang nicht erfahren. Auch nicht, wie sie sich verhalten sollen. Mich hat verblüfft, dass Kinder in Nordkorea so ganz anders auf Fremde reagieren als in Südkorea – nämlich gar nicht. Sie nehmen kaum Notiz und schauen offenbar bewusst weg.

In der Straßenbahn fühle ich mich sehr fremd. Die Gegend sieht immer trostloser aus, dann immer ländlicher. Nach und nach leert sich die Bahn. Wir nähern uns der Endstation. Während ich noch überlege, ob ich es riskieren soll auszusteigen, sehe ich an der Haltestelle gegenüber eine endlos lange Warteschlange, die in eine unübersehbare Menschenmenge übergeht. Offenbar befindet sich hier einer der Märkte, auf denen Bauern ihre selbst produzierten Lebensmittel verkaufen. Ich würde gern aussteigen, aber ich zögere. Knapp eine Stunde bleibt mir noch, um rechtzeitig wieder im Hotel zu sein. Angesichts der Schlange ist es fraglich, ob ich das schaffe, denn ich bin nicht sicher, dass man mich dort vorlässt. Die Stimmung in der Bahn schien schon bedrohlich genug. Oder bilde ich mir das nur ein?

Während mir all diese Gedanken durch den Kopf gehen, spricht mich plötzlich ein junger Mann an. Er hat die ganze Zeit in meiner Nähe gesessen. Gut sieht er aus, adrett im hellblauen Hemd, nicht im Arbeitsanzug. Er fragt, woher ich komme und wohin ich wolle. Wahrheitsgemäß antworte ich. Er bedeutet mir, sitzen zu bleiben, und spricht kurz mit dem Fahrer. Der Fahrer nickt, ich brauche offenbar nicht auszusteigen. Der junge Mann tut es auch nicht. Gemeinsam fahren wir in den Betriebshof der Straßenbahn, auf der anderen Seite wieder hinaus und halten da, wo die endlose Schlange steht. Menschen strömen ins Abteil, mit allerlei Lebensmitteln im Gepäck.

Der junge Mann setzt sich neben mich. Er nimmt einer stehenden Frau die Tasche ab und behält sie auf dem Schoß. Eine Geste, die ich aus Südkorea kenne: Als Sitzender versucht man, das Los der Stehenden zu erleichtern, indem man ihnen das Gepäck abnimmt. Die Bahn ist jetzt brechend voll. Ich will einer älteren Frau meinen Platz anbieten, aber sie möchte auf keinen Fall sitzen, auch nicht nach mehrmaliger Aufforderung. So bleibe ich auf meinem Platz. Mein neuer Begleiter übrigens auch. Was weiß ich denn schon von sozialem Verhalten innerhalb der nordkoreanischen Gesellschaft? Ich schaue mich um. Die Menschen wirken abgehetzt und erschöpft. Wenige schauen mich direkt an. Einige ältere Frauen lächeln jedoch ein wenig. Ich spreche sie nicht an, denn sie könnten deswegen in

Schwierigkeiten geraten. Ich frage mich, wer denn eigentlich der junge Mann mir gegenüber ist. Angeblich ist er Student. Wollte er nicht ursprünglich aus Pjöngjang hinausfahren? Nun fährt er mit mir in die andere Richtung. Ja, er habe gerade dort, wo ich hinwill, etwas zu tun. Zufall? Ich glaube kaum. Wir reden ein bisschen über dies und das, ich erzähle davon, was wir schon alles in Nordkorea gesehen haben. Aber er ist schweigsam. Schließlich steigt er mit mir aus und bringt mich bis fast vor die Haustür. Ich solle in Zukunft vorsichtig sein, sagt er zum Abschied. Man verlaufe sich so leicht und finde dann nicht mehr zurück. Aber gefährlich, nein, gefährlich sei es nun wirklich nicht für Ausländer in Pjöngjang.

Als wir schließlich wieder über den Amnokgang fahren, bin ich einerseits erleichtert, andererseits bin ich traurig. Abschiede haben in Nordkorea etwas ganz besonders Schwieriges an sich. Man fährt ja nicht einfach weg und sagt »Auf Wiedersehen«. Werde ich den Menschen, die mir auf den gemeinsamen langen Fahrten durch das Land vertraut geworden sind, überhaupt jemals wieder begegnen? Wir werden uns nicht schreiben, ich werde nicht in ein paar Monaten wiederkommen, und selbst wenn – ich hätte nicht mit denselben Menschen zu tun. Von denen, die mir vor einem Jahr das Land zeigten, habe ich keinen wieder getroffen. Und mit unseren diesjährigen Begleitern wird es nicht anders sein.

So bleiben mir außer meinen Fotos die Erinnerungen an die Begegnungen, die ich auf der Reise hatte. Sie sind widersprüchlich. Ich habe nicht das Gefühl, dass ich wirklich hinter die Fassade schauen konnte. Gibt es so etwas wie normales Leben – und wie sieht es aus? Einige Einblicke wurden mir vielleicht gewährt – aber was war ehrlich? Die offene und freundliche Neugier, die ein wahres Vergnügen ist? Oder die schweigende, bisweilen sogar feindliche Ablehnung dem Fremden gegenüber, die mich erschüttert hat? Wurde ich um meiner selbst willen oder um des Staates willen vor allem, was Reisen sonst ausmacht, »beschützt«?

Ich weiß es nicht. Heute denke ich manchmal an die Menschen, denen ich in Nordkorea begegnet bin, und will so gern daran glauben, dass die Begegnungen echt waren. Ich möchte trotz aller Eindrücke, die ich hatte, so gern hoffen, dass zumindest einige Menschen in Nordkorea das Leben mit mehr Lebensfreude meistern, als man zunächst den Eindruck hat. Ich möchte wirklich hoffen, dass es nicht der kleinste Teil ist.

Rainer Stahl

Der große und der kleine Führerschein.
Verkehrsimpressionen

(2001)

Das erste, was Ausländern in Nordkorea auffällt, ist der nahezu völlig fehlende Autoverkehr. Selbst in der mongolischen Hauptstadt Ulan-Bator, in der ich als Unternehmensberater tätig war, kommt es mittlerweile zu Staus. Dicht an dicht stehen dort die Autos auf der Friedens-Avenue. Mit lautem Hupen und waghalsigen Überholmanövern versuchen die noch immer pferdeversessenen Mongolen auszubrechen. Ganz anders in Pjöngjang. Die Straßen der Hauptstadt schrecken durch Leere. Selten befährt ein Mercedes oder Volvo die breiten, sechsspurigen Boulevards. Sie gehören ausnahmslos der Nomenklatur, die, wie mir andere Ausländer erzählten, allein im Jahr 2000 Mercedes-Limousinen im Wert von 15 Millionen Euro gekauft haben soll, was aber auch nicht entscheidend zu einem höheren Verkehrsaufkommen beitragen konnte.

Trotzdem ist an jeder wichtigen Kreuzung eine Verkehrspolizistin postiert. In adretter Gardeuniform regelt sie mit zackigen Bewegungen den nicht vorhandenen Verkehr. Eines Nachts sehe ich auf der nächtlichen Fahrt im düsteren Pjöngjang eine der Polizistinnen mitten auf der Kreuzung liegen. Wir wollen halten, werden jedoch mit Blick auf das Ausländerkennzeichen energisch von zwei anwesenden Uniformierten weitergewunken. Man habe alles im Griff und brauche keine ausländische Hilfe. In einer anderen Nacht wird unser Projektjeep, den wir vor dem Koryo-Hotel abgestellt haben, aufgebrochen. Einige Autoteile sind sauber abmontiert, ein Stapel CDs fehlt. Die herbeigerufene Polizei nimmt den Fall auf. Eine Aufklärung erfolgt nie. Man teilt uns nach einiger Zeit mit, dass wohl »Japaner am Werk« gewesen sein müssen.

Allgegenwärtig ist die Furcht vor dem Erzfeind USA. Innerhalb einer Woche wird die Bevölkerung der Hauptstadt durch drei Probealarme in Atem gehalten. Mit dem Ertönen der Sirenen muss sich jeder Passant in den nächsten U-Bahn-Schacht, in Unterführungen oder Hauseingänge flüchten. Autos müssen an den Straßenrand fahren, um im Notfall Militärkolonnen und Panzer durchzulassen. Nachts erfolgt totale Verdunkelung in der ohnehin düsteren Stadt. Das alles geschieht, um einem möglichen Angriff der USA zu begegnen.

Mit diesen Eindrücken beginne ich im Januar 2001 meine Arbeit als Projektleiter der Hilfsorganisation Cap Anamur in Pjöngjang. Unser Team besteht aus drei Deutschen und fünf Nordkoreanern. Unsere Aufgabe ist es, Krankenhäuser, Kindergärten und Waisenhäuser außerhalb der Hauptstadt zu sanieren und ihnen Medikamente, Nahrungsmittel und Bekleidung zu liefern. Diese Fahrten in die Provinz sind nur dienstlich und nach Voranmeldung beim Außenministerium erlaubt. Stets sitzt ein einheimischer Fahrer am Steuer, ein Dolmetscher und ein Koordinator des Flood Damage Rehabilitation Committee (FDRC) begleiten uns. Diese dem Außenministerium zugeordnete Behörde wurde nach den verheerenden Flut-, Sturm- und Dürrekatastrophen Mitte der neunziger Jahre gegründet und spannt ein Netz bis in die kleinsten Städte. Heutzutage hat das FDRC seinen Geschäftszweck weitgehend verloren. Im Wesentlichen ist es nun für die Koordination zwischen dem Staat und ausländischen Hilfswerken zuständig.

Akkreditierte Ausländer dürfen sich nur in Pjöngjang frei bewegen, seit einiger Zeit auch per Kraftfahrzeug. Doch selbst das Fahren in der Hauptstadt hat seine Grenzen. Einige Gebiete sind durch Mauern und schwer bewaffnete Wachposten strikt abgeriegelt. Das Koryo-Hotel wird durch zwei Aussichtstürme gekrönt. Einer von ihnen ist permanent gesperrt, weil man von dort angeblich Einblick in eines dieser Luxusghettos hat. Dennoch möchte ich auf die eingeschränkte Bewegungsfreiheit nicht verzichten. Dafür muss ich mich allerdings vorher der Führerscheinprüfung unterziehen.

Ich werde zunächst über die »Regeln über die Verkehrssicherheit laut Beschluss Nummer 67 des Ministerrats« informiert: »Der Große Führer Kim Il Sung lehrte Folgendes: ›Unfälle sind konsequent zu verhüten durch Ordnung und Disziplin.‹ Der Geliebte Führer Kim Jong Il sagte Folgendes: ›Die Arbeit zur Schaffung der Verkehrsordnung ist regelmäßig und unermüdlich zu leisten. Wir müssen die Arbeit zur Erziehung und Kontrolle stärken, so dass die Einwohner und Kraftfahrer die Regeln über die Verkehrssicherheit bewusst einhalten können. So können wir Unfälle verhüten.‹« Solchermaßen gestärkt, geht es an die theoretische und praktische Prüfung. Falsche Antworten übersetzt mein Dolmetscher in richtige. Eine Stange Zigaretten für den Prüfer schafft zusätzliche Erleichterung. Die praktische Prüfung beschränkt sich auf Vorwärts- und Rückwärtsfahren auf einem vollkommen freien Gelände. Ich freue mich trotzdem über die bestandene Prüfung. Dieser Führerschein wird später zu Hause Eindruck machen.

Fast alle Nordkoreaner bewegen sich entweder zu Fuß oder mit dem Fahrrad. In der Hauptstadt, sagt man mir, dürfen Frauen aus Gründen der »Sicherheit und Schicklichkeit« nur dreirädrige Fahrräder benutzen. Die Männer fahren auf alten klapprigen Zweirädern. Oft stürzen sie auf den vereisten Straßen, richten sich auf, lächeln und fahren weiter bis zum nächsten Sturz. Die vielen Fußgänger kommen in der Provinz, aber auch in der Hauptstadt, mit dem spärlichen Autoverkehr nicht klar. Wenn sich mal ein Auto zeigt, rennen sie entweder im letzten Moment über die Straße oder verharren schon 100 Meter vorher. Alte, Kranke oder Rollstuhlfahrer zeigen sich in Pjöngjang nicht. Die belgischen Mitarbeiter der Hilfsorganisation Handicap International dürfen nur in einer entlegenen Provinz Gehhilfen, Prothesen und Rollstühle entwickeln. Die Hauptstadt ist das Schaufenster des Landes. Schwäche hat hier keinen Platz; Betteln ist streng verboten.

Cap Anamur ist in den beiden Provinzen Phyongan-Süd und Hwanghe-Süd tätig. In diesen Gebieten nördlich und südlich der Hauptstadt betreuen wir zehn Bezirkskrankenhäuser, einen Kindergarten und zwei Waisenhäuser. In den Krankenhäusern konnten wir neue Operationssäle einrichten, die Waisenhäuser und der Kindergarten erhielten Spielgeräte. Ich habe den Eindruck, dass die üblicherweise nach Nordkorea entsandten praktischen Ärzte nicht der richtige Ansatzpunkt für eine wirksame Verbesserung der medizinischen Versorgung sind. Die koreanischen Ärzte sind durchweg gut ausgebildet und kennen die Bedürfnisse und Beschwerden ihrer Patienten viel besser als »hereingeschneite« westliche Mediziner. Vor allem wissen sie mit dem Mangel umzugehen. Was ihnen fehlt, sind moderne diagnostische Apparaturen und Fachleute, die sie in deren Anwendung unterweisen.

Im Februar beginnt unser großes Bekleidungsprojekt. Landesweit 190 000 Kinder in 3000 Kindergärten sollen mit Röcken, Hosen und Sweatshirts versorgt werden. Für viele Nichtregierungsorganisationen (NGOs) ungewohnt, führe ich die bei uns selbstverständlichen Elemente Ausschreibung und Vertragsstrafen ein. Das verstört die zahlreichen interessierten Lieferanten. Bisher war man eine »freihändige« Vergabe gewöhnt. Nach harten Verhandlungen wird ein koreanisch-chinesischer Generalunternehmer bestimmt. Er ist für Einkauf und Produktion der Stoffe in China, die Konfektion in Nordkorea und die pünktliche Anlieferung in den Kindergärten zuständig. In enger Zusammenarbeit mit dem Ministerium für Leichtindustrie wird die Herstellung der Kleidung auf 24 Betriebe in ganz Nordkorea aufgeteilt, um einen gerechten Beschäftigungseffekt zu erzielen. Vertragsgemäß erhielten alle Kindergärten bis Mitte Mai Lieferungen. Dabei haben wir jede Etappe der Produktion und Verteilung in zahlreichen Stichproben kontrolliert. Wie wichtig das war, zeigte die Designabteilung eines Betriebes: Sie hatte Panzer und Waffen als Muster auf den Sweatshirts der fünf- und sechsjährigen Jungen vorgesehen.

Unsere Fahrten in die Provinz auf vereisten oder nach Tauwetter aufgeweichten Straßen sind jedes Mal ein Abenteuer. Auf einer Fahrt nördlich der Hauptstadt bleiben wir selbst mit unserem Allrad-Geländewagen im Morast stecken und müssen schieben. Die Ortschaften, die wir unterwegs sehen, scheinen verfallen und trostlos. Am Straßenrand sind Scharen von schwer bepackten Menschen, besonders Frauen, unterwegs. Jeder will irgendetwas ergattern oder eintauschen. Gelegentlich taucht ein LKW auf, die Plätze auf der offenen Ladefläche bis auf den letzten Platz gefüllt. Stoisch ertragen die Menschen die winterliche Kälte, die durch den Fahrtwind noch verstärkt wird – aus unserem wohlbeheizten Geländewagen ein nicht leicht zu ertragender Anblick. In den Krankenhäusern herrschen katastrophale Zustände. Wegen des permanenten Energiemangels sind die Flure und Krankenzimmer eiskalt. Besser nicht krank werden! Die häufigen Unfallopfer aus den veralteten Fabriken mit ihren ungesicherten Anlagen werden auf Hand- oder Ochsenkarren eingeliefert.

Ein weitaus moderneres Verkehrsmittel befindet sich im Mausoleum des Großen Führers in Pjöngjang. Hier befördern einen Kilometer lange Rollbänder die loyalsten Nordkoreaner zum Ewigen Präsidenten Kim Il Sung, der dort seit seinem Tod 1994 einbalsamiert in einem Glaskasten liegt. Nur wenigen Ausländern wird das Privileg zuteil, den in die Unsterblichkeit eingegangenen Staatsgründer sehen zu dürfen. Der Besuch im Kumsusan-Palast, der zu Lebzeiten des Großen Führers dessen Amtssitz war, muss eine Woche vorher beim Außenministerium angemeldet werden. Ich bin zusammen mit einem norwegischen Vertreter einer Hilfsorganisation, einer chinesischen Reisegruppe und dem Leiter des Goethe-Instituts in Seoul eingeteilt; wie üblich werden wir von offiziellen Vertretern und dem Koordinator des FDRC »begleitet«.

Auf dem gigantischen, 100 000 Quadratmeter großen Platz vor dem Palast herrscht klirrende Kälte, minus 25 Grad. Unsere Begleiter ermahnen uns noch einmal, sich respektvoll zu verhalten. Ungeheure Massen von Nordkoreanern warten, in Gruppen aufgeteilt, diszipliniert auf dem Vorplatz. Sie kommen aus allen Provinzen des Landes, erfahren wir von unseren Begleitern. Es muss ein großes Ereignis für die festlich gekleideten Menschen sein, den Ewigen Präsidenten leibhaftig sehen zu dürfen. Der Blick in die erwartungsvollen Gesichter zeigt, dass hier nichts gekünstelt oder befohlen ist. Auch wir sind gebeten worden, uns dem Anlass entsprechend in einen dunklen Anzug zu kleiden. Als Ausländer werden wir privilegiert behandelt und erhalten sofort Zutritt. Die nordkoreanischen Besucher warten geduldig in der eisigen Kälte, bis die einzelnen Gruppen aufgerufen werden. Aber das ist für sie keine Entbehrung, sondern ein großer Festtag. Reisen außerhalb des Wohngebiets sind für den Normalbürger undenkbar und auch bei diesem Anlaß nur unter strenger Kontrolle von Funktionären möglich.

Die etwa eineinhalbstündige Zeremonie übertrifft alles Vorstellbare an Personenkult und würde selbst die Herren Hitler und Stalin erblassen lassen. Am Eingang werden wir streng kontrolliert. Alles Metallische muss abgegeben werden. Unserem norwegischen Teilnehmer werden auch noch die Zigaretten abgenommen, weil, wie mir der FDRC-Koordinator erklärt, man nicht sicher sein könne, ob ein Ausländer an dieser Weihestätte nicht rauchen würde. Sodann betreten wir eines der Rollbänder und durchqueren im Schneckentempo die marmornen Gebäudefluchten. Uns friert, da wir auch die Mäntel haben abgeben müssen und es wie in allen öffentlichen Gebäuden im Winter eiskalt ist. Auch die aus unzähligen Lautsprechern erschallenden heroischen Gesänge wärmen uns nicht.

Nach dem endlosen Dahingleiten beginnt die erste Stufe der Reinigung. Rotierende Bürsten säubern unsere Schuhe, damit wir auch ja keinen Straßenschmutz in die heiligste der heiligen Hallen tragen.

Dass Pjöngjang eine makellos sauber gehaltene Stadt ist, spielt offenbar keine Rolle. Als nächster Reinigungsschritt folgt eine Schleuse. Ein starkes Gebläse soll auch das letzte Staubkörnchen vor dem großen Augenblick entfernen. Ich muss mir allerdings die Haare neu richten. Doch noch immer ist es nicht soweit. Wir betreten zunächst eine riesige Halle. Dort erhebt sich eine etwa fünf Meter hohe Marmorstatue des Großen Führers. Mächtige Revolutionschöre beschallen den Raum, rosafarbenes Licht umschmeichelt das Bildnis. Die nordkoreanischen Besucher marschieren in Vierergruppen zu ihm hin. Eifriges Verbeugen. Ich verkneife es mir noch.

Dann endlich. In der nächsten Halle steht, in dämmriges Licht getaucht, der gläserne Katafalk mit dem aufgebahrten Volksliebling. Er trägt einen schwarzen Anzug, eine rote Fahne umhüllt ihn von der Brust abwärts. In langsamen Schritten umrunden die Besucher den Sarg. Es herrscht absolute Stille. Das leise Schluchzen und mühsam unterdrückte Weinen der meisten Nordkoreaner macht sie erst fassbar. Tiefes Verbeugen an allen vier Seiten des Sarges. Ich senke den Kopf immerhin leicht. Ansonsten würde mit Sicherheit ein Bericht des aufmerksamen Koordinators und ein anschließender Tadel folgen.

Beim Abschied, nachdem wir noch den Dienstwagen des Großen Führers (einen Mercedes) und den Sonderzug besichtigt haben, mit dem er 40 Jahre lang in ständiger Sorge um sein Volk 154 000 Kilometer durchs Land reiste, bitten uns unsere Begleiter, uns ins Ehrenbuch einzutragen. Ich schreibe: »Ich bin beeindruckt – Dem koreanischen Volk alles Gute.« Das ist nicht geheuchelt, denn beeindruckt bin ich wirklich.

Orville Schell

Pjöngjang Superstar.
Im Fernsehen und im Frisiersalon

(1996)

Nachts krönt eine dunkelrot leuchtende Fackel den Juche-Turm in der Innenstadt Pjöngjangs. Der Platz, der den Juche-Turm umgibt, ist in seinem Ausmaß wahrhaft atemberaubend. Er ist aber auch ganz reizend. Obwohl es Sonntag ist, ist der Platz praktisch menschenleer, ganz so, als ob in der Nähe eine Neutronenbombe detoniert wäre. Ich frage unsere Führerin, wo denn alle seien. »Die Menschen sind beschäftigt«, erwidert Genossin Li wortkarg. Fast überall, wo wir hingehen, scheint der gewöhnliche Koreaner verschwunden zu sein. Bei einer Besichtigung der Nationalen Wirtschaftsuniversität ist kein einziger Student zu sehen. Die wenigen Menschen, die wir treffen, tragen einen teilnahmslosen Gesichtsausdruck, der für unsere Gegenwart unempfänglich ist.

Die Funktion der nordkoreanischen Repräsentationsbauten liegt offenbar nicht darin, Orte für echte Menschen darzustellen, sondern ein nationales Verlangen danach zu befriedigen, dass der Staat von dauernder Bedeutung ist und die Revolution nicht versagt hat. Der Hang zum Prunk weist nicht auf Arroganz, noch weniger auf Größe hin. In Wirklichkeit zeigt er einen tiefen Mangel an Selbstvertrauen.

Gegenüber dem Juche-Turm verkündet auf der anderen Flussseite ein riesiges Plakat mit minimalistischer Einfältigkeit: »Wir sind glücklich.« Genau hier befindet sich das Große Studienhaus des Volkes – ein Bau, der den Mythos repräsentiert, Intellektuelle in Nordkorea seien unter den Reihen der »Glücklichen«. Kim Jong Il prahlte: »Es gibt heute offensichtlich kein Land auf der Erde außer unserem, in dem Intellektuelle sorglos unter der Obhut der Partei und des Führers leben und arbeiten können.«

Der Bibliothekskomplex wurde 1982 erbaut. Mit seinen grün lasierten Dachziegeln erinnert er an die traditionelle Architektur, hat aber wahrhaft kosmische Ausmaße. Ein von der Tourismusbehörde herausgegebener Führer zählt ihn zu den »eigenartigen Gebäuden«. Eine junge Frau im traditionellen rosafarbenen Kostüm öffnet die majestätische Eingangstür aus Mahagoni. Vor uns steht, wie eine aus Marmor gefertigte Geistervision, die kolossale Statue des Großen Führers inmitten einer riesigen, mit Kronleuchtern behängten Rotunde. »Die Kronleuchter stellen Sonnenblumen dar, oder das Volk, und der Große Führer ist die Sonne, der wir folgen«, erklärt der zweite Führer, Genosse Paik.

Als wir die Treppen hinaufgehen, bin ich über eine Gruppe Kameraleute überrascht. Sie filmt, wie ich eine Schublade der Karteikästen herausziehe und mir die Karten besehe. Dann geht es in einen Raum, der dem Studium der Werke des Großen Führers gewidmet ist. Sie seien, so wird mir gesagt, in 40 Bänden und acht Sprachen veröffentlicht. Fünf oder sechs Leser sind anwesend, aber etwas an ihrer Körpersprache macht mich stutzig. In den Berichten aus Nordkorea, die ich gelesen habe, fragten sich die Besucher immer wieder, ob die Gemeindemitglieder (es gibt in Pjöngjang nur drei Kirchen, zwei protestantische und eine katholische) real seien; ob die Kunden, die sie in den Vorzeige-Kaufhäusern sehen, gewöhnliche Leute seien; sogar, ob die Patienten und das Personal, die sie in der Entbindungsklinik in Pjöngjang, dem einzigen für Auslandsdelegationen zugänglichen Krankenhaus, treffen, nicht einfach nur Schauspieler seien. Nordkorea ist immerhin das Land der Illusionen, und Pjöngjang ist die fantastischste von ihnen, eine potemkinsche Stadt, die man sich am besten auf Fotos besieht.

Der letzte Halt auf unserer Tour durch das Große Studienhaus des Volkes findet im Musikraum statt. Hier, so erzählt mir Herr Paik, könnten die Leute die Musik unterschiedlicher Nationen studieren. Kleine Arbeitskabinen stehen aufgereiht, jede ist mit Kassettenrekordern und Kopfhörern ausgestattet. Der Leiter blickt väterlich auf die vier Studenten, die sich Tonbänder anhören, und verkündet stolz: »Heute studieren sie Musik aus Amerika.« Bei näherem Hinsehen stellt sich heraus, dass sich einer von ihnen eine Version von Elvis Presley's »Blue Hawaii« anhört, ein zweiter Rosemary Clooney, wie sie »Tennessee Waltz« singt, und ein dritter ein Lied namens »Brother Louie« (»Deep Love is a burning fire / Stay, 'cause then the flames grow higher / Babe, don't let him steal your heart / It's easy, it's easy...«, singt das deutsche Popduo Modern Talking). Ein vierter scheint sich seinen internationalen kulturellen Verpflichtungen entziehen zu wollen. Er hört das »Pochonbo Light Music Orchestra«, eine einheimische Gruppe, die Elemente des Pop, der Klassik, der Fahrstuhl- und der traditionellen Musik zu einem Sound verbindet, der auf mich ausnehmend banal und einzigartig nordkoreanisch wirkt.

Am nächsten Abend schaue ich die Nachrichten des Staatsfernsehens (dem naturgemäß einzigen Sender). Und sieh mal an, da bin ja plötzlich ich im Großen Studienhaus des Volkes! Voll sozialistischem Eifer schaue ich in den Karteikasten, um endlich mit dem Studium der 40-bändigen Gesammelten Werke des Großen Führers zu beginnen. Dass mein Haar zerzaust und von einer alten Kappe der »Boston Red Sox« bedeckt war, stellte offensichtlich kein Hindernis dar, mich in das Programm aufzunehmen, genauso wenig wie die Tatsache, dass ich aus den Vereinigten Staaten stamme, dem angeblich größten Feind Nordkoreas. Wichtig ist, dass ich ein weißes Gesicht habe, in Pjöngjang bin und man mich aussehen lassen kann, als befände ich mich auf einer Pilgerfahrt zum Großen Führer. In diesem Land der Illusionen reicht das, um zum Star zu werden. Da es für gewöhnlich wenige Ausländer gibt, die sich nach Nordkorea begeben, ist es für die Produzenten der Fernsehnachrichten wichtig, frisch importierte Akteure für das allabendliche Huldigungsprogramm zu finden. Um den Schein einer nicht enden wollenden Flut von ausländischen Bewunderern aufrechtzuerhalten, sind sie oft gezwungen, alte Aufnahmen Abend für Abend zu recyceln. Und tatsächlich bin ich drei Tage hintereinander in den Nachrichten, so dass ich überall als kleine Berühmtheit begrüßt werde.

Nach meinem haarsträubenden Auftritt im Fernsehen sage ich dem Genossen Paik, dass ich mir gerne die Haare schneiden lassen würde, so normal es irgend geht. »Natürlich können Sie einen Haarschnitt bekommen«, sagt er und saugt die Luft zwischen den Zähnen ein. »Aber vielleicht würden Sie sich in einem gewöhnlichen Frisiersalon unwohl fühlen.« Ich werde schließlich zum Gesundheitskomplex Changgwang gebracht, einem vierstöckigen Riesengebäude mit Bade-Einrichtungen, Schwimmbecken, Dampfbädern, Massageräumen, Frisierstuben und Schönheitssalons.

Nach einem schnellen Rundgang werde ich in ein nach Desinfizierungsmitteln riechendes Wartezimmer geführt, in dem fünf oder sechs junge Männer mit ausdruckslosen Gesichtern sitzen. Sie schauen einen Fernsehfilm über nordkoreanische Guerillas, die amerikanisch aussehende Menschen töten. An der Wand hängen die üblichen Porträts des Großen Führers und des Geliebten Führers. Diesmal werden sie jedoch von 14 weiteren, nur mit einer Nummer versehenen Porträts flankiert. Die Bilder zeigen die verschiedenen Haarschnitte, die sich der Kunde erbitten kann. Weil die Musterköpfe so nah an den Porträts der beiden Führer hängen, sieht es aus, als dienten diese ebenfalls als Frisiervorlagen. Ich würde mich gerne davon überzeugen, dass einer der Hairstylisten (das Wort hat hier einen exotischen Klang) die Frisur nachahmen kann, die zum unvergesslichen Markenzeichen des Geliebten Führers geworden ist. Aber leider hat sein Porträt keine Nummer, und außerdem spreche ich kein Koreanisch. Ich weiß daher nicht, wie ich meinem Wunsch Ausdruck verleihen könnte, ohne ein Affentheater zu veranstalten, bei dem ich mit den Händen über meinen Kopf herumwirbele, als ob ich ihn in Zuckerwatte verwandeln wollte. Auf das Porträt selbst zu zeigen, scheint mir ein wenig würdelos. Letztlich wähle ich die Nummer 14, eine aufgebauschte Fünfziger-Jahre-Frisur, die verspricht, mich wenigstens ein bisschen wie der Geliebte Führer aussehen zu lassen.

Man leitet mich zu einer Vorrichtung, die viel Ähnlichkeit mit einem Zahnarztstuhl hat. Dort wartet schon meine Stylistin, eine kesse junge Frau in weißem Krankenhauskittel, frisch gemachter Dauerwelle und mit rubinroten Lippen. Ich erhebe einen Finger meiner linken und vier meiner rechten Hand, um die Zahl 14 anzuzeigen. Sie nickt zögernd und inspiziert vorsichtig meine Mähne. Ich glaube, sie bezweifelt, dass sie mein Haar je dem Bild an der Wand wird anpassen können.

Als sie meinen Kopf nach vorne in das Waschbecken drückt, fühle ich mich wie jemand, der sich vor der Guillotine beugt. Mit starken, sicheren Händen wäscht sie mir das Haar. Dann richtet sie mich wieder auf, wirft ein Tuch um meine Schultern und beginnt zu schneiden, unsicher und zögernd, wie ein Jazz-Pianist, der so lange herumklimpert, bis ihn die Inspiration packt. Entschlossen, meine Frisur in die Hände des Schicksals zu legen und abzuwarten, was passiert, lehne ich mich zurück und schließe die Augen. Außer dem Scherengeschnippe und dem kurzen Brüllen des Föns, der an einem anderen Stuhl gelegentlich zum Einsatz kommt, ist es vollkommen still in dem Frisiersalon. Ich habe das unbehagliche Gefühl, dass meine fremdartige Gegenwart die Ursache dafür ist.

Genau in diesem Augenblick betritt ein Mann in dunkelblauem Anzug und mit Sonnenbrille und Großem-Führer-Anstecker den Raum. Er flüstert meiner Hairstylistin etwas ins Ohr. Ist er so etwas wie die Frisur-Polizei? Unerwartet wird mein Stuhl zurückgezogen. Die Hairstylistin schärft jetzt eine Rasierklinge an einem Riemen. Wurde sie gerade angewiesen, die Welt von einem »feindseligen US-Imperialisten« zu befreien? Das ist immerhin das Land, in dem ein offizielles Englischbuch die Schüler lehrt: »Yankees sind Wölfe in Menschengestalt«; und wo das Mathematikbuch für die zweite Klasse folgende Textaufgabe stellt: »Während des vaterländischen Befreiungskrieges haben unsere Onkel in der Volksarmee einen Haufen imperialistischer Yankee-Schakalbastarde vernichtet und dabei 224 123 Granaten und 265 137 Stück verschiedener Munition beschlagnahmt. Wie groß war die beschlagnahmte Gesamtmenge?«

Plötzlich beginnt der ganze Stuhl zu vibrieren. Ich ergebe mich. Doch statt einer Rasur schickt sich meine Stylistin an, die Akupunktur-Druckpunkte auf meiner Stirn und meinem Nacken zu kneten. Als Nächstes kommt Ginseng-Salbe über mein ganzes Gesicht. Klumpenweise Pomade, die wie Kaugummi riecht, geht in mein Haar. Dann, wie eine wahre Tochter der Revolution, zieht sie ihren Fön und verteilt das Schmiermittel im Haupthaar. Das stechende Aroma erhitzter Pomade sättigt wie Frittierfett den Raum. Mit dem Kamm verpasst sie meinem Haar einen kleinen Drall. Es fühlt sich an, als setzte sie einer Torte das Sahnehäubchen auf.

Dann brät sie die Frisur mit dem Fön abermals fest. Noch ein Schwung Pomade. Weitere Misch-Bewegungen mit dem Kamm, ein weiterer Stoß heißer Luft. Plötzlich fühle ich einen feuchten Lufthauch um meine Ohren. Mit einer importierten Spraydose zementiert sie endgültig ihre Kreation. Zärtlich tätschelt sie meine neue Frisur, so wie ein Bäcker einen Laib Brot tätschelt, um zu sehen, ob er bei Berührung federnd nachgibt. Sie murmelt etwas. Ich bin atemlos vor Spannung. Ich öffne meine Augen und starre in den Spiegel. Magnifique! Es sieht aus, als ob ich einen Badeschwamm auf dem Kopf trage! Ich bin neugeboren – als Kreuzung zwischen Elvis und einem bulgarischen Hydrologen aus den fünfziger Jahren. Endlich bin auch ich ein wahrer Sohn Pjöngjangs!

Aus dem Englischen von Dieter Lend

Anne-Katrein Becker

»Klatscht beim Spaniertanz Kim aus Korea«.
Die 13. Weltfestspiele der Jugend

(1989)

Nachts habe ich kaum geschlafen, die Zeitumstellung von acht
Stunden macht mir trotz zahlreicher Reisen nach Nordkorea immer
wieder Schwierigkeiten, und nun werde ich im wahrsten Sinne des
Wortes mit Pauken und Trompeten gegen sieben Uhr morgens aus
dem leichten Schlaf gerissen. Aus dem Fenster meines Zimmers in
der 10. Etage des Janggwangsan-Hotels sehe ich unzählige Jugendliche – es mögen einige Tausend sein –, die sich mit einfarbigen Fahnen und Transparenten auf dem Platz vor der Sporthalle zu Marsch-
kolonnen formieren. Zwischendurch ertönen per Lautsprecher
Anweisungen, welche Gruppe sich wie und wo einzuordnen hat. Immer wieder höre ich den Begriff »Kwangbokgori« heraus, das heißt
»Kwangbok-Straße«.

Mein Kalender zeigt den 5. Oktober 1986 an. Schon morgens
scheint die Sonne. Wie häufig in diesen Oktobertagen klettert das
Thermometer auf angenehme 24 Grad. Die jungen Leute da draußen haben leichte Arbeitskleidung an und sind nicht nur mit Fahnen
und Spruchbändern, sondern vor allem mit Schaufeln und Spaten
»bewaffnet«. Gegen neun Uhr ziehen sie sehr diszipliniert in Kolonnen und Lieder singend an den westlichen Stadtrand – dorthin, wo
in den nächsten Jahren ein riesiger neuer Stadtteil entstehen wird. Es
sind Studenten, die von nun an jeden Sonntag auf den Baustellen zu
finden sein werden. Sie haben sich, so sagen sie mir bei einem Besuch
in der künftigen Kwangbok-Straße, verpflichtet, für die 13. Weltfestspiele der Jugend unentgeltlich Bauhilfe zu leisten.

Die Weltfestspiele fanden erstmals 1947 in Prag statt, 1951 und
1973 war Ostberlin der Austragungsort. Nun also sollten sich in
Pjöngjang Tausende von Jugendlichen aus aller Welt – nicht nur aus
sozialistischen Ländern – begegnen. Der nordkoreanische Jugend-
verband Sarochong hatte dies 1986 vorgeschlagen. Und obwohl der
Beschluss erst später verkündet wurde, konnte man davon ausge-

hen, dass dem Festival nichts im Wege stehen würde. So begannen bereits Monate vorher die Arbeiten. Nicht alle neu zu errichtenden Bauwerke waren allein für die Weltfestspiele bestimmt. Die neuen Wohnquartiere in der Kwangbok-Straße etwa oder das Stadion auf der Rungna-Insel würden auch danach genutzt werden. Hier und in neun Spezialsportstätten sollten 1988 sogar einige Wettkämpfe der Olympischen Spiele von Seoul abgehalten werden. Dass es trotz langwieriger Verhandlungen letztlich nicht dazu kam, lag unter anderem daran, dass sich Pjöngjang und Seoul nicht über Art und Umfang der Wettkämpfe einig werden konnten.

Ich möchte genauer wissen, welche Bauten für die Weltfestspiele geplant sind, und bitte deshalb um ein Gespräch mit einem Verantwortlichen. Da ich in all den Jahren in verschiedenen DDR-Medien ausführlich über meine Besuche in Nordkorea berichtet habe, werden mir solche Wünsche meist recht schnell erfüllt, zumal im Vorfeld des Festivals an einer umfangreichen Berichterstattung naturgemäß Interesse besteht. So komme ich zum Stadtbaudirektor Choe Dok Sun. Er zeigt mir an einem Modell, was in den knapp drei Jahren alles gebaut werden soll: 20 000 Wohnungen, drei Hotels, ein Kinderpalast, ein Zirkus, zwei Theater, diverse Gaststätten, neun Spezialsporthallen und vieles andere mehr. »Normalerweise«, so sagt er, »bräuchten wir die dreifache Zeit, aber das Festival setzt andere Normen.« Meinen Einwand, dass doch die Jugendlichen bei den heißen Sommern ganz gut in Zelten leben könnten – so wie es zum Beispiel 1951 in Berlin war –, lässt keiner der Anwesenden gelten. »Wir wollen doch«, so höre ich von allen Seiten, »gute Gastgeber« sein. Man will zeigen, was man kann. Dafür werden weder Kosten noch Mühen gescheut.

Die größten und wichtigsten Bauwerke sind die 5,4 Kilometer lange Kwangbok-Straße, das Sportdorf Angol und das Stadion auf der Insel Rungna, das mit 150 000 Plätzen eines der größten der Welt werden soll. Die drei Bauten gelten als »zentrale Jugendobjekte der Koreanischen Demokratischen Volksrepublik«. Das heißt: 50 000 Jugendliche aus allen Landesteilen kommen zum Aufbau nach Pjöngjang. Sie leben in einfachsten Baracken mit Schlafstellen für jeweils 20 Leute und einer Waschecke. Heimfahrten ein- bis zweimal im Jahr, kein richtiger Urlaub, ansonsten wöchentlich sechs Tage auf dem Bau. Außergewöhnliches wird ihnen abverlangt. Vieles im privaten Leben muss für lange Zeit hintangestellt werden. Auch die

Hauptstädter, sofern sie im arbeitsfähigen Alter sind, beteiligen sich mit unentgeltlichen Sonderschichten. Der erste Sonntag im Monat gilt als »Tag für die Unterstützung der Weltfestspiele«. Bei vielen werden es mehrere Sonntage im Monat. Häufig sehe ich Transparente mit der Aufschrift »Hier arbeiten die Angestellten des Ministeriums für Außenhandel« oder »Rundfunk-Mitarbeiter leisten hier ihren Arbeitseinsatz«.

»Warum tun Sie das?«, frage ich eine meiner Betreuerinnen, die meine Reise- und Gesprächswünsche notiert, koordiniert, organisiert und ständige Begleiterin ist. Diese gigantischen Bauten seien schließlich sehr teuer, verbrauchten enorme Mengen an Material, die Menschen im ganzen Land opferten sich auf. Sie weicht meinen Fragen nicht aus, findet sie durchaus nicht ungewöhnlich, weil auch sie sich offenbar darüber Gedanken macht.

»Ich hoffe, dass wir uns bei dem Festival mit vielen Jugendlichen aus dem Ausland treffen können und dass es auch in unserem Lande dadurch zu Veränderungen kommen könnte.«

»Welche?«, frage ich.

»Nun, wir lernen andere Lebensweisen kennen«, sagt sie. »Wir hören, wie es sich anderswo lebt, und viele ausländische Gäste können wir dann auch in unsere Wohnungen einladen.« Das gab es bislang in Nordkorea nicht. »Außerdem wollen wir natürlich eine schöne Stadt zeigen, und da gehören eben auch die neuen Bauten dazu, die schließlich später von uns Koreanern genutzt werden.«

Bis zum Sommer 1989 verfolge ich mehrfach das Wirken auf den Großbaustellen. Alles im Lande ist diesem einen Ziel untergeordnet, auch die Herstellung von Elektroinstallationen, Tapeten, Fußbodenbelägen, Möbeln – eben allem, was für Bau und Ausstattung gebraucht wird. Nicht selten wird dabei die Produktion anderer dringend benötigter Güter zurückgestellt. Und Freizeit ist fast ein Fremdwort geworden. Jeder, der abkömmlich ist, arbeitet auf den Baustellen. Ich sehe kaum Spaziergänger am Ufer des Taedong, wo ich sonst zu jeder Jahreszeit Junge und Ältere beim Angeln, Schachspielen oder Lesen beobachten konnte. »Das kommt alles wieder. Sobald das Festival beginnt, werden wir alles nachholen und uns erholen«, sagt Herr Pak, der intensiv mit den Programmvorbereitungen befasst ist.

Ende Juni 1989 packe ich wieder meinen Koffer. Seit 1970 war ich mehr oder weniger regelmäßig in Nordkorea. Mit großem Interesse verfolge ich die Entwicklung des Landes und fühle mich den fleißigen, liebenswürdigen Menschen sehr verbunden. Diese Reise jedoch ist auch für mich etwas Besonderes. Zwar habe ich das Alter der Festivalteilnehmer längst überschritten, aber Weltjugendfestspiele haben mich seit meiner Kindheit fasziniert. Vor allem die 3. Festspiele 1951 in Ostberlin sind mir noch in Erinnerung. Damals lernten wir in der Schule das Festivallied »Im August blüh'n die Rosen« mit dem Refrain »Klatscht beim Spaniertanz Kim aus Korea, grüßt die Kitti aus Mexiko ihn / reichen Hände sich Jimmi und Thea im August, im August in Berlin!« Nun bin ich also bei Kim in Korea, und mittlerweile weiß ich, dass Kim hier der häufigste Familienname ist, jeder fünfte trägt ihn.

Damals, 1951, tobte der Krieg auf der koreanischen Halbinsel. Die jungen Festivaldelegierten aus der Demokratischen Volksrepublik kamen direkt von der Front. 15 Tage waren sie mit dem Zug unterwegs gewesen. Unter ihnen befand sich ein 19-jähriger junger Bursche. Vor meiner Abreise zu den Weltfestspielen gab mir ein Bekannter in Berlin ein vergilbtes Foto, aufgenommen auf dem Gelände des heutigen Tierparks, wo ein riesiges Zeltlager errichtet war. Das Foto zeigt junge Deutsche und junge Koreaner in Uniform, darunter auch den 19-Jährigen. Auf der Rückseite steht sein Name: Kim Gi U. »Versuch bitte, etwas über diesen Mann in Erfahrung zu bringen«, bat mich mein Bekannter.

Fast 40 Jahre sind seither vergangen, aber ich will es probieren. Ich gehe zunächst zur Botschaft in Berlin und trage dem Presseattaché meine Idee vor. Meine Reise- und Gesprächswünsche habe ich bislang stets dort angemeldet, und das meiste ließ sich auch realisieren. Diesmal bin ich jedoch etwas skeptisch. Ich weiß noch nicht einmal, ob besagter Kim den Krieg überlebt hat. In Pjöngjang dann die erneute Nachfrage. Zu meinem Erstaunen kommt zwei Tage später ein älterer Mann in der Uniform der Koreanischen Volksarmee in mein Hotel. Ich erkenne ihn sofort, denn er lacht genauso wie auf dem Foto. Kim Gi U, inzwischen Generalmajor, lebt heute in der Provinzhauptstadt Sariwon.

Er freut sich riesig über das Foto. Vom damaligen Festival besitzt er keines. Nach dem Berliner Treffen ging er wieder an die Front. Als der Krieg 1953 endlich zu Ende war, entschied er sich für die Armee. Er habe alles tun wollen, um den Frieden zu sichern. »Ich habe den Krieg erlebt. Solch ein Grauen darf sich nie wiederholen.« Jetzt zeigt

er sich überglücklich, dass die 13. Weltfestspiele in Pjöngjang stattfinden. Schon 1951 habe er davon geträumt, ein solch großes Ju-
gendtreffen einmal in seiner Heimat zu erleben. »Irgendwie war ich
immer davon überzeugt, dass sich dieser Traum erfüllen wird. Und
nun ist es soweit. Ich bin sehr froh darüber, dass ich das jetzt als
Großvater erleben kann.«

Pjöngjang ist nicht mehr wiederzuerkennen, seitdem das Festival
begonnen hat. Auf allen Straßen und Plätzen wird gesungen und ge-
tanzt, diskutiert und gelacht. 15 000 Jugendliche aus 177 Ländern
sind angereist. Sie wohnen in den neuen Bauten der Kwangbok-Straße, teils in Hotels, teils in Dreiraumwohnungen, die speziell für die
Gäste mit Betten oder Liegen ausgestattet sind. Die Koreaner schlafen üblicherweise auf Matten direkt auf dem Fußboden, der im Winter von einer Fußbodenheizung erwärmt wird. Bis weit in die Nacht
verkaufen die Händler in der Allee Erdnüsse, Glasnudeln, Tinten-
fisch, den berühmten scharfen Kohlsalat Kimchi, Eis und immer
wieder Gemüse-Eierkuchen. Vor allem Koreaner aus Japan haben
diese Stände organisiert. Sie haben auch ein spezielles Festivalbier
kreiert, das reißenden Absatz findet. Zum Glück sind die Dolmetscher durch ihre weinroten T-Shirts leicht zu erkennen. Ihre Hilfe
wird oft gebraucht, denn die fremden Gäste können die koreanischen Buchstaben auf den Straßenschildern und Aushängen selten
entziffern.

Ansonsten gibt es kaum Verständigungsschwierigkeiten. Für die
heißen Rockrhythmen sind keine Übersetzer nötig, nur muntere Bewegungen. Schnell bilden sich gemischte Bands – Afrikaner, Lati-
nos, Russen. Bis zum frühen Morgen musizieren sie ohne Pause.
Eine koreanisch-japanische Band spielt John Lennons »Give Peace
a Chance« – und alle, ob mit oder ohne Partner, tanzen. Für viele
Koreaner ist diese Musik ungewohnt, weil sie bislang weder in Funk
und Fernsehen noch bei öffentlichen Veranstaltungen zu hören war.
Aber nicht wenigen scheint sie sehr zu gefallen, jedenfalls tanzen sie
begeistert mit. Ungläubig schauen manche auf die für nordkoreanische Verhältnisse oftmals waghalsige Mode mit Super-Mini-Rock
und Spaghettiträger-Hemdchen. Und dann die stürmischen Umarmungen, wenn man wieder einen guten Bekannten getroffen hat!
Das kennt man in Korea nicht, selbst junge Liebespaare gehen ganz
gesittet. Sie fassen sich nicht an den Händen, von einem Kuss ganz
zu schweigen. Liebe auf Koreanisch ist eben nichts für die Öffent-

lichkeit. Manche Koreaner schauen entsprechend verdutzt, wenn sie plötzlich in heftige internationale Umarmungen geraten, lassen sich jedoch vom Trubel mitreißen.

Große Begeisterung kommt immer wieder auf, wenn Im Su Gyong, eine 21-jährige Sprachstudentin aus Südkorea, zu sehen ist. Sie ist die einzige Delegierte aus dem anderen Landesteil. Ihr Weg nach Pjöngjang führte von Seoul über Tokio, Berlin und Moskau. Eine direkte Verbindung war nicht möglich. Die Regierung in Seoul hatte ihren Bürgern die Teilnahme strikt verboten; bei Massendemonstrationen, die sich während des Festivals in der südkoreanischen Hauptstadt gegen das Verbot richteten, wurden 80 Studenten verletzt, 1000 festgenommen. Im Presseklub habe ich Gelegenheit, kurz mit Im Su Gyong zu sprechen. Sie sei nach Pjöngjang gekommen, weil sie sich für die Einheit ihres Vaterlandes einsetzen wolle. Sie werde über die Demarkationslinie in Panmunjom zurückkehren, auch wenn sie dafür verhaftet werden sollte. Wenige Tage später überschritt sie die Demarkationslinie, wurde sofort festgenommen und zu einer mehrjährigen Gefängnisstrafe verurteilt.

Täglich ist der Song »Free Nelson Mandela« zu hören. Der südafrikanische Nationalheld war zu dem Festival eingeladen worden, aber 1989 war er noch Gefangener des Apartheidregimes. »Gegen Imperialismus, für Solidarität und Frieden« – unter diesem Motto steht das Festival, das zum ersten Mal auf dem asiatischen Kontinent abgehalten wird. An verschiedenen Orten in Pjöngjang finden Konferenzen und unzählige Diskussionen statt. Daneben Sport- und Kulturveranstaltungen. Die Entscheidung, wohin man geht, fällt schwer – wahrscheinlich verpasst man gerade etwas noch Interessanteres.

Am spannendsten finde ich es auf der Straße. Noch nie zuvor habe ich eine solche Offenheit der Koreaner gespürt. Höflich waren sie immer, grüßende Kinder auf der Straße keine Seltenheit. Jetzt aber kommen die Kinder auf einen zu, wollen sich fotografieren lassen und geben gleich ihre Adresse dazu, damit ich ihnen die Fotos schicken kann. Waren die Leute auf der Straße früher Gesprächen schwer zugänglich, so zeigen sie jetzt ein großes Interesse daran. Sie fragen uns, woher wir kommen, was wir machen und – natürlich – wie es uns in Pjöngjang gefällt. Sie sind stolz auf die vielen neuen Gebäude, aber auch froh, nun nicht mehr so oft zu den Aufbaueinsätzen gehen zu müssen.

»Jetzt haben wir mehr Freizeit«, freut sich Sunhi, eine Studentin, die Lehrerin werden und nach dem Studium heiraten möchte. Den Mann hat sie schon. Er ist auch Student, aber die Eltern kennen sich noch nicht. Doch das ist wichtig, denn die Eltern vereinbaren den Hochzeitstermin, und mit ihnen bespricht man die ganze Zeremonie. Zwar suchen heute in der Regel die Eltern nicht mehr den Partner für die Kinder aus, aber auf die Zustimmung ihrer Eltern will Sunhi nicht verzichten. Während des Studiums würde sie auch nicht heiraten. »Eine Ehe lenkt nur vom Studium ab, und unsere wichtigste Aufgabe ist das Studium.« Dabei betont sie, dass sie nur dank der Fürsorge der Partei und des Staates studieren könne und deshalb nach dem Studium die Arbeit annehmen werde, die ihr zugewiesen wird. Eigene Wünsche? Die stimmten mit denen der Partei überein, sagt sie und lächelt. Ein paar Tage später sehe ich Sunhi mit einem jungen Mann am Ufer des Taedong. Sie laufen nebeneinander her, ins Gespräch vertieft. Ich will nicht stören und werde so nie erfahren, ob es der Zukünftige oder ein normaler Bekannter ist.

Einige der 850 Delegierten aus der DDR wollen am »Tag der Gastgeber« Koreaner zu Hause aufsuchen. Wir wollen schließlich wissen, wie es in koreanischen Wohnungen aussieht. Dass dies nicht ohne Voranmeldung geschieht, finde ich nur natürlich: Nirgendwo auf der Welt sollte man als Fremder einfach in irgendeine Wohnung gehen. Ich verzichte auf die Besuche. Ich war schon oft bei Familien, natürlich vorbereitet und nicht spontan. Meine Begleiterin schlägt vor, stattdessen zur Kunsthochschule zu gehen, und wie sich zeigen sollte, komme ich so doch noch zu einem privaten, ungeplanten Besuch.

In der Hochschule treffen wir den Maler Choe Song Ryong, der sich der traditionellen Landschaftsmalerei verschrieben hat. Daneben betreut er Kinder, die Spaß am Zeichnen haben. Wir kommen ins Plaudern. Und dann lädt mich Choe ein, mit ihm nach Hause zu fahren. Er wolle ohnehin jetzt die Hochschule verlassen. Das ist eine echte Überraschung für mich. Solche spontanen Visiten kenne ich nicht. Aber beim Festival gelten offenbar andere und sehr sympathische Regeln.

Die Wohnung des Künstlers liegt im Pukse-Viertel nahe am Moran-Hügel, dem »Pfingstrosenberg« im Zentrum Pjöngjangs. Sie ist ein einziges Atelier. Überall an den Wänden und auf den niedrigen Tischen hängen und liegen fertige und halbfertige Gemälde, stehen

Pinsel und Tuschsteine. Natürlich fehlen auch hier nicht die Bildnisse von Kim Il Sung und dessen Sohn Kim Jong Il, sie finden sich in allen Wohnungen. Wir machen es uns auf dem Fußboden bequem, denn Stühle gibt es in der Regel in koreanischen Wohnungen nicht. Choes Tochter bietet uns Melonen, Pfirsiche, Erdnüsse und Kekse an. Leider muss ich unser anregendes, sehr herzliches Gespräch nach einer Stunde beenden, da ich einen Termin im Funkhaus habe. Beim Abschied lädt mich Choe ein, beim nächsten Korea-Besuch wiederzukommen. Dann werde er mir ein Bild malen, verspricht er.

Viel Zeit bleibt mir nicht mehr, meinen Hörfunkbeitrag nach Deutschland zu überspielen. Ich beeile mich, rechtzeitig ins Funkhaus zu kommen. Doch diesmal habe ich Pech: Irgendjemand blockiert die Leitungen. Mit mir warten noch einige deutsche Kollegen, deren Tagesbericht ebenfalls unbedingt übertragen werden muss. Doch nichts passiert. Stundenlanges Warten. Plötzlich betritt eine Kellnerin den Raum. Sie trägt ein großes Tablett. Der Hotelleitung sei aufgefallen, sagt sie, dass wir noch nicht zu Abend gegessen haben. Deshalb sei sie beauftragt worden, ein Auto zu nehmen und uns das Abendbrot ins Funkhaus zu bringen. Wir könnten schließlich nicht arbeiten, ohne zu essen. Ich bin sprachlos. Das habe ich als Journalistin noch in keinem Land erlebt. Auch das ist koreanische Gastfreundschaft.

Volker Hagemeister

Röntgen bitte. Tourismus als Staatsbesuch

(2003)

Können Sie uns vielleicht helfen, ein Tiefsee-Echolot zu besorgen? So etwas Ähnliches muss der Mann in der nordkoreanischen Botschaft in Peking gesagt haben, als ich dort mein Touristenvisum abholen wollte. Er sprach nur Koreanisch und Chinesisch, aber kaum Englisch. Der Mann bat mich höflich in ein Nebenzimmer, ein weiterer kam hinzu, sie boten mir eine Zigarette an, schrieben auf einen Zettel »Hydrostar 4900« und sagten etwas von »buy«. Im Internet fand ich später auf der Seite der ELAC Nautik GmbH aus Kiel: »Hydrostar 4900 ist die neue Generation von hochgenauen Einstrahl-Echoloten für mittlere und große Wassertiefen, mit neuesten elektronischen Bauteilen.«

Zuvor hatte der Botschaftsangestellte einen Kasten gemalt und »Look into heart«, »North Korea wants to buy« und »catalogue, model, size, price« gesagt. Ein dazugemaltes Schriftzeichen, das chinesische Freunde später mit »Röntgengerät« übersetzten, klärte alle Zweifel: Ich sollte auch Kataloge über Röntgengeräte für Nordkorea besorgen. Ich hatte freundlich genickt und gelächelt – mein Visum war noch nicht ausgestellt, und außerdem ist grundsätzlich nichts gegen den Handel mit medizinischen Apparaten einzuwenden. Ich überlegte sogar kurz, ob ich statt als Tourist nicht als Geschäftsmann nach Nordkorea reisen sollte. Die nordkoreanischen U-Boote könnten sicher nicht nur neue deutsche Tiefsee-Echolote gut gebrauchen. Der Export dieser Geräte schien mir recht lukrativ, aber auch nicht völlig unproblematisch. Ich beschloss daher, gewöhnlicher Tourist zu bleiben; wurde aber immer neugieriger auf dieses Land, das seine Besucher mit so großer Selbstverständlichkeit in den internationalen Warenverkehr mit Hochtechnologie einzubeziehen versucht.

Es war erstaunlich einfach, die Reise in das angeblich »abgeschottetste Land der Welt« zu organisieren. Eine der wenigen Agenturen, die sich auf Nordkorea-Reisen spezialisiert haben, gab mir die Adresse der National Tourism Administration (NTA) in Pjöngjang. Dorthin faxte ich den Visumsantrag und schrieb eine kurze E-Mail. Keine zehn Tage später erhielt ich über mein Reisebüro die Nachricht, dass ich das Visum abholen könne. Nordkorea ist offenbar nicht nur daran gelegen, Röntgenapparate und Echolote ins Land zu holen, sondern auch devisenstarke Touristen. Fast 1000 Euro musste ich für meinen fünftägigen Aufenthalt bezahlen. Dazu kamen noch die Fahrtkosten von und nach Peking.

Dafür erhält der Tourist aber auch das Gefühl, ein Staatsgast zu sein. Er wird rund um die Uhr von der örtlichen Reiseleitung begleitet. Ohne sie kann man keinen Schritt tun. Gezeigt wird, was das offizielle Besuchsprogramm vorsieht, sonst nichts. Der Österreicher Walter Pfabigan, der Anfang der achtziger Jahre in Nordkorea war, um sich erfolglos in der Staatsideologie Juche unterweisen zu lassen, hat dafür den treffenden Begriff des Delegationismus geprägt. Der Delegationismus, schreibt Pfabigan in seinem Buch »Schlaflos in Pjöngjang«, ist eine »anstrengende und bewegungsarme Reiseform. (...) Sie imitiert den Staatsbesuch, ohne allerdings seine Vergnügungen zu bieten.«[34]

An diesem Novembertag empfängt die Reiseleitung auf dem Flughafen in Pjöngjang eine sehr kleine Delegation. Sie besteht nur aus einer Person, nämlich mir. Die Reiseleiterin ist zugleich Dolmetscherin und spricht ausgezeichnet Deutsch. Sie und der Fahrer werden mir in den nächsten Tagen nicht von der Seite weichen. Beide übernachten sogar im selben Hotel wie ich, dem Yanggakdo, das malerisch auf einer kleinen Insel im Fluß Taedong liegt. Das 1995 fertig gestellte Hotel liegt etwa vier Kilometer vom Stadtzentrum und verfügt über 47 Stockwerke. Doch benutzt werden offenbar nur die obersten fünf für die wenigen Gäste und einige der unteren für das Personal.

Das Luxushotel birgt einige Überraschungen: Der Fernseher empfängt BBC World, und über das Telefon lässt sich sogar eine – wenn auch sündhaft teure – Verbindung nach Deutschland herstellen. Die Zimmer entsprechen internationalem Standard und sind tadellos gepflegt. Vor etwa drei Jahren eröffnete in den Kellerräumen das »Casino Pjöngjang«, das von einem Unternehmen aus der in Südchina gelegenen, ehemals portugiesischen Kolonie Macau betrieben wird. Die Spielbank richtet sich in erster Linie an chinesische Touristen, von denen es immer mehr ins Nachbarland zieht, da Glücksspiel in China offiziell verboten ist. Es gibt einen Karaoke-Raum und eine Sauna, dazu das in China übliche Massageangebot. Auf Handzetteln wird für einen »Special Service« geworben. Er kostet 132 Euro die Stunde. In diesen Einrichtungen arbeiten nur Chinesen aus der Grenzstadt Dandong, die hier zwar mehr als doppelt so viel verdienen wie zu Hause, dafür das Hotel aber auch nur in nordkoreanischer Begleitung verlassen dürfen.

Der Staatsbesuch aus Deutschland besichtigt in den ersten beiden Tagen ausgiebig die Hauptstadt. Pjöngjang war jahrhundertelang Sitz der koreanischen Könige. Schon vor 5000 Jahren sollen Menschen an dieser Stelle am Taedong-Fluss gesiedelt haben. Von all dem ist heute nichts mehr zu spüren. Nach den Zerstörungen des Koreakrieges wurde die Stadt komplett im Sinne der kommunistischen Partei wiederaufgebaut. Im Zentrum reiht sich Denkmal an Denkmal, Monument an Monument, Paradestraße an Paradestraße, und weiter außerhalb Plattenbau an Plattenbau. Alles ist steinern und monströs, lediglich das restaurierte Stadttor Potong und das Große Studienhaus des Volkes mit seiner an einen Tempel erinnernden Architektur geben einen Eindruck davon, wie das alte Pjöngjang einmal ausgesehen haben könnte.

Das markanteste Gebäude der Pjöngjanger Skyline symbolisiert zugleich den wirtschaftlichen Niedergang der Stadt. Einst sollte das Ryugyong-Hotel mit seinen 105 Stockwerken das größte Hotel der Welt werden. Doch Ende der achtziger Jahre ging dem Land für das Prestige-Objekt das Geld aus. Seitdem erhebt es sich als pyramidenförmige Bauruine aus Beton über die Stadt. Aber was soll Pjöngjang auch mit einem Hotel mit 1000 Zimmern, wenn es nur eine Hand voll Touristen und Geschäftsleute unterzubringen gilt? Auch wenn es den Turmbau zu Babel vielleicht niemals gegeben hat, der Turmbau zu Pjöngjang ist mindestens ebenso eindrucksvoll. Da derartige Niederlagen des Sozialismus ideologisch jedoch nicht vorgesehen sind, steht auf dem Dach des Hotels weiterhin gut sichtbar ein Kran, der rege Bautätigkeit vortäuschen soll. »Das Hotel wird bald fertig gestellt«, sagt meine Begleiterin.

Mein touristisches Programm ist straff organisiert und gönnt mir nur wenige Pausen. Bei einem Staatsbesuch gibt es keine Zeit zu verlieren. Ich bin eine deutsche Delegation, der möglichst alle Errungenschaften des Sozialismus präsentiert werden sollen. Im Fonds eines alten weißen Volvo fahren wir durch die künstliche Stadt. Zunächst geht es nach Mangyongdae zum Geburtshaus von Kim Il Sung, einem hübsch hergerichteten, reetgedeckten Bauernhaus, anschließend zum Großmonument Mansudae im Zentrum der Stadt. Vor der 20 Meter hohen bronzenen Statue Kim Il Sungs lege ich die zuvor erstandenen Blumen nieder und verbeuge mich, ganz wie mich meine Begleiterin angewiesen hat. »Wenn Sie fotografieren, schneiden Sie bitte nichts von der Statue ab«, verlangt sie noch. Das geschieht zwar trotzdem, wie ich hinterher feststellen muss, doch nur aus fotografischem Unvermögen, nicht aus trotziger Distanzierung. Auch in Nordkorea sollte der Gast Sitten und Wünsche des Gastgebers achten.

Das Angenehme an der nordkoreanischen Propaganda ist, dass sie ohne jeden missionarischen Eifer betrieben wird. Der Staat stellt seine Sicht der Dinge dar, und damit hat es sich. Ich könnte widersprechen, doch scheint mir diplomatische Zurückhaltung angemessen. Schließlich verbringe ich mit meiner Begleiterin fast die gesamte Zeit, häufig essen wir auch zusammen. Zu viel Ideologie ist nicht gut für das Gruppenklima. Wenn ihr ein Thema unangenehm ist, wechselt sie zum nächsten oder sagt »das ist bloß Propaganda« oder schweigt einfach. Ähnlich bedächtig verhalte ich mich beim Fotografieren. Obwohl die Staatskulissen geradezu dafür gemacht zu sein scheinen, dass sie bewundert und abgelichtet werden, frage ich immer, ob ich Bilder machen darf. Nur einmal gibt es Probleme, als ich einen Armeelaster mit Bergen von Kohl auf der Ladefläche aufnehme. Der LKW war gerade liegen geblieben, und Soldaten versuchten, ihn zu reparieren. »Verbreiten Sie keine negativen Bilder von Nordkorea«, sagt meine Begleiterin.

Offenkundige Probleme bereitet die Stromversorgung. Selbst die 20 Meter hohe elektrische rote Fackel auf dem Juche-Turm leuchtet abends nur kurz. Die Straßenbeleuchtung wird gar nicht erst angeschaltet. Auch im Hotel fällt der Strom einmal für kurze Zeit aus. Vom gegenüberliegenden Ufer schallt zur selben Zeit allerdings weiter revolutionäre Musik herüber. Die überall in der Stadt angebrachten Lautsprecher funktionieren noch.

Und doch gibt es Momente, da könnte Pjöngjang fast eine ganz normale Großstadt sein. Etwa wenn unser Wagen eine halbe Minute an der Kreuzung warten muss und ringsum die Autofahrer eifrig die Hupe betätigen. Ein Hauch von Stau in Nordkorea. Oder etwa im

Kaufhaus, in das wir, wie meine Begleiterin formuliert, »shoppen gehen«. Für die meisten Nordkoreaner dürften die Dinge, die hier angeboten werden, angesichts der hohen Preise unerreichbar bleiben. Sie sind in Euro, der offiziellen Währung für Ausländer, und Won angegeben. Viele Produkte kommen aus China, ich sehe aber auch Fernseher von Sony, schottischen Whiskey und sogar einen elektronischen Bauchmuskeltrainer. Einer kleinen Führungsschicht scheint es in Pjöngjang recht gut zu gehen, wofür auch die vielen neuen Mercedes-Modelle auf den Straßen sprechen.

Im Pionierpalast werde ich dann wieder daran erinnert, dass ein Staatsbesuch auch Pflichten beinhaltet. In diesem Gebäude finden sich Kinder zwischen sechs und 17 Jahren nach der Schule in Zirkeln zusammen. Sie erlernen ein Instrument oder ein Handwerk, treiben Sport oder gehen anderen Hobbys nach. Es gibt Computer mit Windows 98, eine Sporthalle, ein kleines Museum mit ausgestopften Tieren. Wie in jedem öffentlichen Gebäude hängen die Bilder von Kim Il Sung und Kim Jong Il an der Wand. Die Kinder musizieren und tanzen für uns, einigen schauen wir beim Sticken zu. Alle Teilnehmer dieser sozialistischen Hochleistungsschau tragen blaue Uniformen und rote Halstücher.

In der Gitarren-Klasse drückt mir der Lehrer eine Gitarre in die Hand. Ich habe meiner Begleiterin erzählt, dass ich früher das Instrument gespielt habe, nun soll ich ihnen etwas vortragen. Ich versuche mich an »Yesterday« von den Beatles. »Eine schwierige Melodie«, sagt der Lehrer lächelnd, als ich schließlich abbreche. Danach beginnen die Kinder auf sein Kommando mit der »Spanischen Romanze«, einem Standardwerk für klassische Konzertgitarre. Gemeinsam spielen wir das Stück zu Ende. Ob er die Beatles kenne, lasse ich meine Begleiterin den Lehrer fragen. Er lächelt, sagt nichts.

Für den Touristen sind ein paar Tage ohne Popmusik, Kneipen, Diskos und Mobiltelefone erholsam. Die meisten Nordkoreaner müssen aber ein Leben lang darauf verzichten. Ein Nachtleben gibt es in Pjöngjang nicht, zur Zerstreuung bleiben nur revolutionäre Opern, Theaterstücke, Filme und der Zirkus. Das macht die Abendgestaltung nicht gerade einfach. Zumindest verbringen wir den Abend nicht im Hotel-Restaurant, sondern gehen in der Stadt essen. Die Restaurants sind durchweg gut, die Kosten von bis zu 30 Euro pro Mahlzeit bereits im Reisepreis enthalten. Die koreanische Küche bietet Reiskuchen, kalte Nudeln, marinierten Fisch, gebratenes

Entenfleisch und natürlich das Nationalgericht Kimchi. Der scharf eingemachte Kohl sei gut gegen SARS, sagt meine Begleiterin und scheint es zu glauben. Nordkorea hat als einziges Land der Region keinen Fall der gefährlichen Lungenkrankheit zu verzeichnen. Doch das liegt wohl an dem verschwindend geringen Reiseverkehr und den strengen Quarantänebestimmungen, die Pjöngjang zeitweilig erlassen hat.

Nach dem Essen bleibt nur noch die Hotelbar. Das Yanggakdo hat derer sogar zwei, eine in der Lobby und eine im obersten Stockwerk. Dort befindet sich ein Drehrestaurant, das sich allerdings nicht mehr dreht. Es gibt nur wenige ausländische Gäste, man kommt schnell ins Gespräch. Eine deutsche Touristin ist ebenfalls auf Staatsbesuch. Doch obwohl sie die gleichen Programmpunkte wie ich absolviert, werden unsere Delegationen nicht zusammengelegt. Außer ihr sitzen in der Bar noch eine Gruppe italienischer Ingenieure, ein Pharmamanager, der ebenfalls aus Deutschland kommt, und ein Holländer, der Röntgengeräte installiert. Offenbar war ich nicht der einzige, den Nordkorea für solchen Handel zu gewinnen versucht hat. Die chinesischen Touristen im Hotel zieht es eher ins Casino.

Ich komme mit dem Pharmamanager ins Gespräch. Er ist schon seit gut drei Monaten im Land und wird mindestens ein Jahr bleiben; so genau wisse er das nicht. Er baut für ein internationales Konsortium eine Fabrik zur Herstellung von Medikamenten auf, die dann vor allem von internationalen Hilfsorganisationen gekauft werden sollen. Viele Jahre hat er in China gearbeitet. Im vergangenen Jahr ging er in den Ruhestand, doch fühlte er sich nicht ausgelastet und nahm das Angebot aus Nordkorea an. »Für meine Enkel war ich erst Opa China, jetzt bin ich Opa Nordkorea.«

Das Leben im Hotel beginnt, ihn zu nerven. Die Wohnungssuche gehe nicht so recht voran, erzählt er bei gutem nordkoreanischen Bier und russischem Wodka. Er vermutet, dass dies auch an seinem Betreuer liegt, der kein Interesse an einer erfolgreichen Suche habe. Denn dann müsse dieser das warme Hotelzimmer mit fließend Wasser wieder gegen seine um Klassen schlechtere Wohnung eintauschen. Und tatsächlich macht der junge Betreuer des Pharmavertreters an diesem Abend den Eindruck, als gefiele es ihm ausgezeichnet im Hotel. An der Bar im Drehrestaurant flirtet er ausgiebig mit der hübschen Kellnerin, die auch für die traurigen Melodien am Klavier zuständig ist.

Am schlimmsten seien die Wochenenden, klagt der Manager. So oft es geht, fliegt er nach Peking. Sonntags spielt er Golf, wenn das Wetter gut ist. Der Platz etwas außerhalb von Pjöngjang sei gar nicht so schlecht, man treffe interessante Leute. Jeden Freitag veranstalten die Vereinten Nationen, die mit dem World Food Program, der Unicef und der Weltgesundheitsorganisation (WHO) im Land vertreten sind, ein internationales »Get Together«, zu dem allerdings auch immer die gleichen Leute erschienen. Ausländer, die in Pjöngjang arbeiten, genießen Privilegien, von denen Touristen nur träumen können. Er habe sich mehrfach schon ohne Begleiter in der Stadt bewegt, berichtet der Mann. »Man sieht aber auch nicht mehr als sonst: Wenn man einen normalen Laden betritt, bedeuten einem die Leute, dass man besser sofort wieder gehen sollte.«

Trotz dieser kleinen Freiheiten erscheint mir ein längerer Aufenthalt in Nordkorea unvorstellbar. Auch wenn mir das Yanggakdo-Hotel und seine Gäste immer vertrauter werden, verlasse ich nach fünf Tagen nicht ungern Pjöngjang. Als Eindruck bleibt eine Mischung aus Gefängnis und Kuriositätenkabinett, aus sozialistischem Größenwahn und dem Stolz einer leidgeprüften Nation. Es bleibt das Gefühl, dass die Zeit einen Bogen um diese Stadt macht und ich eine Reise in die Vergangenheit unternommen habe – nicht nur weil noch die Vorwahl der DDR im Telefonbuch des Hotels steht und alle Postkarten russisch beschriftet sind. Und es bleibt die Überlegung, dass die Menschen die stehen gebliebene Zeit und das Scheitern der ihr Leben durchdringenden Ideologie erahnen, dies aber gegenüber Besuchern möglichst würdevoll zu verdecken suchen. Viele solcher Reiseziele gibt es nicht – ein Grund mehr, nach Nordkorea zu fahren. Auch wenn Staatsbesuche keine Erholung sind.

Sofia Malmquist

Essen gehen in Pjöngjang. Eine Anleitung

(2003)

Nordkorea wird häufig mit Atomwaffen, Diktatur und Hunger in Zusammenhang gebracht. Wer würde an Pjöngjang als ein kulinarisches Zentrum denken? Das Land ist ein gutes Beispiel dafür, dass ein in den Medien gezeichnetes Bild nicht unbedingt der Realität entspricht. Als ich nach Pjöngjang kam, um bei der Schwedischen Botschaft und zwei internationalen Hilfsorganisationen zu arbeiten, erzählten mir erfahrene Ausländer, dass es nicht mehr als eine Hand voll Restaurants gebe. Und auch das war weit von der Wirklichkeit entfernt.

Da ich am Anfang wenig zu tun hatte, nahmen mich drei meiner Freunde zum Mittagessen mit, damit ich die Stadt besser kennen lernte. Im Laufe meines ersten Monats gingen wir jeden Tag in ein anderes Restaurant – und noch immer gab es Lokale, die wir nicht besucht hatten. Wir machten uns bald einen Sport daraus, alle Restaurants und Imbisse in Pjöngjang zu finden, die Ausländern Zutritt gewähren. Wir kamen auf über 50; die hier aufgeführten stellen nur eine Auswahl dar.

Vor dem Losgehen

In den meisten Städten findet man sich leicht zurecht. Die Restaurants haben eine Adresse und sind gut mit Bus, U-Bahn, dem Taxi oder zu Fuß zu erreichen. Pjöngjang aber ist in vielerlei Hinsicht anders, so auch in dieser. Es wird nicht gern gesehen, wenn Ausländer ein öffentliches Verkehrsmittel nutzen. Taxis werden schon eher akzeptiert, sie sind jedoch schwer zu finden und teuer. Wenn Sie also kein eigenes Auto fahren, bleibt Ihnen nichts anderes übrig, als zu Fuß zu gehen. Das kann mitunter ermüdend sein, da die Stadt ziemlich groß ist.

Ist das Fortkommen arrangiert, stellt sich die nächste Frage: Wo ist das Restaurant? Das herauszufinden kann ein wenig knifflig sein. An den wenigsten Gebäuden hängen Schilder, auf denen steht, was sich in ihnen befindet. Sie könnten ein Restaurant, eine Buchhandlung oder einen Frisiersalon beherbergen. Wir mussten uns aufs Hörensagen verlassen. Manchmal betraten wir auch einfach Häuser, in denen wir ein Restaurant vermuteten. Sie haben nun Gelegenheit, aus den Erkenntnissen unserer kleinen kulinarischen Erlebnisreise zu schöpfen. Bevor Sie sich jedoch an die Tische der Hauptstadt aufmachen, sollten Sie entscheiden, welches Geld Sie mitnehmen. Zwar sind seit der Währungsreform vom Juli 2002 ausländische und einheimische Won nicht mehr getrennt. Doch ist nicht geklärt, ob Ausländer in Won oder in Euro zahlen müssen. Der Euro ist anstelle des Dollars die neue Fremdwährung. Dementsprechend ist er in allen Geschäften und Restaurants, in denen man mit Ausländern rechnet, das einzig akzeptierte Geld. Jedoch sind in einigen Läden, in denen auch Won benutzt werden, Umtauschschalter eingerichtet, in denen man zum offiziellen Kurs einen Euro in 152 Won wechseln kann. Hier können Sie aber nur so viel Geld tauschen, wie Ihr Essen kostet. Wenn die Beträge krumm sind und es kein Wechselgeld in Euro gibt, können Sie einige Won mitnehmen. Trinkgeld ist verpönt.

Die Preise in Nordkorea schwanken stark. Importierte Waren können sehr teuer sein, genauso wie die von Ausländern frequentierten Hotels und Restaurants. Gaststätten hingegen, in die Durchschnittskoreaner gehen, sind gewöhnlich sehr günstig, selbst im Vergleich zu anderen asiatischen Städten.

Die koreanische Küche

Die Speisen im Norden der Halbinsel unterscheiden sich nicht von denen im Süden. Sie können bisweilen sehr scharf sein, Knoblauch, Chili-Pfeffer oder Ingwer sind beliebte Gewürze. Die koreanische Küche hat einen hohen Nährwert und ist dennoch kalorienarm, da sie aus vielen verschiedenen Gemüsearten besteht. Mir als Vegetarierin kam das sehr gelegen. Aber auch Fleisch- und Fischliebhaber kommen in Nordkorea auf ihre Kosten. Es ist vorteilhaft, wenn Sie mit Stäbchen umgehen können. Wo man mit Ausländern rechnet, gibt es aber auch oft Besteck.

Ein nützliches Wort, das ich auf Koreanisch lernte, war *issumnikka?*, »gibt es?«. Die Frage ist wichtig, denn wenn ein Gericht auf der Speisekarte steht, bedeutet das nicht, dass es auch zubereitet werden kann, und sehr schnell lernt man dann die Antwort *opusamnida,* »nicht erhältlich«, zu verstehen. Manchmal kann man aus einer seitenlangen Speisekarte nur zwischen zwei Gerichten wählen.

Die wichtigste koreanische Spezialität ist Kimchi, mit Chili und Knoblauch eingelegter Kohl. Es gibt ihn in unzähligen Variationen. Jede Familie hat ihr eigenes Rezept. Oft werden Fisch, Fleisch und zusätzliche Gewürze beigefügt. Da Kimchi sehr unterschiedlich schmecken kann, ist es der erste und wichtigste Gradmesser für ein gutes Restaurant. Gerne essen die Koreaner auch Bibimbap, Reis mit verschiedenem eingelegten Gemüse und Fleischstücken. Vor dem Essen gibt man eine Brühe darüber und vermengt alles zu einer Suppe.

Eine andere Suppe, bei der die Zutaten sichtbar obenauf liegen, ist Ramyong. Die Speise ist kalt und passt am besten zu einem warmen Sommertag. Ramyong besteht aus teigigen Nudeln, die in einer Brühe direkt aus dem Kühlschrank serviert werden. Das Ganze ist mit unterschiedlichem Gemüse, Chilisauce, eventuell mit ein wenig Fleisch und einem gekochten Ei garniert. Wieder wird vor dem Essen alles vermischt. Auch Fertigsuppen sind bei Koreanern beliebt. Aber passen Sie auf, wenn das Essen nicht getrennt serviert wird! Dann können Sie nicht sicher sein, was Sie verspeisen.

Die Suppe, die Koreaner im Ausland in Verruf gebracht hat, ist die Hundesuppe. Sie heißt Kaegogi oder Tangogi. Ich habe sie weder auf vielen Speisekarten gesehen, noch wurde sie mir bei offiziellen Essen serviert. Ich glaube, dass die Koreaner diese absolute Delikatesse nur zu besonderen Anlässen verzehren und um die Abneigung der Europäer wissen, den »besten Freund des Menschen« zu verspeisen. Daher wird Hundesuppe vermutlich nur zu Feiertagen gegessen, wenn die Koreaner unter sich sind.

Angesichts des rauen nordkoreanischen Klimas mag man kaum glauben, dass der Reisanbau gute Erträge abwirft. Dennoch wollen Koreaner einheimischen Reis *(choson bap)* essen. Reis ist so wichtig, dass man ihn zu allem reicht. Eines der leckersten Dinge, die Koreaner mit ihm anstellen, sind Reisrollen (Kimbap). Wahrscheinlich haben sie sich hier vom japanischen Sushi inspirieren lassen. Aber nach typisch koreanischer Art sagt man, dass es umgekehrt war.

Zum Essen möchten Sie natürlich auch etwas trinken. Hier sollten Sie den Unterschied zwischen *mul* und *sul* beachten. Beides hört sich zwar ähnlich an, doch ist das erste Wasser, das zweite Schnaps. Da beide Getränke durchsichtig sind und in den gleichen randvollen Gläsern serviert werden, können Sie bei einer falscher Bestellung eine echte Überraschung erleben. Auf der sicheren Seite sind Sie, wenn Sie *maekchu* bestellen. Das ist Bier und wird überall ausgeschenkt.

Einige Luxusrestaurants

Für Ausländer ist es am einfachsten, in Luxusrestaurants zu gehen. Sie sind generell gut ausgeschildert, akzeptieren Euro und verfügen über englischsprachige Speisekarten und Bedienungen. Besonders gerne gingen wir in das Restaurant im Moranbong-Hotel. Um dieses erst kürzlich renovierte Hotel zu sehen, lohnt es sich allemal, die kleine Zufahrtstraße hinter dem Triumphbogen zu suchen. Das Restaurant ist nicht sehr nordkoreanisch mit seinem hellen, runden Speisebereich und den großen Fenstern. Edle Stellwände aus Bambus trennen die Tische. Gespielt wird leise, nicht-revolutionäre Musik. Statt hymnischer Militärchöre dringen unaufdringliche Instrumentalstücke aus den Boxen. Die Speisekarte ist umfangreich und bietet viele japanische Gerichte. Es gibt sogar verstellbare Kindersitze, vielleicht die einzigen im ganzen Land.

Das Moranbong ist einer der besten Orte, um die Pjöngjanger Elite zu sehen. Im Sommer können Sie auch auf der Terrasse gegenüber dem Parkplatz sitzen, was vor allem wegen des Bulgogi, der marinierten und gegrillten Rindfleischscheiben, zu empfehlen ist. Außerdem gibt es im Moranbong mehrere Schnellimbisse, wo die Kellnerinnen rote Baseballkappen tragen. Aber die Räume werden im Winter sehr kalt, und die Betonung liegt eher auf »Schnell« als auf »Imbiss«.

Ein anderes Restaurant, das um den Titel »Das beste Restaurant der Stadt« konkurriert, ist das Pirobong im Pjöngjang-Hotel. Auch hier können Sie Koreaner sehen, die Lichtjahre von gewöhnlichen Arbeitern entfernt sind. Aber anders als im Moranbong, wo sich die Elite mit ausländischen Gesandten mischt, ist man im Pirobong bis auf Japaner keine Fremden gewohnt. Das Ende 2002 eröffnete Restaurant wird von in Japan geschultem Personal geleitet. Ich glaube, wir waren die ersten Gäste, die das stilvolle Etablissement jemals hatte. Als wir dort eintrafen, war man gerade mit den Vorbereitungen zur Einweihung beschäftigt. Die Bedienung war sehr freundlich und stellte uns vegetarische Speisen aus dem Festmenü zusammen, da die Speisekarte noch nicht geschrieben war. Es war eines der teuersten Mittagessen, die wir je hatten, doch es war sein Geld wert. Als wir das nächste Mal kamen, erwartete uns ein opulentes Mittagsbüfett mit Unmengen von Fischspezialitäten sowie Desserts und Käse.

Mittlere Preisklasse und einfache Imbisse in der Stadt

Was das Restaurant im Haebangsan-Hotel besonders macht, ist nicht der große, bankettartige Speisesaal mit seinem Küchengeruch und den abgewetzten Tischtüchern, sondern die Speisekarte. Sie unterteilt für jeden Wochentag Frühstücks-, Mittags- und Abendgerichte. Die nur teilweise englische Karte ist nicht besonders umfangreich, dennoch gibt es für jeden Tag ein anderes Reisgericht, zwei Suppen, zwei Salate, ein Fischgericht, mehrere Fleischgerichte, ein vegetarisches Gericht und eine Nachspeise (wenn all dies am jeweiligen Tag erhältlich ist). Wie nahezu überall in Nordkorea ist die Bedienung ausgesprochen zuvorkommend. Gewöhnlich kann man sich sein Lieblingsessen auch aus dem Menü eines anderen Tages bestellen. Die Speisekarte ist nicht nur wegen ihrer Aufmachung interessant, sondern weil sie viele Speisen aufführt, die nirgendwo sonst in Pjöngjang zu finden sind. So gibt es – je nach Wochentag – Desserts wie Tomaten- oder Dattelpflaumenkompott, und das zu günstigen Preisen.

Am Potong-Fluss neben der Eisbahn und dem Hallenbad befindet sich ein großes, grünes Gebäude, das Chongnyu-Restaurant. Der riesige Speisesaal ist manchmal leer, manchmal mit Familien völlig überfüllt. Wir wurden stets in einen gesonderten Raum in der ersten Etage geführt. Das trübte ein wenig das Erlebnis. Doch die freundliche Bedienung, die ebenso schlecht Russisch sprach wie wir, brachte uns eine gelungene Zusammenstellung traditioneller Speisen. Jedem wurden zehn Euro berechnet. Das lag über dem tatsächlichen Preis, war es aber wert.

An einem milden Sommerabend ist das Chongnyu wunderbar geeignet, um bei einem frisch gezapften Bier auf der Terrasse zu sitzen. Sie bekommen drei große Gläser für einen Euro. Aber vermutlich müssen Sie die Bedienung erst überzeugen, dass Sie lieber draußen bei den Einheimischen und nicht allein in einem gesonderten Raum sitzen wollen. Auf der Terrasse werden außer frischem Bier auch Bulgogi serviert.

In der städtischen Bowlinghalle gibt es zwei Restaurants. Besuchen Sie das schlichtere, die Treppe hinunter, es lohnt sich! Die Speisekarte ist ein handgeschriebenes Stückchen Papier, aufgehangen an der Tür. Es gibt das wahrhaftig koreanische Erlebnis von Karaoke, Lärm, Zigarettenrauch und Chongol, einer frisch am Tisch zubereiteten Suppe. Hier speist das Pjöngjanger Proletariat in Arbeitskluft, und man wird Sie bitten, in das obere Restaurant zu gehen. Doch wenn Sie die Suppe loben, kann es sein, dass Sie bleiben dürfen. Dieses Lob wird Ihnen kaum schwer fallen. Das hiesige Chongol ist wohl eines der besten Pjöngjangs. Die vielen Gasbrenner auf den Tischen machen die Gaststätte sogar mitten im kältesten Winter warm und gemütlich. Bestellen Sie ein gezapftes Bier! Und wenn Sie mutig sind, runden Sie ihr Essen mit einem Eis aus der Maschine ab.

Die Kwangbok-Straße und das Sportviertel

Die Kwangbok-Straße führt stadtauswärts nach Nampo am Westmeer, sechs Spuren in jede Richtung. Von dort zweigt die Chongchun-Straße ab, die in das so genannte Sportviertel führt. Kurz vor der Abbiegung liegt das Hotel Chongnyon. In diesem runden, grünen Turm gibt es einige Souvenirgeschäfte und Gelegenheit, einen sehr billigen, aber exzellenten französischen Weißwein zu kaufen. Das Restaurant liegt versteckt hinter den Durchgängen im Erdgeschoss. Wir saßen in einem abgetrennten Raum mit ungewöhnlich großen schönen Fenstern. Laut Karte gab es die üblichen Speisen. Im Nachbarzimmer jedoch aß eine Gruppe Muscheln. Es schien ihnen so gut zu schmecken, dass meine Freunde das Risiko eingingen und das Gleiche bestellten. Da die Muscheln sehr zäh waren, mussten wir sie klein schneiden. Mit Stäbchen war das ungünstig. Zum Glück hatten wir ein Taschenmesser dabei. Doch spätestens zu diesem Zeitpunkt hätten wir merken sollen, dass die Qualität nicht die beste war.

Gegenüber des Chongnyon-Hotels liegt das Chongchun Number One. Das Restaurant ist bei Familien sehr beliebt. Es ist häufig sehr voll und laut, viele Kinder rennen herum. Normalerweise hätte mich das ein wenig gestört. Ich blieb aber, weil ich in Nordkorea selten Familien gesehen habe. Die Kinder verbringen die meiste Zeit in Krippen und Kindergärten. Dass sie nun mit ihren Eltern in einem Restaurant saßen (sofern sie nicht tobten), liegt am nordkoreanischen Prämiensystem. Wenn jemand an seinem Arbeitsplatz gute Leistungen erbringt, wird er manchmal mit einem Familien-Gutschein für ein bestimmtes Restaurant an einem bestimmten Tag belohnt. Es sind solche Prämien, die das Chongchun Number One und die oben erwähnte Bowlinghalle an manchen Tagen richtig voll werden lassen.

Das Ryanggang-Hotel liegt an der Stelle, wo sich die Flüsse Taedong und Potong treffen. Unweit befindet sich das Sosan-Fußballstadion. Es gibt einen Bankettsaal, zwei Speisesäle und drei Restaurants. Wir baten den Fahrstuhlführer, uns zum Drehrestaurant zu bringen. Der Aufzug wackelte und klapperte. Wenn Sie unter Fahrstuhlphobie leiden, ist dies wohl nicht der richtige Ort. Als sich die Türen endlich öffneten, steckten wir zwischen zwei Stockwerken fest – so sah es zumindest aus. Aber dann rief der Fahrstuhlführer jemanden jenseits der Wand, und gemeinsam schafften wir es, sie zu heben. Die vermeintliche Wand war eine verkleidete Tür.

Das Drehrestaurant ist in diesem seltsam altmodischen Stil eingerichtet, der so typisch ist für Nordkorea. Es ist mit farbenfrohen Plastikblumen geschmückt, dreht sich aber nicht. Glücklicherweise war die Aussicht fantastisch. Wir konnten den Taedong sehen, Mangyongdae, die Geburtsstätte Kim Il Sungs, und auch manche Kraftwerke, von deren Existenz wir nichts gewusst hatten. Der Blick über das Stadion war atemberaubend. Wenn Sie keine Karten für ein Fußballspiel haben, sollten Sie ins Drehrestaurant gehen. Es ist aber auch ein guter Ort für lange Besprechungen oder um einige Stunden vor sich hin zu dösen.

Aus dem Englischen von Meiken Endruweit

Günther Unterbeck

Frau Miez ist krank.
Haustiere in der Hauptstadt

(2003)

Anfang der neunziger Jahre verbot die Stadtordnung von Pjöngjang, Haustiere zu halten, ebenso das Fahrradfahren. Wie haben sich die Zeiten gewandelt. Die Stadt wimmelt von Radfahrern, und von den Balkons gackert es.

Die harte Zeit von 1995 bis 2000 brachte viele Einwohner dazu, sich irgendwie selbst zu helfen. Viele begannen, sich Balkonhasen zu halten – und eben Hühner. Die häuslichen Nutztiere mümmeln und gackern nicht nur auf den Balkons, sondern auch in den winzigen Gartenhöfen der vielen Einfamilienhäuser. Sie müssen natürlich gefüttert werden. Noch heute ziehen Omas mit ihren Enkeln auf der Suche nach Grünfutter durch die städtischen Parkanlagen.

Doch die Umstände haben sich verbessert. Man sieht es nicht nur an den vielen neuen Kiosken für Nahrungs- und Genussmittel in der Stadt. Etwas für mich früher Undenkbares ist Realität – die Liebe zum Hund. Seit jeher war der Hund in Korea vor allem Fleischlieferant, gab es spezielle Rassen zur Mast. Hundefleisch gilt in Korea als Delikatesse und Medizin zugleich. Es soll gegen Erkältung und Schwäche schützen. Ein Sprichwort besagt, dass man gesund bleibt, wenn man einen Hund im Jahr isst. Er soll ähnlich vor Kälte wappnen wie ein zusätzlicher Wintermantel. Neuerdings aber kann es vorkommen, dass man stolze Besitzer von Spitzen, Pekinesen und anderen Kleinhunden sieht, die ihre Lieblinge am Sonntag oder in den Abendstunden ausführen.

Auch Katzen sind keine Seltenheit mehr. Man sieht sie in Gaststätten, in Wohngebieten, auch mal streunend. Es ist unwahrscheinlich, dass die Einwohner von Pjöngjang dem Reiz der Katze aus Nützlichkeitserwägungen erlegen sind. Sicherlich ist Felis catus, die gemeine Hauskatze, das am wenigsten wirtschaftliche Haustier überhaupt. Und Pjöngjanger sind Pragmatiker. So stehen im recht schönen Zoo der Stadt neben den auch bei uns üblichen Angaben zu den jeweiligen Tierarten Schilder, die die Verwendung angeben. Beim Zebra etwa heißt es: »Das Fleisch schmeckt nicht, aber aus dem Fell werden Andenken hergestellt.«

Obwohl die Hauptstädter also erst auf dem Weg zur Tierliebe sind, hat sich die Katze auch hier eingeschmeichelt. Im Gegensatz zum Masthund und im Unterschied zu ihren Kolleginnen in China ist sie in Nordkorea auch relativ sicher. Kein gesunder Koreaner würde je Katzen verspeisen. Es sei denn, er leidet unter Rheuma. Ansonsten empfiehlt die ostasiatische Naturmedizin ihr Fell – wie früher bei uns – als wärmendes Heilmittel.

Die Katze genießt ein ähnliches Ansehen wie in Europa. Sie gilt als intelligent, vielleicht etwas verschlagen, und elegant. Sehr freundliche Katzenbilder kann man in der hiesigen Nationalgalerie schon auf mittelalterlichen Gemälden sehen. Das setzt sich im gegenwärtigen Kunstschaffen fort. Spielende Kätzchen sind ein häufiges Motiv für Kalender, Postkarten, Stickereien und ähnliches. Es soll bei älteren Leuten auf dem Lande immer noch üblich sein, seine eigene Katze gegen die des Freundes zwei Dörfer weiter auszutauschen, wenn sie drei Jahre alt ist. Man glaubt, dass sie in diesem Alter die Sprache der Familie versteht. Koreaner möchten aber unter keinen Umständen belauscht werden. Deshalb wird die Katze weitergegeben.

Ich selbst halte zwei Katzen: Frau Miez und Kater Piefke. Und Miez wurde krank. Ihre Verdauung funktionierte nicht mehr richtig. Ich brauchte einen Tierarzt. Den musste ich aber erst mal finden. In einer Stadt, in der es keine Branchenbücher gibt und in der die meisten Einrichtungen kein Namens- oder Firmenschild an der Tür haben, war das gar nicht so einfach.

Ich wurde zunächst nicht fündig und konsultierte eine befreundete Tierärztin in Berlin. Nach ihrer Ferndiagnose war eine Operation wohl unvermeidbar. Die kranke Miez nach Berlin zu fliegen, ging nicht. Das hätte sie zu sehr belastet. So bekam ich aus Berlin die notwendigen Hinweise sowie die Unterlagen für einen Eingriff. Gleichzeitig bat ich um die erforderlichen chirurgischen Instrumente.

Ich ging davon aus, dass es in einer Zwei-Millionen-Stadt eine Tierarztpraxis geben muss. Es gibt sie. Sie liegt hinter der zwölfspurigen Kwangbok-Straße in einer kleinen Siedlung. Die Kleintierklinik ist ein topmoderner Betonklotz. Und weil die Koreaner seit Jahrhunderten auch in der Stadt Landwirtschaft betreiben, wuchsen

Kürbisse auf dem Dach. Im Hof hing die Losung: »Aufgabe der Veterinärmedizin ist es, die landwirtschaftliche Produktion steigern zu helfen.« Liebevoll gepflegte Blumenrabatten umsäumten das Hauptgebäude, es gab einen Volleyballplatz, der Hof war ebenso peinlichst sauber wie die Innenräume. Ich hatte sofort einen guten Eindruck.

Die Genossen Chirurgen waren jedoch nicht da. Der nächste Termin war der 10. September. Den meldete ich ab. Zwischen Nationalfeiertag (9. September) und Totengedenk-Erntedankfesttag Chusok (11. September) wollte ich mein Miezlein keinem Chirurgen anvertrauen.

Ein paar Tage später brachte ich Frau Miez wieder hin. Ich zeigte dem Chirurgen die Operationsanleitung, die mir die Tierärztin aus Berlin zugeschickt hatte.

Der Chirurg sagte: »Das Gedruckte können Sie auch hier lassen. Die Katze bleibt für drei Tage bei uns, das ist eine komplizierte Operation.«

»Füttern Sie auch gut?«

»Na klar.«

»Was kostet das?«

»100 Euro.«

Ich sagte, dass Berliner Tierärzte für solch eine Operation 50 Euro verlangten, und wir einigten uns auf diesen Preis.

Nach drei Tagen holte ich Miezlein wieder ab. Sie sah erschöpft aus, wie sie in ihrem Transportkasten lag.

»Wir haben so was hier noch nicht gemacht«, sagte der Chefarzt.

Mir dämmerte, dass Katzenoperationen bei den gegenwärtigen Schwierigkeiten im Land nicht selbstverständlich sind.

»Wir mussten uns beratschlagen. Wir waren uns nicht ganz im Klaren, ob die Katze trächtig ist. Wir haben uns trotzdem entschlossen, zu operieren und eventuell einen Abort vorzunehmen. Aber die Katze war nicht trächtig. Nur fett.«

Das hätte ich ihm auch vorher sagen können.

»Zuvor haben wir noch eine Probeoperation bei einer Hündin gemacht. Das war auch viel Arbeit, aber bei einem ausländischen Gast wie ihnen wollten wir keinen Fehler machen.«

Mir schwante, dass das teuer wird, und ich sagte: »Sicher haben sie den Hund zum Feiertag gut aufgegessen.«

»Nein, er ist draußen im Hof, wohlauf.«

Miezlein guckte dämmrig aus dem Transportkasten heraus.

»Die Katze hat nicht gefressen, wir hatten ihr Reis mit Fleisch angeboten. Milch hat sie auch nicht getrunken.«

Das glaubte ich nicht. Milch gibt es gar nicht. Und Reis mit Fleisch für eine Katze? Höchsten Reis ohne Fleisch. Hunde und Katzen werden hier, wenn sie es gut haben, mit Reis gefüttert.

Ich zahlte schließlich 50 Euro für die Operation und 10 Euro für die Nebenkosten. Nun schnell weg mit dem Miezlein, nach Hause. In den ersten Tagen lag Frau Miez apathisch hinter der Couch, aß und trank heimlich oder gar nicht. Dann setzte eine Besserung ein. Die Operation war doch erfolgreich. Heute ist sie wieder gesund und munter.

Inszenierung

Major Kim (links) und ihre Kolleginnen auf einer Polizeiwache in Pjöngjang.

Elke Werry

Die Blumen von Pjöngjang.
Tanzende Polizistinnen

(2002)

Major Kim tanzt. Zierliche Füße in weißen Baumwollsöckchen drehen sich wie gezirkelt im Viertelkreis. Der rechte Arm ist nach oben gestreckt. Angewinkelt. Wieder gestreckt. Major Kim tanzt mit der Präzision eines Uhrwerks. Zackig die Kopfbewegung, nach rechts, nach links, die gelockten Haare unter einer blauen Schirmmütze gebändigt. Der goldene Stern auf den Schulterklappen blitzt in der Sonne auf; der knielange Mantel, dunkelblau, flattert im Wind. Rote Armbinde, weißroter Leuchtstock, Funkgerät. Major Kim tanzt zwei Stunden lang.

Es zieht. Die eine Straße ist achtspurig, die andere nicht ganz so breit. Sie scheinen endlos, von achtstöckigen Häusern aus dem sozialistischen Plattenbaukasten, Modell Prachtstraße, flankiert. Die Straßen treffen sich an einem zwei Meter großen Kreis, aufgemalt auf das Pflaster, in der Mitte eine Granitplatte. Das ist der Platz von Major Kim.

Ich darf mit der Fernsehkamera in den inneren Kreis der Verkehrsinsel und aus der Nähe beobachten, wie perfekt sich das Ballett wiederholt. Stolz und selbstbewusst dreht sich Major Kim, und der Verkehr dreht sich um sie. Die Novembersonne wirft einen milden Aufheller in ihr Gesicht, und die Straßenkreuzung wird zur Bühne für eine spektakuläre Inszenierung.

Major Kim Kum Son ist Verkehrspolizistin in Pjöngjang. Ihre Kreuzung liegt im Taedong-Distrikt, Mansudae-Straße Ecke Sugni-Straße. 25 Jahre ist sie alt und seit acht Jahren Mitglied der Verkehrsbrigade. Schon als Schulmädchen wollte sie in die Armee eintreten, Waffen und Uniform tragen, um ihr Volk zu schützen. Beim Schulabschluss hat sie in das Formular, in dem man seinen Berufswunsch äußern konnte, »Soldatin« eingetragen. Aber sie wurde für eine Polizistinnenausbildung ausgewählt, erhielt ein Sondertraining in Verkehrsunterricht. Kim Kum Son trägt keine Waffen, aber eine schmucke Uniform, die ihr die nötige Autorität verleiht. Ungeschminkt steht sie nie auf der Kreuzung, ihre Lieblingsfarbe ist karminrot wie ihr Lippenstift und ihr dezentes Wangenrouge. Die Kosmetik werde ihr als Berufsausrüstung gestellt, vom Geliebten Führer Kim Jong Il persönlich. »Wir gehen ja arbeiten«, sagt sie, »und bei der Arbeit müssen wir mit vielen Menschen umgehen, deshalb machen wir uns so gut wie möglich schön, das ist ja einfach der Instinkt von Menschen, sich schön zu zeigen.«

Muss man schön sein, um eine Verkehrspolizistin zu werden? »Wir sind das Gesicht der Hauptstadt, und alle sagen, dass wir die Blumen von Pjöngjang sind. Und Blumen sollten doch schön sein, oder?«, sagt Major Kim und lächelt milde. Zur strengen Sorte gehöre sie nicht, sie bleibe freundlich, wenn jemand gegen die Verkehrsregeln verstößt. Immer häufiger muss sie in letzter Zeit pfeifen. Der Verkehr in der Hauptstadt nimmt zu, und manche Busfahrer verlieren die Geduld, wenn sie wegen Fußgängern anhalten sollen. Fußgänger zählen nicht viel auf der Straße. Wer das größere Auto fährt, hat Vorfahrt, so lautet die inoffizielle Regel in Pjöngjang.

Fahrrad fahrende Frauen sieht man gar nicht auf den Straßen, »Frauen in unserem Land fahren nicht Fahrrad, das passt nicht zu unseren Traditionen, das gehört sich nicht«, erklärt uns Major Kim. »Sie werden es auch nicht tun, wenn man sie bittet. Sie schämen sich«, ist Frau Kim überzeugt. Das deckt sich mit unseren Beobachtungen und ist umso erstaunlicher, weil Frauen in Baubrigaden arbeiten, Busse, Bagger und Straßenbahnen fahren, auch schwer beladene Karren durch die Straßen ziehen. Mit der zunehmenden Zahl von Ausländern, die noch immer meistens von koreanischen Führern durch die Stadt chauffiert werden, gebe es keine Probleme, berichtet Frau Kim.

Heute ist nicht viel los auf der Mansudae-Kreuzung, keine Staus, keine Verwarnungen. Nach zwei Stunden verlässt Major Kim im Stechschritt ihre Verkehrsinsel. Eine Kollegin übernimmt die Aufsicht, auch den Wachwechsel darf ich filmen. Für den Nachmittag haben wir einen Drehtermin im Haus von Major Kim vereinbart. Filmaufnahmen mit Privatpersonen und dann auch noch in ihren Wohnungen sind in Nordkorea keineswegs selbstverständlich. Viele Filmteams sind wieder nach Hause gefahren, nur mit Stadttotalen und Straßenszenen im Gepäck, ohne je einen Fuß über die Schwelle eines nordkoreanischen Hauses gesetzt zu haben.

Ein Wohnblock mitten im Zentrum. Im dritten Stock wohnen die Kims. Wir dürfen in der Küche drehen, im Mädchenzimmer, im Wohnzimmer. Major Kim trägt jetzt Hosen und einen Rollkragenpullover. Ebenso ihre Mutter, die noch sehr jung aussieht. Mutter und Tochter bereiten für uns Bulgogi zu, eingelegtes, mit Chilischoten gewürztes Fleisch, dazu Kimchi. Ein Festgericht, denn Fleisch steht nur selten auf dem Tisch. Die Küche ist etwa sieben Quadratmeter groß, einfach und funktional, ein Küchenschrank mit Steingutgeschirr, Spülbecken, Zwei-Flammen-Gasherd. Einen Kühlschrank gibt es nicht. Der Balkon, auf dem Berge von Kohl gelagert sind, dient als Kühlraum.

Leise, fast flüsternd bewegen sich die beiden Frauen in der Küche. Ich sage das, was ich sagen muss: Alle sollen die Kamera vergessen und sich so verhalten wie immer, also kochen. Ich klemme das Stativ in die hintere Küchenecke und stoße gleich eine Blechschüssel um, die mit Geschepper zu Boden fällt. Damit ist die erste Scheu vor der Kamera überwunden und auch die Angst, einen Fehler zu machen. Die Situation wird entspannter. Major Kims Mutter kichert, als ich in Großaufnahme ihre Hände beim Kohlschneiden filme. Dann taucht der Vater im Türrahmen auf, groß, hager, melancholisches Gesicht. Man merkt ihm an, wie stolz er auf seine älteste Tochter ist. Er fragt, ob es die Tonaufnahmen störe, wenn er nebenan fernsieht. Ich gehe mit ihm ins Wohnzimmer, dort gibt es einen kleinen Farbfernseher. Ob er immer da steht – oder nur wegen der Filmaufnahmen –, bleibt ein Geheimnis. Mit seiner jüngeren Tochter schaut er einen Heimatfilm. Beide folgen ihm gebannt und haben nichts dagegen, sich dabei filmen zu lassen.

Wir wollen mit Major Kim noch ein Interview machen und dürfen im Zimmer der beiden Töchter drehen. Kum Son sitzt auf dem Bett, ihre Schwester, halb die Ältere bewundernd, halb gelangweilt, daneben. Major Kim erzählt, wie gut der Geliebte Führer für die Verkehrsbrigade sorge, dass die Frauen gleichberechtigt und Frauen wie Männer die Schubkraft des anderen Rades der Revolution seien, nämlich ebenfalls die Träger der Revolution. Nach einer halben Stunde wagen wir uns an privatere Fragen, zum Beispiel, wie sie sich ihren Traummann vorstelle. »Ich wünsche mir jemanden aus der Armee in Militäruniform, er muss nicht sehr groß sein, es reicht, wenn er so groß ist wie ich. Er muss nicht schön sein, aber charmant, und seinem Beruf die Treue halten. Vor allem muss er mich verstehen und mir sehr viel Liebe geben.« Verehrer hat Kim Kum Son eine Menge, aber bis jetzt sei noch nicht der Richtige gekommen, sagt sie selbstbewusst. Wenn sie heiratet, wird sie nicht mehr als Verkehrspolizistin arbeiten, denn das tun in Pjöngjang nur junge, unverheiratete Mädchen. In ihrem Schrank mit verglasten Ablagen stehen Jungmädchenträume wie überall auf der Welt: Stofftiere, Porzellanfigürchen, ein Foto mit tanzenden Mädchen in weißen Ballkleidern. Daneben ein Foto von ihr – mit Uniform vor der Wache.

Wir proben die nächste Einstellung: Major Kim zieht ihre Dienstjacke an, zupft sich die Krawatte auf der schneeweißen, gestärkten Bluse zurecht, kontrolliert ihr Make-up vor dem Spiegel, setzt ihre Mütze auf und geht aus dem Bild. Auch das fällt ihr leicht, so leicht, als ob sie Schauspielerin in einem großen Spielfilm wäre und Realität und Fiktion die gleiche Sache.

Es folgen Straßenaufnahmen. Wir wollen ihren Weg zur Arbeit filmen. Major Kim schlägt als Drehort die Ongnyu-Brücke über den Taedong vor, das sei ganz in der Nähe. Ich laufe ihr mit der Kamera hinterher und habe Mühe, ihrem schnellen Schritt zu folgen. Sie überquert die Brücke im Strom von Passanten, im Hintergrund der Juche-Turm, das Wahrzeichen Pjöngjangs. Ein kleiner, zufälliger Flirt kann auch gefilmt werden. Unterwegs trifft unsere Protagonistin einen attraktiven Bekannten, der von seinem Fahrrad absteigt und sie mehr als freundlich begrüßt. Er ist verdutzt, als er die Kamera entdeckt, fühlt sich ertappt. Major Kim klärt ihn sofort über die Dreharbeiten auf, ein charmanter Abschied, und weiter geht es mit Straßenszenen. Manche Passanten erschrecken über die Kamera, Neugierige bleiben stehen, bis sie von unseren Begleitern weitergescheucht werden. Aggressive Reaktionen gibt es nie.

Auf der Polizeiwache werden wir schon erwartet. Ein Pulk der offenbar schönsten Polizistinnen Pjöngjangs sitzt aufgeregt und gut geschminkt im Vorraum, der Polizeichef des Distrikts ist auch da. Im Eingangsbereich hängen Verkehrsschilder für den Unterricht, innen, weit oben an der Decke, die Porträts von Kim Il Sung und Kim Jong Il, an der anderen Wand ein Kalender mit den Tagesschichten. Eine umlaufende gepolsterte Sitzbank, Stoffdeckchen und viele Blumen verleihen dem Aufenthaltsraum einen wohnlichen Eindruck, sogar ein Fernseher steht in der Fensternische. Fünf 20- bis 25-jährige »Blumen von Pjöngjang« bemühen sich, ein gutes Bild abzugeben. Ich schicke alle Männer raus, der Raum ist einfach zu klein.

Ohne Übersetzer filme ich ihren Alltag in der Wache: Berichte lesen, Protokolle in dicke Bücher schreiben, warten.

Plötzlich kommen die Mädchen auf die Idee, man müsse etwas inszenieren. Die Jüngste wird rausgeschickt, um einige Requisiten zu besorgen. Dann beginnt das Stück: Wie werde ich eine schneidige, perfekte Verkehrspolizistin? Major Kim legt der jungen Kollegin eine Armbinde an, lässt sie Aufstellung nehmen. Streng rügt sie deren Fußhaltung: »Füße näher zusammen, Knie durchdrücken, ganz gerade stehen!« Die lässige Kopfhaltung der Kollegin lässt sie nicht durchgehen, korrigiert wie im Ballettunterricht die Stellung der Beine, der Arme. »Der Stock muss genau in Verlängerung des in 90 Grad abgewinkelten Ellenbogens gehalten werden, keine krumme Linie! Und bitte lächeln!« Die anderen Polizistinnen umringen die beiden kichernd, essen dampfend-heiße Süßkartoffeln und geben weitere Anweisungen. Die Uniform wird zurechtgezupft und glattgestrichen. Im Nachbarraum vor der Glasscheibe drücken sich die Männer die Nasen platt. Man merkt, sie alle lieben das Kino.

Johannes Schönherr

Permanenter Kriegszustand.
Das nordkoreanische Kino

(2000)

Zackige Märsche vor dem Internationalen Haus des Kinos in Pjöngjang. Die Frauen-Blaskapelle der Koreanischen Volksarmee exerziert voran. Die etwa 40 internationalen Delegierten des 7. Filmfes-
tivals Pjöngjang trotten hinterher, eher damit beschäftigt, all die
Tausenden von Blumen schwenkenden, tanzenden oder trommeln-
den Frauen zu filmen, die zum Empfang der Gäste angetreten sind.
Die da mit ihren Kameras und Fotoapparaten um sich schießen,
sind keine Publicity-verwöhnten Stars. Zu Hause würden sie niemals so einen Empfang bekommen. Fernsehfilmregisseure aus Russland und China, Independent-Filmer aus Malaysia und Iran, Doku-
mentarfilmer aus Ägypten marschieren durch die Eingangsschneise
aus Menschen. Dutzende nordkoreanischer Kameraleute feuern zurück mit allem, was ihnen zur Verfügung steht – von der neuen Sony-
Videokamera bis zur 16-mm-Arriflex aus den sechziger Jahren. Das
ist Schlagzeile des Tages – der Einmarsch der Delegierten, darunter
auch je einer vom Münchner Werkstattkino und vom Kommkino in
Nürnberg.

Drinnen geht die Eröffnungszeremonie weiter. Als Dokumentar-
film wird das Einmarschdefilee der Delegierten beim vorangegange-
nen Festival gezeigt. 1998 war die internationale Beteiligung offensichtlich wesentlich stärker. Etwa 100 Gäste marschierten damals
auf. Jetzt, zwei Jahre später, verliest ein iranischer Filmemacher mit
zittrigen Händen eine Grußbotschaft der internationalen Film-
gemeinde. Der Text zu dieser Ansprache war ihm kurz vor der Veranstaltung von den nordkoreanischen Organisatoren übergeben
worden. Er wurde »gebeten«, keine »Fehler« bei der Verlesung zu
machen, wie er hinterher im kleinen Kreise verriet.

Das Filmfestival Pjöngjang ist seit 1987 eine der wichtigen Propa-
gandaveranstaltungen, mit denen Nordkorea im Ausland Eindruck
zu erwecken versucht. Laut Ankündigung bietet es ein Forum zum

Austausch unter Verleihern und Filmemachern aus »nicht-pakt-gebundenen Staaten« sowie einen einzigartigen Einblick ins nordkoreanische Filmschaffen. Mit beidem ist es nicht weit her. Nordkoreanische Filme gibt es ebenso selten zu sehen wie andere. Die Gäste sind einem strikten Kranzniederlegungs- und Monumentenbesichtigungsplan unterworfen, Kinobesuche nur als Gruppenausflüge vorgesehen. Selbst Filmemacher, die ihre eigenen Werke im Festival laufen haben, kostet es verzweifelte Kämpfe, dem rigiden Monumententourismus zu entkommen, um wenigstens bei der Premiere des eigenen Films dabei zu sein.

Andererseits: Das Festival bietet dem nordkoreanischen Publikum die seltene Gelegenheit, überhaupt ausländische Filme zu sehen, so etwa Fernsehdramen aus Polen oder China (Deutschland ist mit dem Pilotfilm zur Serie »Kommissar Rex« vertreten). In einem Land, in dem der Empfang ausländischer Sender verboten ist und es nur einmal wöchentlich internationale Nachrichten im Fernsehen gibt, ist dies ein bedeutendes Ereignis. Speziell für Menschen, die sich – anders als die Übersetzer und Begleiter der Delegierten – keine chinesischen Raubkopien amerikanischer Filme leisten können.

Aber allen Empfangsbanketten und Ministeransprachen zum Trotz gibt es für das nordkoreanische Kino wenig zu feiern. Die finanzielle Misere des Staates hat auch die Filmindustrie erfasst. Statt um die 15 Filme per annum, wie sie in der »Glanzzeit« Mitte der achtziger Jahre produziert wurden, erreichen heute allenfalls fünf oder sechs neue Spielfilme im Jahr die Leinwände.

Noch bevor Kim Il Sung 1948 die sowjetisch besetzte Nordzone des Landes zur Koreanischen Demokratischen Volksrepublik ausrief, hatte er bereits für den Start der ersten einheimischen Filmproduktion gesorgt: »My Home Village«[35] (1949, Regie: Kang Hong Sik). Erzählt wird die Geschichte eines Bauern in der japanischen Besatzungszeit, der sich gegen seinen Landbesitzer auflehnt und dafür im Gefängnis der »japanischen Imperialisten« landet. Dort erwirbt er »wahres Klassenbewusstsein« und kommt in Kontakt mit der von Kim Il Sung geführten Koreanischen Volksrevolutionsarmee. Bald ist er als heldenhafter Untergrundkämpfer gegen die Japaner im Einsatz. Nach der »Befreiung« kehrt er in sein Heimatdorf zurück. Gemeinsam mit seiner lang vermissten Geliebten wird er nun dazu beitragen, die neue Gesellschaft aufzubauen.

Der Film ist einer der Grundsteine der von Kim Il Sung nunmehr verfolgten Propagandalinie: Nicht die Kapitulation der Japaner angesichts amerikanischer Atombomben und nicht der Kriegseintritt der Sowjetunion gegen Japan sorgten für die Vertreibung der Besatzer aus Korea – es waren einzig und allein Kim Il Sung und seine Armee. Kim Il Sung Superstar. Ironischerweise hatten eben diese viel gehassten Japaner die Infrastruktur geschaffen, die es den Propagandisten überhaupt erst ermöglichte, ins Filmgeschäft einzusteigen. Nach Kriegsende ließen sie eine große Anzahl gut ausgebildeter koreanischer Filmtechniker zurück, die zuvor in japanischen Diensten gestanden hatten.

1950 kam es in Südkorea zu einer Welle der Kommunistenverfolgung unter dem Diktator Rhee Sung Man. Eine Anzahl südkoreanischer Filmemacher setzte sich daraufhin in den Norden ab, darunter Regisseur Choe Ik Gyu, der bereits 1946 im Süden den kommunistisch beeinflussten »Long Live Freedom« gedreht hatte und der sich im Norden voll in Kim Il Sungs Propagandalinie einfügte. Sein »Five Guerilla Brothers« ist eine weitere Saga aus dem antijapanischen Widerstandskampf, die behauptet, dass dieser durch die weise Führung Kim Il Sungs zum Sieg über Japan führte.

Der Koreakrieg brachte die aufstrebende nordkoreanische Propagandafilmindustrie nahezu zum Erliegen. Gleichzeitig führte er zur Geburt des noch heute stärksten Genres im hiesigen Kino: dem Kriegsfilm. Auf der Leinwand wird der Koreakrieg wieder und wieder gewonnen, die Schlacht um den Hügel 1211 geführt und Schiffe der feindlichen Südstreitkräfte von Kamikaze-Krankenschwestern mit dem Ausruf »Lang lebe Kim Il Sung!« in die Luft gesprengt (Letzteres in »My Happiness«, 1987, Regie: Kim Young Ho).

Der Kriegsfilm mit seinen Heldenmythen sollte bald auch als grundlegendes Modell für die Filme über das zivile Leben dienen. »My Happiness« ist nur in seiner ersten Hälfte ein klassischer Kriegsfilm. Hier erzählt er die Geschichte zweier Krankenschwestern im Fronteinsatz während des Koreakrieges. Doch der Kriegsfilm hört nicht auf, Kriegsfilm zu sein, wenn sich die Handlung friedlicheren Zeiten widmet. Nach dem Ende der Kämpfe sind die beiden Heldinnen nun im »Kriegseinsatz im Frieden«. Die eine wird Leiterin eines Armeekrankenhauses, wo sie ihr Glück darin findet, nicht nur als Chef-Chirurgin tätig zu sein, sondern auch Ziegel zur Hospitalerweiterung zu brennen, Schweine, Hühner und Kühe für die Kantine zu züchten und Felder mit Heilkräutern zu bepflanzen. »Unermüdlich für den Großen Führer zu arbeiten, ist mein Glück«, sagt sie im Film, daher der Titel. Ihr Kriegsheldengatte erlebt ein anderes Wunder des neuen Korea. Eine Granate hatte ihm die Beine zerfetzt. Sie sollten amputiert werden. Doch als er im provisorischen Feldlazarett aus der Narkose erwacht, sind beide Beine noch dran und überdies gründlich repariert. Statt seiner humpeln nun Ärzte und Schwestern. Sie hatten Fleisch und Knochen aus ihren eigenen Beinen gespendet, um seine zu retten. »Wie gut es ist, in unserer Gesellschaft zu leben!«, kann er da nur sagen.

Die sechziger Jahre sahen den schwersten Einschnitt ins nordkoreanische Filmschaffen: Kim Jong Il trat ins Filmgeschäft ein. Die vormals beschwerlich klappernde Propagandamaschine musste nun den Ambitionen eines Diktators im Wartestand mit nahezu unbeschränkter Machtfülle gerecht werden, der sich gern aufführte, als wäre er ein klassischer Hollywood-Tycoon, eine Art koreanisch-kommunistischer Jack Warner. Ein beim Filmfestival verteiltes Büchlein namens »Great Man and Cinema« datiert Kim Jong Ils Karriere als einflussreiche Person im Filmgeschehen sogar bis ins Jahr 1949 zurück. Bei einer Vorpremiere von »My Home Village« hatte der damals siebenjährige Kim angeblich bemängelt, dass der im Film verwendete Schnee unecht und wie Baumwollflocken aussehe. Das geschockte Filmteam musste die entsprechenden Szenen noch einmal drehen. (Dieser »Hinweis« scheint auf Dauer nicht auf fruchtbaren Boden gefallen zu sein. Schnee sieht auch in neueren nordkoreanischen Filmen wie Baumwollflocken aus.)

Kim Jong Il trat nie öffentlich als Produzent oder Chef des Filmstudios auf. Dennoch war er immer gegenwärtig und hatte stets Ratschläge parat, wie der jeweilige Film besser zu machen sei, dass man lieber diese als jene Kameraposition zu wählen habe, lieber da statt dort drehen, die Szene lieber so statt so schneiden sollte. »Great Man and Cinema« ist voll von Berichten über diese Vor-Ort-Belehrungen. So ließ Kim Jong Il das von Furcht erfüllte Schnittpersonal eines Films für eine Nacht alle Müllkörbe nach einer 23-Bilder-Sequenz durchsuchen, quälte eine Schauspielerin durch eine durchwachte Nacht, bis sie den Text so aufsagte, wie es seinen Wünschen entsprach, und machte die Dekorateure eines Films herunter, weil sie ein ausländisches Handtuch an die Wand gehängt hatten anstatt eines koreanischen. Eine Schautafel in der Eingangshalle des Koreanischen Filmstudios listet über 10 000 Besuche Kim Jong Ils bis 1993 auf. Danach hörte man wohl einfach auf zu zählen.

Die Besuche des Geliebten Führers müssen der reine Horror gewesen sein. Nicht genug damit, dass er immer Recht hatte und seine Anweisungen durchsetzen konnte. Auch alle Gerätschaften, die er je berührte – von der Kamera über den Schneidetisch zur Soundanlage –, wurden unverzüglich in ein Museum zu Ehren des Geliebten Führers auf dem Studiogelände verbracht, wo sie noch heute hinter Glas zu bewundern sind. Die Filme, die Kim Jong Il produziert haben wollte, hatten »unsterbliche Klassiker« zu sein. Angefangen von »The Sea of Blood«, einem Zweiteiler von 1969 (Regie: der aus Südkorea eingewanderte Choe Ik Gyu) über das immerhin künstlerisch überzeugende Melodram »Flower Girl« (1972, Regie: Pak Hak und wieder einmal Choe Ik Gyu) bis hin zu »An Jung Gun Shoots Ito Hirobumi« (1979, Regie: Om Gil Son) schildern die Filme allesamt den heldenhaften Einsatz gegen die japanischen Besatzer.

1979, als die Dreharbeiten zu »An Jung Gun Shoots Ito Hirobumi« liefen, hatte Kim Jong Il bereits ein neues Spielzeug gefunden: den südkoreanischen Regisseur Shin Sang Ok und seine Gattin, die Schauspielerin Choi Eun Hee. Die Hintergründe für deren Erscheinen in Nordkorea sind selbst unter denen, die das Paar gut kennen, nach wie vor umstritten. Von südkoreanischer Seite ist zu hören, sie seien nach Nordkorea entführt worden, und so behauptet es heute auch Shin selbst, aber nicht jeder glaubt diese Geschichte. Sicher ist auf jeden Fall, dass Shin Sang Ok unter der südkoreanischen Militärdiktatur Park Chung Hees nicht wohlgelitten war und dass diese ein Gesetz zur Neuordnung des Filmwesens verabschiedete, das im Grunde zu nichts anderem gut war, als Shin Sang Ok aus dem Geschäft zu treiben. Er wanderte daraufhin nach Hongkong aus. 1978 verschwanden erst Choi Eun Hee und kurz darauf Shin Sang Ok spurlos aus Hongkong. Beim Filmfestival im tschechoslovakischen Karlovy Vary 1984, einem in Nordkorea sehr beliebten Festival – »Flower Girl« hatte dort immerhin einmal einen Spezialpreis gewonnen –, wurde das Rätsel über ihr Verschwinden gelöst. Sie würden Filme für den Geliebten Führer drehen, ließ die nordkoreanische Delegation verlauten. Shin Sang Ok bestätigte dies zunächst. Er sei freiwillig nach Nordkorea gegangen, sagte er der Presse.

1985 drehte Shin Sang Ok den Film, der ihn zur Legende werden ließ: »Pulgasari«. Kim Jong Il war immer ein Fan von Monsterfil-

*Sieben Mal in der Woche verbindet Air Koryo die nordkoreanische Haupt-
stadt Pjöngjang mit der russischen und chinesischen Außenwelt (oben).
Das Wandgemälde am Kaesong-Revolutionsplatz erinnert an den begeisterten Empfang für Kim Il Sung bei seiner Rückkehr aus Sibirien 1945 (unten).*

*Luftangriffe machten Pjöngjang im Koreakrieg dem Erdboden gleich. Sicht-
achsen wie die Tongdaewon-Straße prägen die neu errichtete Stadt (oben).
Das Denkmal der Parteigründung erinnert an »100 Schlachten – 100 Siege«,
wie von den flankierenden Hochhäusern verkündet wird (unten).*

II

Am 1. Mai 2000 tanzen Zehntausende auf dem Kim-Il-Sung-Platz. Im Hintergrund leuchtet die Fackel des Juche-Turms (oben).
Bei den Arirang-Spielen entstehen in beeindruckender Präzision Bilder und Losungen, hier: »Den General halten wir in hohen Ehren« (1999, unten).

Ballettprobe im Palast der Schulkinder. Wie in jedem öffentlichen Gebäude wachen Kim Il Sung und Kim Jong Il über alles, was geschieht.

Zu Füßen des 170 Meter hohen Juche-Turmes symbolisieren Hammer, Sichel und Schreibpinsel den eigenständigen Aufbau des Sozialismus in Korea.

Äußerste Präzision und gegenseitiges Vertrauen: rhythmische Sportgymnas-tinnen in einer Formation auf einem öffentlichen Platz in Pjöngjang (oben). Handstand vor dem Kim-Il-Sung-Stadion. Es bereitet sichtlich Vergnügen, wenn die Welt für einen kurzen Moment Kopf steht (unten).

*Der Hanbuk ist das traditionelle Festtagskostüm der Koreanerinnen. Es gibt
ihn in unzähligen Farben und Mustern (oben).
Auf dem Friedhof der Revolutionären Märtyrer erinnern über 200 Bronzebüsten an die Helden des Widerstands gegen den Besatzer Japan (unten).*

Westliche Besucher Pjöngjangs überkommen manchmal Zweifel, ob sie nicht Teil einer großen Inszenierung sind. Auch diese Aufnahme der Pipa-Straße von 1980 scheint eher einem Katalog entnommen zu sein.

In beispielloser Eindringlichkeit wird die nordkoreanische Vorstellung von Vergangenheit und Zukunft auf die Bühne gebracht, so auch in dem 1976 uraufgeführten Musical »Paradieslied«.

Die einzige Autobahn-Raststätte Nordkoreas lag 2001 an der 160 Kilometer langen Straße von Pjöngjang nach Kaesong (oben).
Auf der Nationalstraße 1 nahe der chinesischen Grenze ist motorisierter Verkehr im Jahr 2000 ebenso spärlich wie im Rest des Landes (unten).

*Kaesong blieb im Koreakrieg weitgehend unversehrt, weil hier über einen
Waffenstillstand verhandelt wurde (oben).
Zwei U-Bahn-Linien durchkreuzen Pjöngjang. Von den 17 Bahnhöfen sind
nur zwei für Ausländer zugänglich, darunter »Wiedervereinigung« (unten).*

Im Myohyang-Gebirge, etwa 120 Kilometer nördlich der Hauptstadt, sind Zitate und Wünsche in den Fels gehauen, hier ein Segenslied von 1959.

Das Geburtshaus von Kim Il Sung in Mangyongdae nahe Pjöngjang ist ein wichtiger Wallfahrtsort für nordkoreanische Familien.

»Eine prosperierende Macht, ein großes Land« und »Einheit aus einem Sinn« steht auf den Pfeilern im Dorf Anbyon nahe Wonsan (2001, oben). Bis zu drei Millionen Menschen starben zwischen 1994 und 1998 an Hunger. Seither dürfen Bauern wie in Anbyon ihre Gärten privat bepflanzen (unten).

Not macht erfinderisch. Wegen des Treibstoffmangels fahren viele Lastwagen mit Holzvergaser, so auch in der Provinz Kangwon (oben).
Nur 14 Prozent des Landes sind agrarwirtschaftlich nutzbar, im Winter herrschen oft weniger als minus 30 Grad Celsius. Unten ein Dorf in Kangwon.

Nordkoreanische Soldaten im Grenzdorf Panmunjom im Jahr 2000.
Wer durch die Tür geht, befindet sich in Südkorea (oben).
Eine Delegation besucht die Demilitarisierte Zone. Nirgendwo sonst sind
so viele Waffen konzentriert wie an der innerkoreanischen Grenze (unten).

men und liebte laut Shin Sang Ok besonders die japanische »Godzilla«-Serie. Shin wurde verpflichtet, einen nordkoreanischen Godzilla-Film zu drehen. Angesiedelt im Mittelalter, beginnt der Film damit, die Nöte des hungernden Volkes unter der Knute der Feudalherren zu schildern. Der Schmied eines Dorfes wird wegen subversiver Tätigkeiten verhaftet. Während er im Kerker schmachtet, formt er aus Essensresten eine kleine Figur, die er Pulgasari nennt. Er stirbt in Gefangenschaft, und seine Tochter erbt die Figur. Als sie sich beim Nähen in den Finger sticht und Blut auf Pulgasari tropft, erwacht dieser plötzlich zum Leben. Das animierte Zwergenmonster entwickelt einen unersättlichen Hunger auf Eisen. Es frisst alle eisernen Gegenstände in seiner Umgebung und beginnt, unglaublich zu wachsen. Klar, dass er bald den Bauern in ihren Kämpfen gegen die Obrigkeit beisteht – und je mehr der feindlichen Schwerter und Mörser er verdrückt, desto größer wird er. Bald ist er ein Riese im Godzilla-Format. Mit seiner Hilfe (und im Zuge einiger dramatischer Wendungen) siegen die Bauern über ihre Herren. Doch ach, kein Happy End. Pulgasari hat noch immer seinen unstillbaren Hunger auf Eisen und fängt an, die lebenswichtigen Werkzeuge der Bauern zu fressen. Der Verbündete wird zur Plage. Nur eine kann ihn stoppen: die Tochter des Schmieds, die ihn zum Leben erweckte. Sie versteckt sich in einer eisernen Glocke. Pulgasari frisst die Glocke und mit ihr das Mädchen. Doch seine Konstitution ist nicht für den Verzehr von Menschenfleisch gemacht. Er explodiert. Zwischen den Trümmern des riesigen Pulgasari ist nun eine kleine Pulgasari-Figur unterwegs, so klein wie ganz am Anfang. Sie findet das schlafende Mädchen, das unversehrt blieb, und verwandelt sich in eine Träne auf ihrem Gesicht.

Um den Film so originalgetreu wie möglich zu gestalten, wurden Techniker aus Japan eingeflogen, die bereits an den Special Effects für einige echte Godzilla-Filme mitgearbeitet hatten. Der Schauspieler Satsuma Kenpachiro, der bereits in mehreren Godzilla-Kostümen geschwitzt und die Riesenechse gemimt hatte, wurde in den Pulgasari-Panzer gesteckt. Er schrieb über die Erfahrung 1988 ein (nur in Japan erschienenes) Buch namens »Nordkorea durch die Augen Godzillas gesehen«.[36]

Kim Jong Il konnte sich nicht lange über den Film freuen. Er ließ Shin und Choi 1986 auf eine Promotiontour fürs nordkoreanische Kino nach Europa reisen. In Wien tricksten sie Kim Jong Ils Überwacher aus, nahmen ein Taxi zur amerikanischen Botschaft und baten um Asyl. Sie verbrachten die folgenden Jahre in Los Angeles, heute leben Shin und Choi in Seoul.

Jeder nordkoreanische Gegenwartsfilm ist im Grunde genommen ein Kriegsfilm; er folgt denselben Regeln und propagiert eine Moral, die der Kriegszeit entspricht. Ob es sich um die Produktion von Schuhen (»Sisters«, Mitte der neunziger Jahre), die Aufzucht von Waisenkindern (»An Obliging Girl«, Mitte der neunziger Jahre) oder die Erziehung der Jugend auf einer abgelegenen Insel (»A Far-Off Islet«, 1992) handelt, stets sind kriegsheldenhafte Einsätze gefragt. Und wann immer das Wort »unmöglich« fällt, weiß man, dass nun gleich eine wirklich unglaubliche Heldentat folgen wird. In »Far-Off Islet« zum Beispiel rettet die Inselschullehrerin ein Schiff, indem sie den Leuchtturm, der keinen Strom hat, mit dem Dynamo ihres Fahrrades auf volle Leuchtkraft bringt.

Dennoch geben diese Gegenwartsfilme durchaus einen Einblick ins nordkoreanische Alltagsleben – zumindest in ein Alltagsleben, wie es der Geliebte Führer und seine Partei gerne hätten. Dabei können natürlich nicht alle Probleme des Landes ausgespart bleiben. Schließlich sollen die Filme ja eine erzieherische Wirkung haben und helfen, Lösungsmodelle zu finden. Dem außenstehenden Beobachter machen sie damit die Probleme allerdings erst bekannt, wie etwa die zunehmende Weigerung der privilegierten Jugend, in der Mannschaft des Geliebten Führers mitzuspielen.

»Myself in Distant Future« (1997, Regie: Jang In Hak) widmet sich genau diesem Thema – und hat erstaunlich wenige Lösungsansätze im Sinne der Staatsideologie anzubieten. Ein fauler junger Mann mit berühmtem Arbeiterhelden-Architekten-Vater verlässt sich darauf, dass der Ruhm des Vaters auch auf ihn abfärbt. Doch dann trifft er ein Mädchen, das bei den Schockbrigaden arbeitet. (Schockbrigaden errichten Neubaublocks in Hochgeschwindigkeit). Er verliebt sich in sie, doch Su Yang will ihn nicht. Sie geht in ihr Heimatdorf zurück, das natürlich nahe am legendären Revolutionsberg Paektu liegt, und beginnt in der Landwirtschaft zu arbeiten, »um die die Partei sich so viele Sorgen macht« (zu Recht, 1997 war der Höhepunkt der Hungersnöte). Sin Jun, so der Name des jungen Mannes, fährt ihr hinterher und versucht, sie nach Pjöngjang zu locken, aber Su Yang will nicht: Für sie ist er nur ein Schmarotzer. Er zieht endgültig in ihr Dorf und »erfindet« einen auf Holzvergaser umgerüsteten Traktor, um die Landwirtschaft vom Ölimport unabhängig zu machen. In einer dramatischen Szene beweist er die Tauglichkeit seines Gefährts, indem er ihn über einen Waldweg steuert, der als gewichtige Pass-Straße herhalten muss, und ihn dabei mit seinen Schuhen beheizt. Er bekommt einen Orden, ist als reformiert anerkannt und, klar: Er kriegt das Mädel.

Sin Jun auf dem Dorf, umweht von Baumwoll-Schneeflocken und über Traktorplänen brütend – hier folgt der Film den üblichen Propagandamustern. Spannender ist der Anfang, wenn Sin Jun noch als verzogener Faulpelz dargestellt wird. Sein Heldenvater wirft ihm vor, die Errungenschaften der Gesellschaft als selbstverständlich anzusehen, den Luxus, in dem er dank des Vaters lebt, als naturgegeben zu betrachten und selbst nichts dafür zu tun. Er hat sich nicht in die Reihen der freiwilligen Arbeiter zum Aufbau Nordkoreas eingereiht und wollte raus aus dem Land! Er hört, wenn er allein in seinem Zimmer ist, Tanzmusik und spielt auf dem Gameboy! Ein wahrhaft verrotteter Bursche! So schlimm, wie man nur sein darf als Funktionärssohn im nordkoreanischen Kino.

Nordkorea wird immer als extrem isoliert vom Rest der Welt beschrieben, was auch zweifellos richtig ist. Aber im Filmbereich haben die Nordkoreaner durchaus Kooperationsbereitschaft gezeigt. Eine der wenigen funktionstüchtigen Dollarquellen des Landes ist zum Beispiel das Pjöngjanger Animationsfilmstudio, das regelmäßig Auftragsproduktionen für französische, italienische und spanische Firmen realisiert, sehr gut ausgestattet ist (im Gegensatz zu den Spielfilmstudios) und als äußerst zuverlässig gilt. Doch auch das reguläre Korean Film Studio schuf internationale Koproduktionen. »Woman Warrior of Koryo« (Regie: Jang Yong Bok, Mitte der neunziger Jahre) ist solch ein Film. Gemeinsam mit der japanischen Canario Entertainment Ltd. produziert, wird hier eine spannende Schwertkampf-Story erzählt. Rache, Intrigen, Kampfschulen und gnadenloses Gemetzel – was man von einem guten Martial-Arts-Film erwartet, wird hier geboten.

Nach dem Gipfeltreffen zwischen Südkoreas Präsidenten Kim Dae Jung und Kim Jong Il im Juni 2000 hegten Filmschaffende in Süd wie Nord einige Hoffnungen auf Zusammenarbeit. So begann die südkoreanische SN 21 Enterprise eine Kooperation mit der Korea Film Export & Import, um »Arirang« zu drehen. Das Werk sollte ein Remake des (heute verlorenen) koreanischen Filmklassikers gleichen Namens werden, an dem der »Gottvater« des frühen koreanischen Kinos, Nah Wun Kyu, von 1921 bis 1936 arbeitete. Nah schrieb damals das Drehbuch, führte Regie und agierte als Hauptdarsteller. »Arirang« war (laut Zeitzeugen) ein Meisterwerk in düsterem Schwarz-Weiß. Es erzählte von einem Studenten, dem bei einer Studentendemonstration gegen die japanische Kolonialmacht so auf den Kopf geschlagen wird, dass er den Verstand verliert. Von dem Moment an beginnt er, alle in seiner Umgebung zu attackieren, die in irgendeiner Form mit den Japanern zusammenarbeiten. Ein pro-japanischer Agent beginnt, seine Schwester zu belästigen. Dies bringt den Studenten wieder zu »Verstand«, und er tötet den Japanerfreund. Dafür geht er lebenslänglich ins Gefängnis.

»Arirang« gilt als erster koreanischer Nationalfilm. Ein Remake hätte die Nordkoreaner begeistern sollen. Die Zusammenarbeit kam aber nicht zustande, die Südkoreaner drehten den Film allein. Immerhin wurde die neue Fassung von »Arirang« (Regie: Lee Doo Young) als erster südkoreanischer Film überhaupt im Oktober 2003 in Pjöngjang gezeigt.

Im November 2000 fand der erste Besuch einer offiziellen südkoreanischen Filmdelegation in Nordkorea statt. Er war als reine Informationsreise zum gegenseitigen Kennenlernen geplant. Nach einem Besuch des Korean Film Studios stand aber schnell fest, dass eine Kooperation in absehbarer Zeit wohl eher abenteuerlustigen Independents überlassen bleibt. Die Delegationsmitglieder beurteilten die gesamte Technik des Studios als nicht akzeptabel und konnten sich auch keinen Einsatz nordkoreanischer Schauspieler vorstellen, da diese sich völlig auf die Nachsynchronisation verlassen, während im Süden die Dialoge während der Filmaufnahmen aufgezeichnet werden.

Wenn schon die geschäftlichen Verhandlungen kein Erfolg waren, so war das »touristische Begleitprogramm« das totale Desaster. Wie alle anderen Ausländer auch, wurden die Südkoreaner ständig überwacht, durften sich nirgends frei bewegen und mussten das komplette Monumentenprogramm über sich ergehen lassen. Aufgebrochen als hoffnungsfrohe Botschafter, kehrten sie nach Aussage eines Delegationsmitglieds »völlig deprimiert von den Eindrücken in Nordkorea« und als »totale Wiedervereinigungsgegner« nach Seoul zurück.

Bernd Girrbach

Diplomatie der Bilder.
Notizen einer Drehreise

(2002)

Marschmusik untermalt Flug JS 151 der Air Koryo. Herren mit Lederjacke und Kim-Il-Sung-Anstecknadel studieren die ausliegende Parteizeitung *Rodong Sinmun*. Sie berichtet, Kim Jong Il habe in einem Geflügelkombinat eine Vor-Ort-Belehrung abgehalten, über Milben. Der Sitznachbar will Coca-Cola, doch die Stewardess mit kirschrot geschminkten Lippen serviert volkseigene Apfelbrause, dazu saure Gurken. Unter uns ein gebirgiges Land von herber Schönheit, novemberkalt. Die Musik dröhnt, als die Tupolew zur Landung ansetzt. Meine Kollegin Elke Werry und ich werden fürs deutsche Fernsehen eine GEO-Reportage drehen. Es wird einer der ganz wenigen Filme aus diesem abgeschotteten Land werden. Dann sind wir drin! Pjöngjang, Nordkorea. Noch wusste ich nicht, wie sehr mir dieses Land im Gemüt wird haften bleiben.

Am Flughafen erwartet uns Christoph Bürk. Er leitet eine ungewöhnliche Hilfsaktion. Sie hat mit Rindfleisch, BSE in Europa und der Not in Nordkorea zu tun. 2001 beschloss die deutsche Regierung, jenes Fleisch, das während der BSE-Krise in Deutschland unverkäuflich war, Nordkorea als Winterhilfe zu schenken. 27 000 Tonnen, das ist das Fleisch von 130 000 Rindern, wird nach und nach in vier Schiffsladungen angeliefert und landesweit an Kinder, Alte, Schwangere verteilt. Christoph Bürk und weitere acht Inspektoren der Gesellschaft für Technische Zusammenarbeit (GTZ) überwachen, dass das Fleisch auch wirklich diese Zielgruppe und nicht etwa die Armee erreicht. Christoph ist unser Ticket. Wir wollen seine Arbeit begleiten, doch die Kamera soll versuchen, immer wieder zur Seite zu schwenken. Durch die Hilfsaktion wollen wir Einblicke in das verschlossene Land gewinnen. Einblicke dank Rindfleisch.

Die ersten Eindrücke auf dem Weg in die Stadt treffen wie Blitze. Erntebrigaden auf dem Feld, beschallt von einem Propagandawagen mit Megaphonen. Parolen preisen Kim Jong Il als »heiliges Gehirn«. Dann Pjöngjang – die Bilder versetzen mich vollends zurück in eine versunkene Ära. Achtspurige Straße zum Heldenfriedhof, menschenleer. Gigantische Plattenbauten, die Statue Kim Il Sungs, Aufmarschplätze, beschallt von Armeechören. Alles scheint wie eine Filmkulisse. Beim Pjöngjanger Großtheater exerziert gellend die Miliz, und an den Kreuzungen regeln Polizistinnen in zackigem Ballett den Verkehr. Sofort fangen sie den Blick, bildschön, zugleich martialisch.

Wir wohnen wie das GTZ-Team im Yanggakdo. Das Ausländerhotel liegt auf einer Insel im Taedong-Fluss und isoliert den Gast schon durch seine Lage vom Alltag der Stadt. Mit uns quartieren sich unsere ständigen nordkoreanischen Begleiter ein, anfangs zwei, dann drei. Ohne sie geht nichts. Ohne sie kommt man an nichts und niemanden heran. Das ZDF hat einmal einem Bäcker, der in Nordkorea arbeitete, eine Kamera mitgegeben – für »Undercover«-Aufnahmen. Wie putzig. Man kann vielleicht mal ein verstecktes Foto machen, aber keinen Film. Dreharbeiten gegen den Apparat sind kaum vorstellbar. Es gibt aber Spielräume. Sie zu nutzen, bedarf es der Genehmigungs-Diplomatie.

Sie beginnt schon zu Hause, mit politischem Denksport. Die Kernfragen lauten: Mit welchen Maßgaben, Interessen, Ängsten und Erwartungen werden die Behörden unser Filmbegehren beurteilen? Existiert eine Schnittmenge unserer und ihrer Interessen? Welche Bilder und Themen könnte Pjöngjang aus seiner eigenen Logik heraus erlauben und sogar attraktiv finden, die zugleich für uns journalistisch nutzbar und vertretbar sind?

Herausgekommen ist eine elfseitige Wunschliste, die anführt, was wir wie und zu welchem Zweck drehen wollen. Eine Vertrauensperson leitete diese Liste den Pjöngjanger Behörden zu. Die Begründung eines Vorhabens auf dem Papier ist in sozialistischen Ländern mit ihren hierarchischen Entscheidungsapparaten sehr wichtig. Viele Kollegen sparen sich die Arbeit, wir sind damit schon in Lybien und Laos gut gefahren. Diesmal haben wir hoch gepokert und etwas »Unmögliches« beantragt: gewöhnliche Menschen zu Hause und bei der Arbeit filmen zu dürfen. Das war noch nie erlaubt worden.

Unser Dolmetscher und Counterpart ist Herr O von der Deutsch-Koreanischen Freundschaftsgesellschaft, dazu kommt Herr Pak, unverkennbar ein Sicherheitsoffizier. Er war lange in Kuba und spricht spanisch. Das tut meine Kollegin auch. Herr Pak ist ein Charmeur, und bald heißt er Pakito. Herr O wird Jinny gerufen, wie der orientalische Flaschengeist. Wir mögen einander. Viele sehr persönliche Gespräche sind wertvolle Erinnerungen. Doch nie vergessen die beiden ihren Auftrag, niemals. Er lautet: verhindern, dass wir »falsche«, also negative Bilder machen, oder solche, die man in Nordkorea für negativ hält. Daran ist nicht zu rütteln. Dennoch arbeiten wir *mit* unseren »Aufpassern« statt gegen sie. Denn sie helfen uns zugleich, all das zu drehen, was nicht verboten ist. Das ist ein großes Privileg. Schon manchen Korrespondenten ließ man zwar ins Land, aber dann gezielt »verhungern«. Ein beliebtes Instrument ist das Kommando übers Auto. Das hält einfach nicht an, oder zu spät. Manche Fernseh-Kollegen berichten, dass sich ganze Straßenzüge oder Plätze wie von Geisterhand leeren, wenn die Kamera aufgebaut wird. Bei uns war das nicht so.

Zunächst besuchen wir zwei Projekte der Deutschen Welthungerhilfe (DWHH) in der Provinz Hwanghae-Süd. Immer trister, grauer, armseliger wird es südwestlich von Pjöngjang, obwohl wir in die Kornkammer des Landes fahren. Immer restriktiver wird die Kamera behandelt. Nur was zuvor in Pjöngjang von »ganz oben« eingefädelt wurde, darf gedreht werden. Spontane Ideen haben keine Chance. Mit einer riesigen Delegation im Schlepptau (ich zähle 24 Personen) filmen wir zunächst eine von der DWHH gespendete Anlage, in der Süßkartoffeln zu lagerfähigen Nudeln verarbeitet werden, dann eine instand gesetzte Bäckerei, die proteinreiche Kekse für ein Schulspeisungsprogramm herstellt. Norbert Burger, Landeskoordinator der Welthungerhilfe, ist ein erfahrener Nothilfe-Profi, aber man spürt, dass Nordkorea ihm mehr zusetzt als sämtliche Kriegsregionen, in denen er bisher gearbeitet hat. Wie alle Ausländer dürfen er und seine Kollegen sich nicht frei im Land bewegen. Doch damit nicht genug. Sie dürfen die Projekte nur dann besuchen und kontrollieren, wenn es vorab beantragt und genehmigt wurde. Einzig die Fleischinspektoren der GTZ haben das Recht, unangekündigt Zufallsstichproben zu machen.

Unvergessen die Rückfahrt nach Pjöngjang, im Dämmerlicht, in Dunkelheit. Gespenstisch die Züge schwer bepackter Fußgänger; Hunderte sehen wir, die die Landstraße entlangmarschieren. Andere kauern an Feuerchen, warten auf eine Fahrgelegenheit. Zwei Männer sehe ich, die sich zum Schlafen in Erdlöcher legen. Wir haben genug Platz im Auto, aber mitnehmen dürfen wir niemanden. Es würde auch keiner wagen, zu Ausländern ins Auto zu steigen. Manchmal streift unser Scheinwerfer die Ladefläche vor uns fahrender Lastwagen, und mich fröstelt selbst im gut geheizten Landcruiser: Eng gepfercht stehen da Menschen im eisigen Fahrtwind, die schlechte Kleidung flattert, stundenlang verharren sie so, bei Minusgraden. Wir durchfahren völlig unbeleuchtete Kleinstädte, Posten wachen an stockdunklen Straßen, huschende Menschen vor dem Lichtkegel. Bis Pjöngjang sehe ich kein Licht. In den Wohnmaschinen glimmen Funzeln, trotzdem erscheint die Stadt wie eine Weltraumstation der Werktätigen.

Wir fahren direkt zur Deutschen Botschaft, wo die GTZ-Inspektoren ein Einstandsfest geben. Das Gelände der einstigen DDR-Vertretung ist riesig. Im Festsaal glaubt man sich in die DDR der siebziger Jahre zurückversetzt. Es ist bollerwarm, ich muss die lange Unterhose und die Bergschuhe ausziehen. Bier und Steaks schmecken wunderbar, und in Pjöngjang bewahrheitet sich wieder einmal eine alte Reporterregel: Je widriger der Botschaftsposten, desto netter die Besetzung. Gegen 23 Uhr fahren wir ins Hotel. Stockdunkel ist nun Pjöngjang, menschenleer bis auf die rauchenden Wachposten. Vom Hotelzimmer blicke ich über eine in tiefes Schwarz gefallene Stadt, nur die große Kim-Il-Sung-Statue auf dem Mansu-Hügel ist hell erleuchtet. Im Fernsehen geht ein Partisanenfilm zu Ende, schnarrende Nachrichten folgen, dann ein heroischer Militärchor, dazu fährt die E-Lok in den Sonnenuntergang.

Schon am zweiten Tag schauen Herr O und ich uns in die Augen, versprechen uns Ehrlichkeit. Ich sage offen, was ich will, verspreche, nicht zu tricksen. Er sagt offen, was möglich, vielleicht möglich, unmöglich ist. Hier einige Beispiele: Selbstredend verboten sind jedwede Bilder von Militär und Miliz. Obwohl es von ihnen auf den Straßen wimmelt, darf nicht eine Uniform aufs Bild. Unerwünscht ist es, bepackte Fußgänger zu filmen, die von Stadt zu Stadt laufen – Indiz dafür, dass es kein Transportwesen mehr gibt. Lastwagen mit Holzvergaser, Ochsenkarren in der Stadt – verboten, sehen rückständig aus. Ganz streng verboten ist, die wie zerbombt aussehenden Industriekombinate zu filmen, nicht mal von außen oder aus der Distanz – Spionagegefahr. Hunger, Not und Elend dürfen nie aufs Bild, es beleidigt das Land. Bauernmärkte? Völlig tabu. In der sozialistischen Planwirtschaft versorgt der Staat die Bürger. Privatmärkte existieren deshalb nicht, können ergo nicht gefilmt werden. Herr O bin ich sehr dankbar für seine Fairness, die uns viel Zeit und Frustration erspart.

Gerne dürfen wir jede nordkoreanische Absurdität abbilden, auch wenn klar ist, wie tragisch oder lächerlich sie außerhalb des Landes wirken wird. Im Großen Studienpalast des Volkes filmen wir einen Lesesaal. Still studieren die Menschen die Werke des Großen Führers und des Geliebten Führers. »Über 10 800 Bücher haben sie geschrieben«, sagt die Direktorin. Wie bitte? Wie war die Zahl noch mal? »10 800.« Unmöglich, sage ich zu Herrn O. Der debattiert mit der Dame. Ich will es beweisen (Anfängerfehler): »Bei 50 Jahren Schreibzeit für jeden hätten sie jedes Jahr über 100 Bücher schreiben müssen.« Wieder Dialog auf koreanisch. »Egal. Die Zahl ist offiziell. Kann man senden.« Ich will nicht darüber nachdenken, wie sich jene fühlen, die das alles durchschauen.

Im Mansudae-Großkunst-Studio werden die riesigen Gemälde und Statuen hergestellt, die das Land zieren. Die Direktorin ist entsetzt über unsere Dreherlaubnis, sie taktiert, blockiert, sagt, die laufenden Arbeiten seien geheim, doch wir lassen uns nicht abwimmeln. Nach einer Stunde führt sie uns in ein kleines Zimmer, wo an einer 30 Zentimeter kleinen Vogelfigur aus Lehm modelliert wird. Aus der Halle nebenan tönen ein Kompressor und Lackiergeräusche, wir stürmen einfach hin. Vor uns stehen Riesenbilder, drei, vier Dutzend, das kleinste misst zwei mal drei, das größte etwa 15 mal 20 Meter, alle im Stil des sozialistischen Realismus. Sie zeigen den Großen Führer beim Partisanenkampf, im Kindergarten, mit jubelnden Werktätigen. Der Geliebte Führer leitet eine Oper, parliert mit Ingenieuren, fährt Traktor. »Nicht filmen!«, ruft die Direktorin in ihrer lilafarbenen Plüschjacke, die Werke seien noch nicht genehmigt.

Da trottet der Meister selbst heran. Herr Choe Kyong Min ist ein gütiger Mann mit großer Brille, der Großplastikenmeister von Nordkorea. An allen monumentalen Wahrzeichen des Landes habe er mitgewirkt, erzählt er. Die Gemälde dürfen wir nicht filmen, wohl aber das Fünf-Meter-Monument »Soldatenfaust«, das gerade silbern lackiert wird. Es sei ja auch »ganz gut geworden, oder?«. Die Direktorin legt die Hand vor die Augen. Jetzt gibt er auch noch ein Interview. Ich frage arglos, er erklärt kindgerecht. Müssen die Statuen denn immer so groß sein? »Tja, das müssen sie, weil die Taten von Volk, Partei und Führer so groß sind.« Und warum immer nur aggressive, martialische Motive, der Krieg ist doch lange her? Gehe eben nicht anders, erläutert der Meister, das habe auch Kim Il Sung so festgelegt. »Unser Land ist im Kampf geboren, Kampf ist unsere Identität«, sagt er und reibt sich die müden Augen. Nordkorea ist das weltweit einzige Land, das den Bronzeguss von riesenhaften Führerstatuen und Heldenplastiken noch im großen Stil betreibt. Sie seien auch ein »Exportgut«, sagt der Meister. Wohin er denn geliefert habe in den letzten Jahren? »Oh, nach Libyen, nach Syrien, viel nach Afrika, viel in den Irak.«

Tags darauf ein Treffen mit hochrangigen Vertretern des Flood Damage Rehabilitation Commitee (FDRC) und des Außenministeriums. »Sie wollen Bürger filmen. Wozu? Wofür? Was ist der Zweck? Welche Funktion soll das haben?« Ich argumentiere, politisch seien Deutschland und Nordkorea doch sehr weit voneinander entfernt. Aber von Mensch zu Mensch könne eine Annäherung stattfinden. Dazu müsste der deutsche Bürger, der das Rindfleisch schließlich gespendet habe, sehen, wie die Menschen wohnen, leben, arbeiten, was sie essen, wie sie sich kleiden – oder welchen Mann sich die Frauen wünschten. Heiterkeit, Schnaps, Erleichterung: Es läuft. Während dieser »Einsegnung« sitzt Christoph Bürk direkt neben mir. Ihm haben wir viel zu verdanken. Er und sämtliche GTZ-Mitarbeiter haben uns vertraut, unterstützt und täglich flankiert. Unsere Drehwünsche haben wir weithin über die Rindfleischhilfe legitimiert und von ihr abgeleitet. In diesem Fahrwasser waren Bilder möglich, die ansonsten nicht erlaubt worden wären.

Public Distribution Center (PDC) heißen im Nothilfe-Englisch jene staatlichen Verteilstellen, über die Nordkoreas Planwirtschaft die Bürger gegen Bezugsschein mit rationierter Nahrung versorgt. Über diese Staatsläden wird das deutsche Rindfleisch verteilt, die GTZ-Teams kontrollieren stichprobenweise. In einem PDC in der Chollima-Straße in Pjöngjang filmen wir die Inspektoren bei ihrer Arbeit. Sie prüfen die Bücher, vergleichen die Mengen – alles in Ordnung. Christoph schaut vorbei, guckt sich eine Rentnerin in der Schlange aus. Es ist Frau U Chun Song, 58 Jahre alt. Christoph fragt höflich, ob er sie zu Hause besuchen dürfe. Solche Visiten sind Bedingung der Hilfsaktion. Die Inspektoren schauen, ob das Fleisch wirklich dort ankommt, und fragen, ob und wie viele Kinder, Alte, Schwangere dort wohnen, denn nur für sie ist das Fleisch bestimmt.

Mit den Inspektoren darf nun erstmals ein TV-Team in eine nordkoreanische Wohnung. Es läuft erstaunlich entspannt. Frau U führt
Christoph zwischen zwei zwölfstöckigen Plattenbauten hindurch in
einen grauen Hinterhof. Wassereimer werden an den Häusern hoch-
geseilt. Das dürfen wir nicht filmen. Sonst würde man in Deutschland »fälschlicherweise« meinen, die Wasserversorgung funktio-
niere nicht mehr.

Frau U wohnt gleich im ersten Stock. Die Dreiraumwohnung ist
beheizt, aber duster. Es gibt keinen Strom an diesem Wintertag. Ich
sehe gelbe Plastikböden, Blümchentapeten, in jedem Zimmer prangen Bilder vom Führer-Vater und Führer-Sohn, dazu Auszeichnun-
gen. Im Regal die obligaten blauen Kim-Il-Sung-Bände. Ein Telefon
fällt auf, ein Gasherd und ein neuer Fernseher von Hyundai, der etwas hingestellt wirkt ohne Antennenkabel. Trotzdem bin ich sicher:
Es ist tatsächlich Frau Us Wohnung, zu selbstverständlich bewegt
sie sich darin. Frau U ist zu 100 Prozent regimetreu, souverän spult
sie die Partei-Wahrheiten herunter. Einmal wirkt sie nachdenklich:
»Ohne Energie haben wir keinen Strom, die Züge bleiben stehen, es
kann nicht geerntet werden, die Werke laufen nicht, nicht mal Heiß-
wasser gibt es, um das Baby zu baden.« Wie häufig in Nordkorea
teilt sich Frau U die Wohnung mit ihrem Sohn und seiner Frau, die
ein Baby schaukelt. Die junge Mutter, Jang Gun Sun, 30 Jahre alt, ist
geradezu militant regimetreu. »Verglichen mit den verarmten Volksmassen der kapitalistischen Länder geht es uns noch gut«, sagt sie.
Ich frage, was das Baby für ihr Leben bedeute. »Wenn ich mein Kind
anschaue, denke ich an den Geliebten Führer, Kim Jong Il. Mit Hilfe
seiner ›Armee-zuerst-Politik‹ werden wir bald im besten Land der
Welt leben, im Paradies.«

Viele Journalisten berichten über Nordkorea nicht nur kritisch,
sondern verächtlich. Vor allem jene, die ins Land dürfen. Ich verstehe sie gut. Als »Embedded Journalists« werden sie in einem Ausmaß behindert, manipuliert und entmündigt, wie es sonst nur die
US-Streitkräfte beherrschen. Da kann es leicht passieren, dass man
beim Texten zu Hause besonders zulangt. Ich hatte mir schon vor
der Reise vorgenommen, das nicht zu tun. Also kein »Steinzeitkommunismus« im Kommentar, sondern ein leiser Text, damit durch
Töne und Bilder die seltsame Atmosphäre dieses Landes wirken
kann. Ich habe sie als tragisch, traurig, beklemmend empfunden, ein
Gefühl, das auch in Deutschland nicht so schnell verschwand. Die

heroische Beschallung Nordkoreas, die omnipräsente Gefühlsdisposition im Paradies der Massen, fehlte mir wochenlang.

Ich habe mir bei Schnitt und Text des Filmes alle Mühe gegeben, den Menschen Nordkoreas nicht die Würde zu nehmen. Vielleicht geht deshalb der Film mit dem Land nicht so hart ins Gericht, wie es journalistisch geboten wäre. Doch wenn man Menschen porträtiert, darf man diese nicht für das Regime in Haftung nehmen. Man muss sie Mensch sein lassen. Es genügt, wenn sie das Land spiegeln. Die hübsche Polizistin, auf ihrem Bett sitzend, gefragt nach ihrem Traummann, sagt schneidig: »Treu muss er sein. Treu der Partei, treu der Armee.« Und dann: »Und mir muss er auch treu sein. Für immer.« Mag in diesem Land der Wahn regieren, es leben Menschen dort, die haben ihre Träume.

Provinz

Die Einsiedelei Podok-am im Mampok-Tal liegt im Inneren Diamanten-gebirge, dessen malerische Schönheit in Nordkorea legendär ist.

Eckart Dege

Leere Autobahnen, heilige Gipfel.
Ein Exkursionsbericht

(1996)

Langsam rollt der Bus auf die kombinierte Straßen- und Bahnbrücke über den Amnokgang. Wir verlassen China. Vor uns liegt Sinuiju, Nordkorea. Die Träger der stählernen Kastenbrücke, die noch deutliche Einschusslöcher aus dem Koreakrieg aufweisen, werfen ein bizarres Schattenmuster auf die Fahrbahn. Was wird uns in Nordkorea erwarten? Es ist zwar mein achter Besuch in diesem Land, doch auch ich muss zugeben, dass die Spannung steigt, je mehr wir uns dem anderen Ufer des Grenzflusses nähern. Was hat sich seit dem Tod Kim Il Sungs geändert, was ist dran an den Presseberichten von Hungersnöten und einem zusammenbrechenden Regime? Meine Reisegruppe besteht aus elf deutschen Geographielehrern, die aus eigener Anschauung die Entwicklung Koreas kennen lernen wollen. Nach zwei Wochen Exkursion im Süden der geteilten Halbinsel und dem unvermeidlichen Umweg über China steht nun das »andere Korea« auf dem Programm.

Die Abfertigung auf dem Grenzbahnhof ist höflich wie immer. Während wir es uns in den etwas verschlissenen Personenwagen unter den Augen Kim Il Sungs und Kim Jong Ils, deren Konterfeis jedes Abteil zieren, bequem machen, werden wir Zeugen eines Vorfalls, der unserer Vorfreude auf das Land einen tüchtigen Dämpfer verpasst. Auf dem Bahnsteig wird ein nordkoreanischer Flüchtling von den Chinesen den Behörden seiner Heimat überstellt. Gefesselt und mit gesenktem Kopf geht er seinem grausigen Schicksal entgegen. Hatten wir nicht gehört, dass in Nordkorea auf Republikflucht die Todesstrafe steht?

Endlich setzt sich der Zug in Bewegung. Die Plattenbauten Sinuijus sehen noch etwas grauer aus, die Straßen sind noch etwas schlammiger und die Industrieanlagen noch verrosteter als in den Jahren zuvor. Oder ist das nur ein Vorurteil? Geändert hat sich wahrscheinlich gar nichts, nur achten wir nach den Jahren wirtschaftlichen Niedergangs jetzt auf jedes noch so kleine Anzeichen des angeblich bevorstehenden Zusammenbruchs. Die Fahrt führt durch die grünen Hügel der Provinz Phyongan-Nord. Hinter hohen Maisstauden ducken sich die kleinen, weiß getünchten Bauernhäuser, die Dächer von Bohnen- und Kürbisranken überzogen. Auf der Nationalstraße 1, die der Bahnlinie folgt, sind zahlreiche Fußgänger und Ochsengespanne unterwegs, ganz selten mal ein Traktor oder ein Lastwagen. Meistens sind es Tankwagen, die Benzin aus China holen, seitdem die beiden einheimischen Raffinerien aus Mangel an importiertem Rohöl stillgelegt werden mussten.

An den Bahnhöfen der größeren Ortschaften legt unser Zug kurze Aufenthalte ein. Der Bahnsteig füllt sich jedes Mal mit Massen von Menschen. Gebeugt unter unförmigen, selbst genähten Rucksäcken hasten sie in ihren Stoffschuhen dem Ausgang zu, dazwischen auffallend viel Militär. Wir haben den Eindruck, das ganze Volk sei unterwegs. Selbst auf den Güterzügen hocken Trauben von Menschen. Mich erinnert das Bild an meine Kindheit, als mich meine Eltern in den ersten Nachkriegsjahren mit auf Hamstertouren nahmen.

Auch in Pjöngjang fallen die Massen auf den Straßen auf. Wo kommen nur all die Menschen her? Früher machte Pjöngjang immer den Eindruck einer grandiosen Bühne ohne Akteure. Nun drängen sich hier alte Menschen, gebeugt unter Lasten, Frauen mit Kindern auf dem Rücken, junge Menschen in Trainingsanzügen, Schulkinder in ihrer blau-weißen Uniform mit dem roten Pionierhalstuch und immer wieder Soldaten beiderlei Geschlechts. Viele junge Frauen haben Abschied vom Bubikopf genommen. Als modisch unter denen, die sich von der offiziellen Linie des Jugendverbands absetzen wollen, gelten jetzt offenbar lange Haare, in der Öffentlichkeit zum Pferdeschwanz zusammengebunden.

Wir können uns die Menschenmengen nur so erklären, dass viele Betriebe mangels Rohstoffen und Energie geschlossen und die Menschen aus dem Produktionsprozess entlassen sind. Auf abgelegenen Plätzen, wie etwa am Gleisdreieck im Nordwesten Pjöngjangs oder am Verschiebebahnhof der östlichen Hafenstadt Wonsan, finden spontane Märkte statt. Jetzt, da das staatliche Versorgungsprogramm zusammengebrochen ist, müssen die Menschen selbst sehen, wie sie sich mit dem Nötigsten versorgen. Hierbei kommen alte koreanische Traditionen zum Vorschein, vieles erinnert an die altertümlichen Fünftagemärkte. Ein Großteil der Waren wurde aus

China eingeschmuggelt; der Schmuggel scheint in der Grundversorgung inzwischen einen festen Platz eingenommen zu haben.

Uns fällt noch eine Neuerung in Pjöngjang auf: Es gibt auf einmal Fahrräder. Früher waren sie als »rückständig« aus der Hauptstadt verbannt. Heute sind sie offenbar der Traum eines jeden Nordkoreaners, ein Traum mit feinen Abstufungen: koreanisches Fahrrad, chinesisches Fahrrad und als Krönung das japanische. Chinesische Fahrräder haben immerhin schon gehärtete Kugellager. Dem Traum eines eigenen Zweirades kann man näher kommen, wenn es einem gelingt, ein Schwein großzuziehen (was bei dem Nahrungsmangel nicht so leicht ist): Die Volksarmee tauscht (koreanische) Fahrräder gegen Schweine – im Verhältnis eins zu eins.

Im Park Moranbong treffen wir immer wieder auf Kräutersammler, die scheu im Unterholz verschwinden, wenn wir auftauchen. Böse Zungen könnten das so interpretieren, dass die Nordkoreaner inzwischen von Wurzeln leben müssen. Aber in Korea wurde der Speisezettel immer schon durch Wildkräuter bereichert. Diese Tradition lebt jetzt bei der angespannten Ernährungslage wieder auf. Direkte Anzeichen von Hunger haben wir nicht entdecken können, wohl aber deutliche Zeichen von Mangelernährung. Als wir eine Gruppe chinesischer Touristen treffen, fragt einer meiner Geographielehrer unseren Dolmetscher, ob es möglich sei, Koreaner von Chinesen zu unterscheiden. »Natürlich«, ist die Antwort. »Chinesen sehen alle so aus« (dabei bläst er die Backen auf), »und Koreaner so« (und zieht die Backen ein). Unterernährte Kinder sehen wir nur in ganz seltenen Ausnahmefällen, dafür aber viele Soldaten, die nur einen Strich in ihrer Uniform bilden. Ein typisches Zeichen der Mangelernährung ist das ausbleibende Wachstum in der Pubertät. Während südkoreanische Jugendliche mich, ähnlich wie meine eigenen Söhne, inzwischen um gut einen Kopf überragen, sind die Jugendlichen in Nordkorea klein geblieben.

Noch in Südkorea hatten wir in den Nachrichten von den diesjährigen verheerenden Überschwemmungen in der Provinz Hwanghae-Nord gehört. Und tatsächlich, südlich von Sariwon werden die ersten schweren Schäden an der Autobahn sichtbar. An einigen Stellen ist eine ganze Fahrbahnbreite von Erdmassen verschüttet, andernorts ein Teil der Autobahn weggerissen. Hier wird deutlich, wie schwach die Straße gebaut ist – eine nur wenige Zentimeter dicke Asphaltschicht, die ohne Unterbau direkt auf den planierten Boden aufgebracht wurde. Arbeitskommandos sind dabei, die schlimmsten Schäden zu beseitigen. Als Gerät stehen ihnen lediglich Schaufeln, eventuell ein Ochsenkarren oder ein Traktoranhänger zur Verfügung. Schäden an den landwirtschaftlichen Nutzflächen, geborstene Dämme und übersandete Reisfelder, treten erst zwischen Kaesong und Panmunjom an der Grenze zu Südkorea auf, bilden aber auch hier die eifrig fotografierte Ausnahme.

Wir wundern uns, dass unsere koreanischen Begleiter uns die Schäden so intensiv vorführen. Ihnen ist wohl nicht bewusst, dass es sich bei diesen wiederholten Überschwemmungen nicht um reine Naturkatastrophen handelt, dass auch verfehlte Planung und jahrzehntelange Misswirtschaft mit verantwortlich sind. Man hatte das gesamt Hügelland in Maisfelder umgewandelt. Zur Zeit der Monsunregen Ende Juli/Anfang August haben diese noch nicht genug Blattmasse entwickelt, um den Boden vor Abspülung zu schützen. Dies und die Vernachlässigung einer planmäßigen Aufforstung des Berglandes haben dazu geführt, dass die Erosion inzwischen so viel Material in die Flussbetten gespült hat, dass diese die Wassermassen nicht mehr fassen können.

Die Autobahn von Pjöngjang nach Wonsan an der Ostküste hat immer noch genauso wenig Fahrzeugverkehr wie in den Jahren zuvor. Allerdings fallen die Lastwagen mit Holzvergaser nicht mehr so sehr ins Auge. Irgendwie scheint das Problem der Treibstoffversorgung, wenngleich auf niedrigem Niveau, wieder gelöst worden zu sein. Auffallend sind jedoch auch hier die Massen von Menschen, die zu Fuß auf der Autobahn unterwegs sind, alle in der Hoffnung, von einem der wenigen Autos mitgenommen zu werden. Die Ladeflächen der Lastwagen, denen wir begegnen, sind bis auf den letzten Stehplatz mit Menschen gefüllt, Menschen, die mit stoischen Gesichtern und kleinen Fetzen Plastikfolie dem Regen trotzen. Zwar gibt es an den Ausfallstraßen der größeren Städte noch immer Kontrollposten, doch hat man den Eindruck, dass das Verbot ungenehmigter Reisen im Land nicht mehr so streng durchgesetzt wird.

Ein ganz anderes Bild auf der neuen Autobahn nach Norden von Pjöngjang zum Myohyang-Gebirge. Diese Autobahn ist völlig leer – keine Fahrzeuge, keine Fußgänger, ein einsames Asphaltband, das sich großzügig durch die lieblichen Hügel am Unterlauf des Chongchon-Flusses windet. Polizeiposten versperren die Auffahrten. Die Autobahn darf nur von »technisch hochwertigen« Fahrzeugen be-

fahren werden. Woran die Polizisten die »technische Hochwertig-
keit« eines Fahrzeugs erkennen, ist uns nicht ganz klar. Ein Stern auf
der Kühlerhaube scheint jedoch ein sicheres Indiz zu sein, und ein
solcher ziert in Nordkorea nur die Dienstwagen der Kader. Jetzt im
August ist jeder Hügel mit saftig grünen Maisfeldern überzogen.
Darin stehen überall kleine Wächterhäuschen, wie sie im traditionellen Korea auf Melonenfeldern typisch waren. Dass jetzt auch der
Mais bewacht werden muss, wirft ein Schlaglicht auf die derzeitige
Versorgungslage.

Ich dachte, bereits alle Sehenswürdigkeiten des Landes gesehen zu
haben. Jetzt musste ich aber erkennen, wie viele landwirtschaftliche
und kulturelle Höhepunkte Nordkorea noch zu bieten hat. Bisher
waren diese Ziele nicht zugänglich. Zu fünft verlängern wir unseren
Aufenthalt um weitere zehn Tage. Die Preise für sämtliche Touris-
musleistungen sind in den vergangenen drei, vier Jahren mindestens
verdoppelt worden. Das staatliche Reisebüro scheint nach der (nicht
unbedingt marktwirtschaftlichen) Maxime zu verfahren: »Wenn die
Nachfrage sinkt, müssen die Preise steigen, damit die Kasse stimmt.«
Damit ist Nordkorea zu einem der teuersten Tourismusländer der
Erde geworden, wenn man das Land überhaupt als Touristenland
bezeichnen will. Denn sehr viele Besucher trifft die Preiserhöhung
nicht, pro Jahr kommen nur etwa 2000 Touristen ins Land. Davon
stammen 90 Prozent aus Asien. Es sind in Japan lebende Koreaner,
Chinesen und in jüngster Zeit verstärkt auch Besucher aus Südostasien.

Uns begleiten zwei junge, sympathische Dolmetscher. Sie geben
sich die allergrößte Mühe, uns einen positiven Eindruck von ihrem
Land zu vermitteln, sind durchaus aber auch bereit, momentane
Schwierigkeiten mit uns zu diskutieren. Im Nachhinein tut es mir
Leid, dass wir sie durch unsere Fotografierwut immer wieder in
Schwierigkeiten gebracht haben. Aus allen Teilen des Landes schie-
nen Beschwerden bei der Zentrale einzugehen, wir hätten Men-
schen bei der Arbeit, einen klapprigen Lastwagen oder eine schlam-
mige Straße abgelichtet. Von manchem Telefongespräch mit der
Zentrale kehrten unsere Dolmetscher bleich und zitternd zurück.
Aber jedes Mal war es ihnen gelungen, den Abbruch unserer Reise
doch noch zu verhindern.

Auf unsere vielfältigen Wünsche gehen unsere Begleiter mit be-
wundernswerter Geduld ein, und ich hege die Hoffnung, endlich

einmal die ehemalige deutsche Benediktinerabtei Togwon bei Wonsan besuchen zu können, die heute eine landwirtschaftliche Hochschule beherbergt. Doch wenige Kilometer vor dem Ziel muss der Ausflug abgebrochen werden, da »die Straße gebaut wird«. Unserem Einwand, Straßenbau störe uns nicht, es sei im Gegenteil ein Zeichen des Aufschwungs, wird mit der verschämten Erklärung begegnet, die Straße werde von »sehr armen, bedauernswerten Menschen« gebaut. Nun verstehen wir. Strafgefangene sind in keinem Land Touristenziel.

Die Reise in der sehr kleinen, fast familiären Gruppe bringt uns zu vielen neuen Zielen, Tempeln, Aussichtspunkten, Restaurants und Hotels, von deren Existenz wir bislang keine Ahnung hatten. Die Tatsache, dass jetzt auch die Volksarmee dringend auf Divisen angewiesen ist, eröffnet uns darüber hinaus zwei bislang strikt verschlossene Reiseziele, die unbestritten zu den landschaftlichen Höhepunkten der Halbinsel gehören: das Innere Diamantengebirge und das See-Diamantengebirge im Südosten Nordkoreas. Hier sind die Zeugen der reichen buddhistischen Vergangenheit, die im Äußeren Diamantengebirge ausnahmslos dem Koreakrieg zum Opfer gefallen sind, noch weitgehend erhalten.

Das Diamantengebirge (Kumgangsan) im Osten der Halbinsel ist eine der fünf heiligen Gebirgslandschaften Koreas. Mit dem Aufblühen der neokonfuzianisch ausgerichteten Choson-Dynastie, die 1392 die buddhistisch geprägte Koryo-Dynastie ablöste, wurden die buddhistischen Tempel aus den Städten in entlegene Gebirgsräume verdrängt. Dort gingen sie eine religiös begründete Symbiose mit der überwältigenden Natur ein. Die Mönche des Kumgangsan entwickelten den in Korea ausgeprägten Sinn für ästhetische Landschaftswerte zu hoher Vollendung. Unzählige geographische Namen verdanken ihren Ursprung diesem ästhetischen Gefühl und der buddhistischen Mythologie: Tal der 10000 verschiedenen Gestalten, Tal der 10000 Wasserfälle, Blaukranichspitze, Wasserfall des fliegenden Phönix, Neundrachenfall, Feuerdrachenteich, Drachenkönigspalast, Höllenspiegelfelsen, Teich der gelben Schatten (gelbe Schatten bedeuten Hölle), Dreibuddhastein, Nirvanaspitze, Schminktopf der Engel.

Sogar der Name Diamantengebirge selbst ist wahrscheinlich auf eine klassische buddhistische Schrift, das Diamant-Sutra (Kumgang Kyong), zurückzuführen, das »scharf wie ein Diamant schneidend die Nichtigkeit aller irdischen Dinge beweist«. Da in der buddhistischen Welt Ostasiens der Glaube verbreitet war, denjenigen, die seine heiligen Bezirke besuchten, bleibe der Weg durch die Hölle erspart, war das Kumgangsan schon seit Jahrhunderten, bereits zur Zeit der Koryo-Dynastie, das Ziel von Tausenden Pilgern. An sie erinnern noch heute ihre in die Felswände eingemeißelten Namen und Gedichte.

Unsere beiden Ausflüge werden von einem Erholungsheim der Volksarmee organisiert und von zwei weiblichen Angehörigen der Armee (in Zivil) begleitet. Die Fahrt zum Inneren Diamantengebirge führt auf einer einspurigen ungepflasterten Straße das Tal des On-jong-chon aufwärts. Steil über dem Weg erheben sich die bizarren Felsen des Manmulsang. Letzte Nebelschwaden hängen an der Felswand der 10000 verschiedenen Gestalten. Wir überwinden den Pass Onjong-ryong in einem gewundenen, bunkerähnlichen Stollen, der während des Koreakrieges gebaut wurde. Durch ein Stahltor geht es hinein und 800 Meter weiter durch ein zweites hinaus. Eine neue Welt tut sich auf, das militärische Sperrgebiet. Die Dörfer, an denen wir vorbeifahren, sind Militärdörfer, makellos weiß getünchte Häuser in Reih und Glied, sauber gefegt wie ein Kasernenhof. Für uns gilt Fotografierverbot. Die Kleinstadt Kumgang, ein Kreisverkehr mit Losungssäule, gesäumt von einigen Plattenbauten, wirkt wie ausgestorben. Fünf Kilometer weiter Halt an einem Kontrollposten an einer Panzersperre. Die Verhandlungen dauern lange, das Fotografierverbot wird um eine Stufe verschärft (auf »absolutes Fotografierverbot«), dann geht es weiter. Nach weiteren fünf Kilometern ist der Eingang zum Nationalpark des Inneren Diamantengebirges erreicht.

Seit einem halben Jahrhundert war dieses Gebiet westlichen Besuchern verschlossen. Voller Entdeckerfreude besichtigen wir die Buddhareliefs am Sambul-am und die großartige Stele, die dem Mönchsgeneral Sosan Taesa errichtet wurde. Am Eingang des Man-pok-Tals erreichen wir den Tempel Pyohun-sa. Diesen Ort haben unsere militärischen Begleiterinnen für ein Picknick ausersehen. Irgendwann geht dieses Picknick in ein ausgelassenes Trink- und Tanzvergnügen über. Ein Exkursionsteilnehmer und ich nutzen die Gelegenheit, um das Manpok-Tal, das Tal der 10000 Wasserfälle, zu erkunden. Die auf einer langen Bronzesäule abgestützte Einsiedelei Podok-am ist ebenso ein unvergesslicher Höhepunkt dieser Wanderung wie das mächtige, aus einer Felswand herausgemeißelte Halbrelief des Bodhisattvas, des buddhistischen Erleuchtungswesens.

Der Ausflug zum See-Diamantengebirge beginnt am Drei-Tage-Ruhe-See Samilpo. Die Fahrt führt durch die Reisfelder im Delta des Flusses Puk. Vor diesem Delta bildet eine landfest gewordene Insel das See-Diamantengebirge mit seiner bizarr-romantischen Küstenlandschaft. Doch bevor wir die Küste erreichen, müssen wir einen militärischen Kontrollposten passieren. Er befindet sich an einem Durchgang durch den Sperrgürtel aus Minenfeld und doppeltem Elektrozaun. Auch hier wieder lange Verhandlungen, dann fahren wir ins Sperrgebiet. Jenseits einer weit geschwungenen Bucht ist das südkoreanische Wiedervereinigungs-Observatorium auszumachen. Es ist ein eigentümliches Gefühl, sich vorzustellen, dass jetzt auch dort Touristen stehen und durch starke Fernrohre, die sie mit 100-Won-Münzen füttern, zu uns in das »verbotene Land« hinüberblicken.

Als Höhepunkt dieser Nordkorea-Reise habe ich meiner Gruppe einen Ausflug zum Gipfel des Berg Paektu im äußersten Norden versprochen. Dazu müssen wir für drei Tage ein zweimotoriges Turboprop-Flugzeug chartern. Unsere AN-24 landet auf dem Flugplatz Samjiyon neben 18 sauber aufgereihten MIGs älterer Bauart. Inzwischen hat sich unsere koreanische Entourage auf elf Personen erhöht, eine ungewöhnliche Betreuungsintensität für fünf Touristen.

Da man beim Paektusan nie weiß, wie sich das Wetter entwickelt, fahren wir gleich am ersten Tag zum 2750 Meter hohen Gipfel hinauf. Seit Kim Il Sungs Zeiten wird er Generalsgipfel genannt. Von hier aus soll der Staatsgründer zwischen 1937 und 1943 den antijapanischen Widerstand organisiert haben. Nach der offiziellen Geschichtsschreibung wurde auch sein Sohn Kim Jong Il hier geboren. Die Besichtigung seines angeblichen Geburtsortes, des »Geheimen Lagers am Paektusan«, nötigt uns wieder mal höfliche Zurückhaltung ab, ebenso die Losungsbäume. Sie künden geradezu prophetisch von Kim Il Sung als »Führer der Weltrevolution« – und sind doch nichts weiter als plumpe Geschichtsfälschung.

Der zweite »Aufstieg« zum Gipfel erfolgt auf Wunsch unseres koreanischen Kameramanns mit der auf Schienen laufenden Seilbahn. Zur Feier des Tages werden extra Fahrkarten für die Seilbahn eingeführt. Stolz überreicht man mir die Fahrkarte mit der Seriennummer »1«. Neu am Berg Paektu ist die aus Österreich gelieferte

Seilschwebebahn zum Kratersee hinunter; sie ist jedoch schon wieder defekt. Daher belassen wir es bei dem grandiosen Blick auf den Kratersee. 560 Meter unter uns ruht der tiefblaue und fast kreisrunde Himmelssee. Kaum ein Laut ist zu hören. Die wenigen Wolken und die rot-schwarzen Kraterwände spiegeln sich in der völlig ruhigen Oberfläche. Neu ist auch der koreanische Soldat, der jetzt auf dem Gipfel postiert ist. Er soll verhindern, dass sich einheimische Touristen über die Grenze nach China verirren. Für ein paar Zigaretten leiht er auch schon mal sein Fernglas aus.

Einen Tag nachdem ich meine vier Reisegefährten am Pjöngjanger Flughafen verabschiedet habe, rolle ich – in einem aus zwei Waggons bestehenden Sonderzug für eine chinesische Touristengruppe – wieder der Grenzstation Sinuiju entgegen. Bei der Fahrt über die Grenzbrücke lasse ich in Gedanken diese Nordkoreareise noch einmal Revue passieren. Was habe ich gesehen? Ein Land im Zusammenbruch? Wohl kaum; eher ein Land im Umbruch. Während der Einfluss von Staat und Partei bröckelt, entwickeln die Menschen – vielfach in Rückbesinnung auf traditionelle koreanische Verhaltensweisen – ihre eigenen Überlebensstrategien. Nordkorea wird immer koreanischer.

Simon Bone

Der Alligator hält den Teller hoch.
Im Myohyang-Gebirge

(1998)

Die Zollbeamten verglichen unsere Namen mit einer fotokopierten Liste; bedenklicherweise behielten sie alle Pässe »zur Sicherheit« ein. Während ich wartete, besah ich mir den reizlosen Schaukasten von Pyongyang Airport Duty Free, der größtenteils mit westlichen Zigaretten bestückt war. Ich ging davon aus, dass meine Tasche nach südkoreanischen Produkten und Literatur durchsucht würde, aber die Behörden schoben sie einfach durch den Röntgenapparat und gaben sie mir zurück. Das einzige Stück Handgepäck, das nicht durchleuchtet wurde, war der Blumenstrauß, den unsere Gruppe vor die riesige Statue Kim Il Sungs in Pjöngjang legen sollte.

Zwei Reiseführer begrüßten uns und leiteten uns zu einem Kleinbus der Korean International Travel Company. Das Lenkrad war auf der rechten Seite, offenbar stand der Bus vorher in japanischen Diensten. Der Führer begann mit seiner Einführung. »Der Name unseres Landes ist Demokratische Volksrepublik Korea.« Ich war da! »Im Nordteil unserer Republik leben 22 Millionen Bürger, im Südteil 45 Millionen. Zehn Millionen Koreaner leben außerhalb des Landes.« Ich hörte nicht zu. Ich hatte meine erste Wandtafel des Großen Führers entdeckt: »Lasst uns den Sozialismus aufbauen, indem wir entschlossen dem Großen Führer Kim Il Sung folgen.«

Der Reiseführer sagte weiter: »Wie Sie vielleicht wissen, war Korea zwischen 1905 und 1945 von Japan besetzt.«

Wir pfiffen anerkennend. Er fuhr mit seiner Geschichtslektion noch einige Minuten lang fort, bevor er sich praktischeren Angelegenheiten zuwandte. Es stellte sich heraus, dass wir noch nicht nach Pjöngjang fahren würden, da Kim Jong Il den heutigen Tag außerplanmäßig zu einem zusätzlichen Feiertag bestimmt hatte. Unter diesen Umständen gebe es in der Hauptstadt nichts zu sehen. Stattdessen gehe es in die Berge im Norden des »Nordteils der Republik«. Bis vor kurzem hätte dies eine lange Bahnfahrt bedeutet, aber seit dem Tod Kim Il Sungs wurde an einer vierspurigen Autobahn in das Gebiet gearbeitet.

Die Fahrt ins Myohyang-Gebirge bot Gelegenheit, unsere Führer kennen zu lernen. Es ist nordkoreanische Politik, zwei von ihnen jeder Gruppe zur Begleitung beizustellen, falls sie zu freundlich mit den Touristen würden. Einer erledigte das Reden, der zweite vorgeblich das Zuhören. Aber es waren aufrichtig nette Leute. Auch wenn sie uns manchmal belogen.

»Muss man in Nordkorea Militärdienst leisten?«

»Nein, das ist alles freiwillig.«

»Ist es wahr, dass Korea einen Satelliten ins All geschickt hat?«

»Ja, er heißt ›Kwangmyongsong Nr. 1‹ und sendet ›Das Lied von Kim Il Sung‹, ›Das Lied von Kim Jong Il‹ und die Morsebotschaft ›Juche Korea‹ zur Erde. Wir haben ein friedliches Raumfahrtprogramm.«

Nach zweistündiger Fahrt verließ unser Kleinbus die neue Autobahn und bog in eine noch neuere, erst tags zuvor eröffnete Straße. Dies schien Führer und Touristen gleichermaßen zu erregen. Ich meine, wir hätten Beifall geklatscht. Kurz vor dem Hotel passierten wir ein Schild, auf dem in Englisch stand: »Inbrünstig willkommen«. Uns blieben ein paar Minuten, um unsere Habseligkeiten aufs Zimmer zu bringen. Das Hyongsan-Hotel, eine von Japanern erbaute klotzige Betonpyramide, lag angeschmiegt zwischen zwei Bergen. Auf dem Hotel befand sich ein Drehrestaurant; ich war mir nicht sicher, wofür, da es hier nachts offenbar keine Aussicht gab.

Myohyangsan, das Gebirge der wundersamen Düfte, ist einer der heiligsten und schönsten Orte Koreas. Mit seinen 1909 Metern ist der Berg gleichen Namens nicht unbedingt hoch, aber der Weg ist steil und führt durch eine atemberaubend schöne Landschaft. Obwohl es einen betonierten Pfad bis fast zur Spitze gibt, ist der Aufstieg schwierig, insbesondere dann, wenn die Schuhe so abgelaufen sind wie meine.

Auf dem Parkplatz zu Beginn des Pfades standen drei beigefarbene Nissan-Bluebird-Limousinen. Männer in Anzügen standen um sie herum und taten nichts Ersichtliches. Viele Menschen kamen von den Bergen herunter. Sie trugen große Taschen auf ihren Rücken.

»Eicheln«, sagte der Führer. »Wegen der Nahrungsmittelknappheit haben die Leute herausgefunden, dass sie zum Essen Eicheln sammeln können.«

»Aber die müssen doch 15, 20 Kilo wiegen«, sagte der Litauer aus unserer Reisegruppe.

»Finden wir es doch heraus«, antwortete der Führer und bat eine kleine Frau mit einem großen Sack voll Eicheln, ihn uns kurz zu geben. Der Litauer hielt ihn hoch. »Sie muss recht kräftig sein«, sagte er.

Wir begannen mit dem Aufstieg. Die Holländerin aus unserer Gruppe wollte nicht mit und machte es sich auf einem flachen Felsen bequem. »Bis in ein paar Stunden!«, sagte sie. Die Schönheit des Myohyang-Gebirges wird nicht unerheblich geschmälert durch die weisen Inschriften Kim Il Sungs, die fast in jede Felswand gemeißelt sind. Auf dem Gipfel befindet sich, vom Boden aus sichtbar, eine riesige Inschrift: Juche. Die Losungen am Wege fordern den Bergsteiger auf, Kim Il Sung zu folgen. Unser Führer übersetzte hilfsbereit die ersten drei. Ich fiel schon bald zurück. Nach ungefähr einer Stunde kam ich an einen Bach. Ich freute mich darauf, endlich Wasser trinken zu können. Doch die Gruppe, die schon seit ein paar Minuten auf dem Rastplatz gewartet hatte, verstand meine Ankunft als Zeichen zum sofortigen Aufbruch. Für mich würde es keine Pause geben.

Nicht weit vom Bach entfernt lag ein von vier Metallpfosten umgebener Felsbrocken. »Unser Geliebter Führer Kim Jong Il bestieg diesen Berg«, sagte unser Führer, »und auf diesen Stein setzte er sich zum Ausruhen«, was von da an jedem anderen verboten wurde.

»Haben beide Führer den Myohyangsan bestiegen?«, fragte ich.

»Ja, eigentlich haben die meisten Koreaner das getan«, antwortete er. »Ich selbst war mehrfach auf dem Gipfel.«

Ächzend und stöhnend setzte ich meinen Weg nach oben fort. Der Ausblick war fantastisch. Wir standen auf dem Gipfel eines berühmten Berges in Nordkorea, und die Sonne tauchte die Landschaft in mildes, spätsommerliches Licht. Praktisch ausgedrückt bedeutete dies jedoch, dass wir schnell wieder hinuntermussten, wollten wir nicht in die Dunkelheit geraten. Der Abstieg ging natürlich viel schneller als der Aufstieg. Doch bereits hinter dem heiligen Stein, auf dem einst Kim Jong Il gesessen hatte, war die Sicht nicht mehr gut. Der Führer half mir, dem ewigen Nachzügler, die letzten paar hundert Meter.

Der Bus fuhr uns schnell ins Hotel zurück. Dabei hupte er andauernd die Menschen an, die auf den Straßen standen und offenbar nicht auf die Anwesenheit eines Kraftfahrzeugs gefasst waren. Ich war schweißgebadet, was bedeutete, dass sich meine Kleiderauswahl für die nächsten Tage beträchtlich reduzieren würde.

Die Hotellobby war von einem echt nordkoreanischen Wandbild geschmückt. Es zeigte einen Modell-Hirsch und einen von Geflügelwild umgebenen Wasserfall. Ferner gab es einen Briefmarkenstand und einen Buchladen, der ausschließlich die Werke des Großen und die des Geliebten Führers verkaufte. Fragte ich mich in der Lobby noch, ob dies ein von Japanern entworfenes Hotel sei, so verschwanden meine Zweifel, als ich einen Blick in unser Badezimmer warf. Wie häufig in Japan war es mit Plastikfolie ausgeschlagen. Die Decke war so niedrig, dass man kaum aufrecht stehen konnte. Aber die Hauptsache war, dass es eine Dusche gab. Mein Zimmerkamerad, ein Pilot, ging zuerst duschen.

Ich schaltete den Fernseher an. Es war fast Zeit für die Nachrichten. Die verbleibenden Minuten wurden mit Ausschnitten von den Feierlichkeiten zum 50. Jahrestag der Republikgründung am 9. September gefüllt. Der Chor der Volksarmee sang das »Lied des Geliebten Führers Kim Jong Il«, uniformierte Cellisten begleiteten ihn. Zwischen den einzelnen Beiträgen wurde der Bildschirm blau, es gab keinen Ansager.

Die Bilder der Geburtstagsparade waren besonders seltsam. Kim Jong Il stand auf dem Podest und grüßte die Vorbeimarschierenden. Zwei Millionen Menschen nahmen an der Parade durch Pjöngjang teil. Eine atemlose Ansagerin verkündete halb schreiend, halb stöhnend die Lobpreisungen auf den Geliebten Führer. Nahaufnahmen zeigten die vorbeiströmenden Menschenmassen; eine Gruppe Veteranen brach ob seiner Gegenwart in Freudentränen aus. Schnitt zum winkenden Kim. Die Tonspur sollte Massenlärm suggerieren. Sie kam jedoch nur von einer verzerrten Stimme, die »Ruhm der ewigen Juche-Idee« sprach.

Dann wieder die Massen, dieselben paar Leute, die an dem Geliebten Führer vorbeimarschierten. Der Schnitt war armselig, die Leute standen offensichtlich still, bis man ihnen sagte, dass sie Enthusiasmus zeigen sollten. Die Veteranen erschienen noch einige Male, alle paar Sekunden wurde die Massen-Stimme wiederholt.

Dann wieder ein blauer Bildschirm. Es folgten Naturszenen, eine darauf eingeblendete Uhr zeigte die Zeit an. Die Nachrichten wurden von einer Frau in traditionellem koreanischen Kostüm vorgelesen. Auch wenn man kein Koreanisch versteht, kann man sich dennoch ausrechnen, worüber sie redet, da jeder Satz das Wort *chosun* (Korea) und den Namen eines oder beider Führer enthält. Außenaufnahmen gab es nicht, es gab kein Hintergrundbild (erneut einfaches Blau) und eigentlich auch keine Nachrichten. Mein Zimmerkamerad kam aus dem Badezimmer, aber ich war zu sehr ins Fernsehen vertieft. Er musste mir das Duschen geradezu befehlen.

Vor langer Zeit kam ein Buch mit dem Titel »Für Freundschaft und Solidarität« in meinen Besitz, in Auftrag gegeben für Kim Il Sungs 70. Geburtstag im Jahre 1982. Es war meine erste Berührung mit dem Verlag für fremdsprachige Literatur in Pjöngjang. Das Buch sollte belegen, dass die Führer der Welt – Staatschefs aus dem sozialistischen Block, Präsidenten von Bananenrepubliken, nachgeordnete westliche Offizielle und Kommunisten – nach Nordkorea kommen und, nun ja, das Land ernst nehmen. Fotos zeigten das Treffen des Großen Führers mit eben jenen Würdenträgern. Der wichtigste schien Nicolae Ceauşescu zu sein, mit dem Kim Il Sung 1977 in Pjöngjang einen Freundschaftsvertrag unterzeichnet hatte. Durch das Buch erfuhr ich von der Internationalen Freundschaftsausstellung. Und am nächsten Morgen stand sie plötzlich direkt vor mir.

Das 1978 errichtete Gebäude soll alle Geschenke beherbergen, die der Große Führer von angeblich wichtigen Menschen aus aller Welt erhalten hat. Es wurden keine Mühen gescheut, die Räume 400 Meter tief in den Berg zu treiben. Das Eingangshaus ist in traditionellem Stil mit geschwungenem Dach und grün lasierten Ziegeln gehalten. Man betritt das Museum durch zwei riesige vergoldete Türen, von denen jede einige Tonnen wiegt. An beiden Seiten steht ein Soldat in Gardeuniform und starrt ins Leere. Im Gebäude dürfen keine Aufnahmen gemacht werden, Notizen anzufertigen ist nicht ratsam, da die Aufseher einen sonst für einen Journalisten oder Spion halten könnten. Es gibt noch eine zweite Regel: Man darf die goldenen Türgriffe nicht anfassen.

Draußen begrüßte uns eine Frau auf Koreanisch. Mit weißen Handschuhen öffnete sie die Tür. Zum Schutz des Bodens sollten wir Überschuhe aus Filz anziehen. In den Dingern fühlte ich mich wie ein Curling-Spieler. Die Ausstellung umfasst 120 Räume, weit mehr, als man an einem Tag sehen kann. Das erste, was auffällt, ist ein Paar erschreckend hässlicher Uhren. Sie rahmen die Tür ein und sind aus einem riesigen Eichenbaum gehauen, in der Art, wie man sie en miniature in den sechziger Jahren auf britischen Kaminsimsen sehen konnte. Der eigentliche Rundgang aber beginnt in dem Raum mit der riesigen Marmorstatue Kim Il Sungs.

Als wir dort eintrafen, mussten wir warten, weil sich eine große Gruppe Koreaner vor dem Marmor-Kim verbeugte. An den Seitenwänden standen Schaukästen, die Geschenke an den »Unvergleichlich Großen Mann« enthielten, wobei ich nicht sagen kann, warum gerade jene an diesem Ehrenplatz ausgestellt wurden. Endlich waren wir an der Reihe. Unser Führer zog mit der Hand eine Linie auf dem Boden, hinter der wir stehen mussten. »Seien Sie bitte still«, sagte er. Auf sein Zeichen hin verbeugte sich jeder vor dem Vater der Nation.

Nachdem wir diesen Unsinn hinter uns gebracht hatten, begann die Ausstellungsführerin mit den Erläuterungen, die unser Führer uns in Englisch wiedergab. An der Wand hing eine große Weltkarte. Leuchtpunkte gaben die Hauptstädte aller Länder an, die in dieser Ausstellung vertreten waren. Anzahl und Farbe der Dioden hingen davon ab, wer die Geschenke gemacht hatte, ob Staatsoberhaupt oder einfacher Bürger. Der Filz, der die Regale unter jedem der 71 000 Präsente bedeckte, war ebenfalls farbcodiert: Rot bedeute Staatsoberhaupt, blau Regierungschef. Leute wie Sie oder ich wären ein dunkles Gelb.

Man verlor keine Zeit, uns durch die Räume zu führen. In der afrikanischen Abteilung waren einige der beeindruckendsten Präsente versammelt. Tyrannen wie der ehemalige äthiopische Machthaber Mengistu oder das libysche Staatsoberhaupt Gaddhafi haben sich offenbar gegenseitig zu übertrumpfen versucht in ihren aufwändigen Gaben an den Großen Führer. Wir sahen geschnitzte Elefantenstoßzähne und handgemalte Kim-Il-Sung-Porträts. Das Licht in den Räumen wurde durch Bewegungsmelder gesteuert, die sich unter dem Teppich befanden. Das war gut, solange die Besucher zügig nachkamen. Wenn jedoch niemand an der Stelle der Bewegungsmelder stand, ging das Licht schnell aus. Im gesamten Gebäude gab es keine Fenster, es konnte also sehr dunkel werden.

Der amerikanische Kontinent war spärlich vertreten, und es war kaum überraschend, dass der Schaukasten Nicaraguas größer war als der der Vereinigten Staaten (Daniel Ortega hatte einen ausgestopften Alligator geschickt, der einen Teller hochhält). Viele Spender blieben seltsamerweise anonym, vielleicht wollte der Übersetzer nicht allzu viele Namen abschreiben. Ein Briefbeschwerer mit CNN-Logo von Ted Turner war beschriftet mit: »Vom Präsidenten des amerikanischen Fernsehens«.

Die Europa-Abteilung war insofern unterhaltsam, als dass sie zeigte, dass ästhetische Raffinesse kein Markenzeichen der Sowjetunion war. Aber seltsam, wie einige der eher funktionalen Geschenke präsentiert wurden. Sicherlich war der Fernsehapparat vom Bulgaren Todor Schiwkow zum Fernsehen gedacht und nicht zur Darbietung auf einem roten Samtregal in einer Vitrine. Ebenso wurde ein Satz rostfreier Stühle und ein Tisch, die Erich Honecker geschenkt hatte, anstatt in eine Küche in einen Glaskasten gestopft.

In diesem Raum schlossen wir zu einer Gruppe Nordkoreaner auf. Dicht drängten sie sich um eine Vitrine, die eine billige, vergoldete Rolex-Imitation enthielt. Irgendjemand aus Frankreich hatte sie geschickt. Ich weiß jetzt, was ich nächstes Mal nach Pjöngjang mitbringen werde.

Im Nebenraum waren kugelsichere Limousinen ausgestellt. Stalin hatte sie gestiftet. Sie standen in einer Reihe vor dem Porträt des Diktators. Stalin hatte dem Großen Führer auch einen semi-luxuriösen Eisenbahnwaggon geschenkt. Um sich nicht lumpen zu lassen, überreichte Mao einen noch schöneren.

Wir hatten alles gesehen, was wir von der Internationalen Freundschaftsausstellung sehen mussten. Glaubten wir zumindest. Aber wir sollten nicht gehen, ohne uns angemessen zu verabschieden, und wurden in eine Halle im Erdgeschoss geführt. Dort stand, vor scheinbar tropischer Landschaft, ein Wachsmodell Kim Il Sungs, der einen hellen Business-Anzug trug. »Dieses Ebenbild des Großen Führers wurde von einer japanischen Handelsgesellschaft gestiftet«, verkündete unser Begleiter stolz. Noch einmal reihte er uns vor der Puppe auf, wo wir uns erschöpft vor dem falschen Diktator verbeugten.

Unweit des Ausstellungskomplexes steht ein neues Gebäude. Es ist genauso groß wie das alte und ebenso in die Bergwand gebaut. Es wurde 1996 fertig gestellt und beherbergt alle Geschenke an Kim Jong Il, die vorher im ersten Gebäude untergebracht waren. Die Architekten haben es in meinen Augen geschafft, dem neuen Museum noch eins draufzusetzen. Wir schritten durch einen langen, mit den Symbolen der nordkoreanischen Geschichte gesäumten Korridor. Wir sahen die Blumen Kimilsungia und Kimjongilia, die indonesische und japanische Botaniker gezüchtet und nach Sie-wissen-schon-wem benannt haben. Wir sahen abstrakte Bildnisse des Myohyangsan und des Berges Paektu, jenem erloschenen Vulkan im Norden des Landes, der den Koreanern heilig ist. Ein Sonnenuntergangsbild zeigte die »geheimen Guerilla-Lager« an seinen Abhängen, wo angeblich der jüngere Kim zur Welt gekommen ist. Wir sahen die Losungsbäume, die dort gefunden worden sein sollen und angeblich von der vorzeitig erkannten Größe Kim Il Sungs künden.

Am Ende des Ganges befindet sich der Raum, in dem die Statue des Geliebten Führers steht. Hier nahm man sich eine gewisse künstlerische Freiheit: Der eher untersetzt wirkende Kim Jong Il wurde nun als sitzender Riese dargestellt, sein hochstehendes Haar wurde zur vornehmen Frisur. Kim Jong Il, das muss man ihm lassen, ist der einzige männliche Politiker, der noch niemals in einem westlichen Business-Anzug gesehen wurde. Die Statue trug eine Jacke mit hohem Kragen (zu weniger formellen Anlässen zieht der Geliebte Führer einen beigefarbenen Freizeitanzug aus dem eigens entwickelten Kunststoffgewebe Vinalon vor).

Der junge Kim soll ungefähr 40 000 Geschenke erhalten haben. Ich erinnere mich, dass der weißrussische Präsident Alexander Lukaschenka etwas gestiftet hat, obwohl ich nicht mehr genau weiß, was es war. Ebenso vergessen habe ich das Geschenk von Gennadi Sjuganow, dem Vorsitzenden der russischen Kommunisten.

Dem Litauer aus unserer Reisegruppe fiel auf, dass wir unter dem Aufgebot der ehemaligen UdSSR nichts aus seinem Heimatland entdeckt hatten. Wir hatten die billigen Schmuckstücke gesehen, die dem Geliebten Führer von Leuten wie Fidel Castro überreicht wurden, aber der Beitrag Vilnius' war uns entgangen. Unser Reiseführer, der kundgetan hatte, es sei jedes Land der Welt vertreten, schien ein wenig verlegen, doch nach kurzem, intensivem Suchen entdeckte jemand einen Zinnteller mit der Pahonia, dem Ritter zu Pferde, der das Symbol sowohl Litauens als auch Weißrusslands ist. Es wurde Kim Jong Il, soweit ich mich erinnere, von der »Frauen-Basketball-Mannschaft des Sportverbands Litauen« geschickt. Der Litauer war trotzdem beeindruckt. Der Reiseführer wirkte erleichtert.

Aus dem Englischen von Dieter Lend

Werner Adam

Kalter Krieg mit Aussicht.
Konfrontationsroutine in Panmunjom

(1994)

Herausfordernd nah baut sich der Feind in Gestalt eines Soldaten der südkoreanischen Streitkräfte auf. Sein strenger Blick auf den Fremden verdichtet sich zu tiefer Verachtung. Dann wendet er sich schweigend ab und macht seinem Vorgesetzten Platz, der mit dem Besucher auf der kommunistischen Gegenseite ebenfalls nichts anzufangen weiß. Schließlich blitzt es aus dem Hinterhalt. »Ein Foto fürs CIA-Album«, erklärt Kang Song Nam, ein Oberstleutnant der nordkoreanischen Volksarmee, dem von ihm betreuten Gast. Der knipst zurück – mitten ins »Haus der Freiheit« hinein, wie die Südkoreaner einen pavillonartigen Hochstand für die dort täglich in Scharen erscheinenden Grenztouristen nennen. »Jeder von ihnen muss dafür 16 Dollar zahlen«, wird dem Einzelreisenden hüben unter Hinweis darauf bedeutet, dass die da drüben »in ihrem kapitalistischen Rausch auch mit tiefstem Leid noch Geschäfte machen«.

Wäre am berüchtigten 38. Breitengrad die Spannung nicht mit Händen zu greifen – man könnte sich in dieser parkähnlichen Landschaft wie in einem militärischen Freiluftmuseum fühlen. Seit mittlerweile einem halben Jahrhundert herrscht Konfrontationsroutine in Panmunjom. Ernsthafte Zwischenfälle hat es hier seit längerem nicht mehr gegeben. Und was würde passieren, wenn der Besucher der Verlockung nachgäbe, den kleinen Schritt über die Demarkationslinie hinweg zu tun? »Besser nicht versuchen«, wird ihm höflich, aber bestimmt von Oberstleutnant Kang Song Nam geraten. Dennoch bietet sich dazu eine absolut gefahrlos anmutende Möglichkeit in der mittleren einer Reihe von Baracken, durch die sich die besagte, aus einem eher unscheinbar wirkenden Betonstreifen bestehende Demarkationslinie quer durch Tische und sonstiges Mobiliar zieht. In dieser Baracke kann man sich frei von Nord nach Süd und von Süd nach Nord bewegen – vorausgesetzt, dass die Tür nach Süden verschlossen bleibt, wenn die Baracke von Norden her betreten

wird, und umgekehrt. Panmunjom hat seine eigenen, zum Teil bizarren, weiterhin vom Kalten Krieg geprägten Gesetze. Und es gibt so
manche Rätsel auf, wie sich auf der Fahrt entlang der als Demilitarisierte Zone bezeichneten, in Wahrheit jedoch hochgerüsteten innerkoreanischen Grenze zeigen soll.

In der über 300 000 Einwohner zählenden nordkoreanischen
Grenz- und Frontstadt Kaesong wird der Besucher aus dem fernen
Westen in mancherlei Hinsicht auf Panmunjom eingestimmt. Dazu
trägt nicht zuletzt Kaesongs nachgerade frohgelaunter Bürgermeis-
ter bei, der zu einem recht üppigen Mittagsmahl geladen hat. Er
hebt sich von den Funktionären, die mit dem fremden Gast aus
Pjöngjang angereist sind, überaus vorteilhaft ab: durch eine Rede-
lust sondergleichen, in der so gut wie kein Parteichinesisch anklingt,
durch eine erstaunliche Mitteilsamkeit und eine nachhaltig prakti-
zierte Vorliebe für harte Getränke. Die amtlichen Begleiter aus der
nordkoreanischen Kapitale reagieren auf die Ungezwungenheit des
Bürgermeisters mit wachsendem Unbehagen und kommen schließlich zum Ernst der Sache, indem sie ihrem Gast vor der Weiterfahrt
nach Panmunjom die Lektüre einer Anleitung für gediegenen Journalismus empfehlen.

Mit einer diesbezüglichen Kostprobe hatte noch in Pjöngjang bereits Kang Dok So, seines Zeichens Chefredakteur des Parteizentral-
organs *Rodong Sinmun*, aufgewartet. »Jetzt werde ich Ihnen eine
Geschichte erzählen, die wir bisher nicht einmal unseren Lesern anvertraut haben«, sagt er mit geheimnisvoller Stimme. Nur die Re-
daktion wisse davon. Wovon? Dass die Gärtner im Palast des Großen Führers nach dessen Ableben im Sommer 1994 von seinem
Lieblingsobstbaum die Früchte gepflückt und diese Kim Jong Il, seinem Sohn, dargereicht hätten. Der aber habe sie dem Redaktions-
kollektiv der Parteizeitung zum Geschenk gemacht. Kang Dok So,
der den 1,5 Millionen Beziehern des Parteiorgans diesen Großmut
des Geliebten Führers aus unbekannten Gründen vorenthalten zu
müssen glaubt, verrät dem Besucher ferner, dass in Wahrheit Kim
Jong Il der »Ehrenchefredakteur« sei. Ihm würden die wichtigsten
Artikel vor dem Druck zur Begutachtung vorgelegt, er korrigiere
»Fehler in unserer Analyse«. Er, Kim Jong Il, habe einen »neuen
Stil« eingeführt und gebe konkrete Anweisungen im Sinne seines
verstorbenen Vaters, der wieder und wieder gesagt habe, Journalisten seien nun einmal »Mund, Ohren und Nase der Partei«.

In Kaesong nun wird dem Reisenden nach dem munteren Mittagsmahl mit dem Stadtoberhaupt zur Rückkehr in die nordkoreanische Wirklichkeit ans Herz gelegt, sich wenigstens für eine halbe Stunde in eine Schrift des »großen Lehrers der Journalisten« zu vertiefen. Darin gibt Kim Jong Il, um ein Beispiel von vielen zu nennen, den Radiosprechern seines Landes zu verstehen: »Jedes Wort, das ihr in die Mikrofone sprecht, muss die Herzen der Volksmassen ergreifen, muss sie kräftig inspirieren, muss den Feind wie eine Bombe in Angst versetzen, muss den feurigen und edlen Gedanken, Gefühlen und Bestrebungen unseres Volkes Ausdruck geben, das für die Revolution arbeitet und kämpft.« Besagtes Volk bekommt das alles im Ein-Kanal-Ton zu hören, denn mehr geben die Radios hier nicht her. Muss es da nicht als eine Provokation empfunden werden, dass der Besucher, von dem, wie ihm zuvor bedeutet worden war, »ein paar kleine Gastgeschenke« erwartet wurden, unter anderem ein Transistorradio mit großem Kurzwellenbereich im Reisegepäck hat? Der Geliebte Führer wisse dieses Geschenk zu schätzen, sagt sein Außenminister, der es zuvor entgegengenommen hat, ohne kundzutun, was damit geschehen werde. Und Kim Jong Il bedankt sich tags darauf sogar nicht nur schriftlich, sondern mit den Gesammelten Werken seines Vaters, drei Flaschen Ginseng-Likör und einer muschelbesäten Vase aus Pappmaché. Selbst das Parteizentralorgan berichtet über das Gastgeschenk für den Geliebten Führer. Für den Gast bedeutete das Vorzugsbehandlung, ob in Pjöngjang, der Hafenstadt Nampo, Kaesong oder eben Panmunjom.

Knapp 30 Kilometer nordöstlich von Panmunjom taucht das Dorf Kuhwa im Landkreis Zangpung auf. Mit Kuhwa hat es seine besondere Bewandtnis. Von hier aus soll das eigentliche »Schandmal« südkoreanischer Politik am besten zu sehen sein: eine Mauer, »schlimmer als einst die Berliner«, die »nicht einmal von Tieren, Vögel ausgenommen, überwunden werden kann«. Der Blick durch den Feldstecher verliert sich in diesiger Ferne, ohne dass zu sehen wäre, was die Halbinsel nach nordkoreanischer Darstellung auf der gesamten Länge von 420 Kilometern trennen soll: »Eine Mauer, zehn Meter breit unten, drei bis vier Meter oben und sieben bis acht Meter hoch.« Das einzige, was deutlich auszumachen ist, sind drei südkoreanische Stellungen jenseits eines breiten Tals. Wie auf Kommando beginnen von dort aus Lautsprecher zu plärren, die offenbar höchst Subversives verbreiten. Jedenfalls können nach eigenem

Beteuern weder der nordkoreanische Begleitoffizier noch der zivile Dolmetscher verstehen, was der Feind da über die Grenze hinwegposaunt. Fernes Donnergrollen hingegen vermögen beide auf Anhieb als »Kriegsvorbereitungen« der Gegenseite zu identifizieren.

Die Grenzen zwischen Dichtung und Wahrheit sind hier besonders fließend, faustdicke Lügen manchmal gar in Stein gemeißelt. So steht auf einer Gedenktafel vor dem Gebäude, in dem am 27. Juli 1953 nach 575 Verhandlungsrunden der nordkoreanische Generalstabschef Nam Il und – namens der Vereinten Nationen – der amerikanische Generalleutnant William Harrison das Ende des Koreakrieges mit einem Waffenstillstandsabkommen besiegelt hatten, zu lesen: »Die US-Imperialisten, die am 25. Juni 1950 einen Aggressionskrieg gegen Korea entfesselten, haben am 27. Juli 1953 hier, vor dem koreanischen Volk kniend, das Waffenstillstandsabkommen unterzeichnet.« Oberstleutnant Kang Song Nam fügt in ergänzender Entstellung der Geschichte hinzu, die Amerikaner hätten das Abkommen damals in einem kleinen Zelt unterzeichnen wollen, um ihre Niederlage – die in Wahrheit eine des kommunistischen Teils der Halbinsel war – vor den Augen der Öffentlichkeit zu vertuschen. »Wir aber haben auf einen Unterzeichnungsakt in angemessenem Rahmen bestanden und dafür hier in fünf Tagen dieses Gebäude errichtet.«

Längst besteht das Abkommen in wichtigen Teilen nur noch auf dem Papier, seit sich die Nordkoreaner 1994 kurz vor dem Tod Kim Il Sungs aus der Militärischen Waffenstillstandskommission zurückzogen und stattdessen eine »Repräsentanz der Volksarmee« schufen. Sie taten das damals aus Protest gegen den Versuch der Amerikaner, ihnen einen südkoreanischen General als Gegenpart »zuzumuten«. Die direkten nordkoreanisch-amerikanischen Kontakte wurden eingestellt, und auch die Chinesen wirkten in der Beobachtergruppe auf nördlicher Seite fortan nicht länger mit. Zu jener Zeit sah sich Südkorea vom Norden noch als Hölle auf Erden dargestellt. Pjöngjang zeigte sich außer Rand und Band darüber, dass der damalige südkoreanische Präsident Kim Young Sam jedwede Beileidsbekundungen für den verstorbenen nordkoreanischen Diktator untersagt und stattdessen seine Streitkräfte in Alarmbereitschaft versetzt hatte.

Von Panmunjom aus gesehen liegt die südkoreanische Hauptstadt ungleich näher als das etwa 160 Kilometer entfernte Pjöngjang.

Gleichwohl ist die nordkoreanische Kapitale von hier aus kaum weniger rasch zu erreichen als sein Pendant im Süden. Die schnurgrade Straße nach Pjöngjang hat nahezu Autobahnqualität und wird überdies so gut wie nicht befahren. Auf der gesamten Strecke Kaesong–Pjöngjang, die durch eine hügelige Landschaft mit insgesamt 19 Tunnels führt, lassen sich zwei Autos in Richtung Hauptstadt und drei in Gegenrichtung ausmachen. Umso mehr Fußgänger sind unterwegs. Sie haben offenkundig lange Strecken zurückzulegen, denn Siedlungen oder landwirtschaftliche Betriebe sind in dieser Gegend so gut wie nicht zu entdecken. Die Zahl der Autos wird von jener der Straßenkehrerinnen um ein Vielfaches übertroffen. In Kolonnenstärke halten sie die panzerfeste Piste dermaßen sauber, dass sie wie ein unendlicher Kasernenhof wirkt.

Anne Schneppen

Prada und Pellkartoffeln.
Sehnsuchtstour ins Kumgang-Gebirge

(2004)

»Haben Sie Angst?« Die Frage der südkoreanischen Fremdenführerin kommt just, als der Bus in die Demilitarisierte Zone (DMZ) vorstößt. Das Spiel mit der Spannung gehört zum Service, wenn man als Tourist die nordkoreanische Grenze passiert. Das Verhalten hinter dem Eisernen Vorhang ist streng reglementiert. Jetzt, da sich die Soldaten des Geliebten Führers im synchronen Stechschritt dem Bus nähern, warnt Frau Jung: »Nicht grüßen und nicht lächeln!« An der gefährlichsten Grenze der Welt, so die Botschaft, könnte schon die kleinste Höflichkeit als Provokation ausgelegt werden. Die Regieanweisungen wirken: Die Touristen schweigen eisern. Die kontrollierenden Soldaten auch.

Auf einer provisorischen Schotterstraße geht die Reise weiter Richtung Norden, rechts erscheint ab und an das Meer, links Krater und Felsen, eine karge, faszinierende Mondlandschaft. Alle paar hundert Meter steht ein einsamer Soldat Spalier, so steif und bewegungslos, als wäre er Teil eines zeitlosen Stilllebens. Wieder holt Frau Jung, die vom Hyundai-Unternehmen entlohnte Begleiterin, ihre Gruppe in die politische Wirklichkeit zurück: Fotografieren verboten. Nordkoreas bizarre und bizarr bewachte Natur am Wegesrand gehört nicht in südkoreanische Reisealben.

Kumgangsan, das Diamantengebirge, liegt etwa eine Stunde nördlich der Minen und des Stacheldrahts. Die in ganz Korea bewunderten Felsformationen sind die einzige Attraktion in Nordkorea, die südkoreanischen Touristen zugänglich ist. Seit fünf Jahren erschließt der Hyundai-Konzern dieses Gebiet. Er schuf einen kapitalistischen Freizeitpark, ein südkoreanisches Disneyland im dynastischen Kim-Staat. Bis vor einem halben Jahr musste man mit Kreuzfahrtschiffen aus Südkorea anreisen, jetzt ist die Landroute entlang der Ostküste offen, Potenzial für einen größeren Touristenstrom. Tag für Tag sind es jetzt etwa 500, die die Grenze durch die

DMZ passieren. Seit 1998 haben rund 640 000 südkoreanische Touristen die Diamantenberge besucht, 40 000 davon auf dem Landweg. Es gibt erstmals seit 50 Jahren ein Loch in der undurchlässigen Mauer zwischen Süd- und Nordkorea, ein Symbol innerkoreanischer Kooperation in Zeiten verhärteter Fronten.

Von einem »friedenserhaltenden Geschäft zwischen Nord und Süd« spricht Jang Whan Bin, der für Finanzen und Investoren zuständige Vizepräsident von Hyundai Asan. Doch ein Geschäft ist es bislang nur für die Nordkoreaner. Für jeden Reisenden zahlt das südkoreanische Unternehmen eine Prämie von 50 Dollar. Insgesamt rund 1,1 Milliarden Dollar hat Hyundai Asan bis heute in das defizitäre Projekt investiert. Dafür vergrößert Südkorea für die Dauer von zunächst 30 Jahren sein Territorium. Und das Regime in Pjöngjang, das auf harte Devisen mehr denn je angewiesen ist, gewährt einen höchst kontrollierten Blick in sein abgeschottetes Reich.

Damit nur ja kein Zweifel aufkommt: Im Hyundai-Park haben die Südkoreaner das Sagen, und wer will, bekommt kaum mit, dass er in Nordkorea ist. Das beginnt schon hinter der Quarantänestation, bei der Begrüßung durch zwei als tapsige Braunbären verkleidete Hyundai-Angestellte. Mehrmals am Tag werden die Gäste zur umzäunten Unterhaltungsinsel gekarrt, wo südkoreanische Popmusik aus Lautsprechern schallt. Die Wände der Baracken sind mit Kodak-Werbung gepflastert, im »Familymarket« kann man sich wie in Seoul mit Snickers und Coca-Cola eindecken. Sogar ein »Duty Free Shop« musste her, mit den Ikonen des Kapitalismus Prada, Gucci und Bulgari. Luxus in der nordkoreanischen Einöde. Am Abend werden die Touristen zur Entspannung in eine künstliche Badelandschaft entführt, wo sie sich an japanischen Spielkonsolen Autorennen liefern. Untergebracht sind sie in kanadischen Blockhütten oder einem angedockten Hotelschiff mit dem passenden Namen »Fantasy Land«.

Ein erster Blick hinter die Fantasie-Kulisse eröffnet sich beim Klettern in den sagenumwobenen Kumgang-Bergen, die jeder Koreaner einmal im Leben besuchen sollte. Selbst in der Abgeschiedenheit der Gipfel ist der Führerkult lebendig, an Hunderten Inschriften auf den Felsen abzulesen. Wo immer Staatsgründer Kim Il Sung eine Rast einlegte, um die spektakuläre Aussicht zu bewundern, ist dies für die Nachwelt vermerkt. »Hinabgestiegen vom Himmel«, heißt es weiterhin sichtbar auf einer Hügelkuppe.

Die Südkoreaner, die zum ersten Mal die fremd gewordene Heimat betreten, suchen aus der Distanz des Reisebusses nach Spuren nordkoreanischen Alltags. Sie fahren vorbei an fast menschenleeren Siedlungen, die sich hinter mannshohen Mauern verbergen. Die Häuser sehen alle gleich aus, lang gezogene, flache Baracken, in Reih und Glied. »Wie mein Heimatdorf in den sechziger Jahren«, bemerkt ein Südkoreaner erstaunt. Doch die Zeit ist hier nicht stehen geblieben. Wer nach vier Jahren in die Hyundai-Enklave im Norden zurückkehrt, sieht deutliche Veränderungen. Auf den Straßen zwischen den Siedlungen sind jetzt viele Menschen mit Fahrrädern unterwegs, die keinen klapprigen Eindruck machen. Es raucht aus Schornsteinen. Einige Häuser haben einen frischen Anstrich bekommen. Manche Fensterläden sind grün lackiert, ein paar gezielte Farbtupfer im trostlosen Grau des Alltagskommunismus. Es kann gut sein, dass diese arme ländliche Region von dem Hyundai-Projekt profitiert, es kann aber auch genauso gut sein, dass sich die Dirigenten in Pjöngjang, die für gewöhnlich nichts dem Zufall überlassen, gerade hier nicht die Blöße geben wollen.

Doch die eigentlichen Veränderungen zeigen sich in den Begegnungen: generell limitiert, oft nur flüchtig, teilweise aber auch intensiv und beinahe herzlich. »Anfangs gab es Unsicherheit auf beiden Seiten. Die Südkoreaner haben wohl gedacht, wir tragen Hörner«, sagt ein nordkoreanischer Aufseher in den Bergen. »Doch wir haben das gleiche Blut, die gleichen Sitten und die gleiche Sprache.« Vor vier Jahren wäre er wohl noch eingeschritten, hätten sich ein Süd- und ein Nordkoreaner allzu lange ausgetauscht. Inzwischen ist er selbst auf Unterhaltung aus. Die deutsche Wiedervereinigung ist ein beliebtes Thema, wobei immer wieder klargestellt wird, dass man sie nicht für allzu gelungen hält: »Wir wollen keine Einverleibung«, sagt der nordkoreanische Aufpasser. Die koreanischen Staaten müssten sich »Schritt für Schritt« annähern, ohne »Beeinflussung von außen«. Solange die amerikanischen Truppen den Süden »besetzen«, könne es nicht zu einer Vereinigung kommen. Das hält den Mann nicht davon ab, in die Zukunft zu schauen: »Südkorea hat eine starke Wirtschaft und Nordkorea ein starkes Militär, zusammen wären wir ein starkes Land.«

Die südkoreanischen Reiseführer bläuen ihren Gruppen ein, nicht über Politik oder Wirtschaft zu reden. Doch genau diese Themen interessieren. Amerika ist für die Nordkoreaner ein Kriegstreiber:

»Die Imperialisten wollen unser Land angreifen, die Aussöhnung torpedieren, Nord-Süd-Projekte wie an den Kumgang-Bergen verhindern.« Außerdem könne man Amerika ohnehin nicht trauen, wie man an der Korean Energy Development Organization (KEDO) sehe. Die KEDO hätte bis Ende 2003 zwei Leichtwasserreaktoren bauen sollen. »Doch sie hat ihr Versprechen gebrochen.« Das sind Vorwürfe, die man immer wieder hört, wie man sie auch von den Meldungen der staatlichen Nachrichtenagentur KCNA kennt.

Vor vier Jahren war manchem Nordkoreaner am Kumgang-Gebirge nicht einmal klar, dass der DDR-Staatschef Erich Honecker schon einsam im Exil gestorben war. Jetzt wird man über die im Februar anstehende zweite Runde der Sechs-Parteien-Gespräche in Peking befragt und über den Vorwahlkampf der Demokraten in den Vereinigten Staaten. »Können Sie uns John F. Kerry beschreiben? Was ist seine Nordkorea-Politik? Hat er wirklich Chancen, gegen George W. Bush im November zu gewinnen?« Unverhohlen schwingt die Hoffnung auf einen Wechsel in Washington mit. Die große Weltpolitik ist kein Tabu mehr, unbeantwortet bleiben andere Fragen: Wie oft isst Ihre Familie Fleisch? Wie ist die medizinische Versorgung Ihrer Kinder? Haben Sie zu Hause Strom?

Entlang der Wanderroute treibt der Kapitalismus inzwischen nordkoreanische Blüten. Für die Einheitstoiletten werden unterschiedliche Gebühren verlangt: einen Dollar für das kleine, vier Dollar für das große Geschäft. In einem Andenken-Laden werden zu überhöhten Preisen Schnitzereien und Vasen angeboten, zu bezahlen in Feindeswährung, amerikanischen Dollar. Ein erst vor einem Jahr eröffnetes nordkoreanisches Restaurant – eines von dreien im Kumgang-Gebiet – macht offenbar so gute Geschäfte, dass der Bau schon erweitert wird. Bereits jetzt im Februar sind Tische ins Freie gestellt worden, ohne die Genehmigung des Hyundai-Unternehmens, das eigentlich die exklusiven Wirtschaftsrechte hat. Hier servieren adrette Nordkoreanerinnen Pellkartoffeln mit Sesam und Reiswein als erste Stärkung nach dem Abstieg vom Kumgangsan. Der Berg ist bezwungen, der Alkohol zeigt Wirkung. In diesem sentimentalen Gemisch der Gefühle und der anstehenden Heimreise bittet ein alter Südkoreaner eine Kellnerin zum Tanz. Zum Abschied wird offen geflirtet: »Sie sind so schön, das nächste Mal bringe ich meinen Sohn mit.« Innerhalb des starren Korsetts der Regeln und Verbote ist mehr möglich, als man denkt. Begegnungen am Rande, mit Offiziellen und Zivilisten, sogar mit Soldaten im Dienst ist ins Gespräch zu kommen, die leidlich Englisch können.

In der Zentrale von Hyundai Asan in Seoul hegt man große Hoffnungen für das Projekt, obwohl es bislang nur Verlust eingebracht hat und geheime Zahlungen an den Norden inzwischen belegen, dass der Süden den »historischen Gipfel« zwischen Kim Dae Jung und Kim Jong Il im Sommer 2000 erkauft hat. »Die Nordkoreaner zeigen sich uns gegenüber mehr und mehr kooperativ und interessiert am Geschäft«, sagt Jang Whan Bin. »Wenn die Nuklearkrise beigelegt ist, erwarten wir noch deutlich mehr Entgegenkommen.« Er hofft, dass dann auch die Zahl der Touristen ansteigt und die Subventionen aus Seoul wieder fließen. Beraten von der Welt-Tourismus-Organisation, plant Hyundai Asan in dem Gebiet zwischen Wonsan und Haekumgang eine umfangreiche Expansion. Dazu gehören Strände, Skipisten, Golfplätze, neue Hotels und ein Flugplatz. Sollten die Nordkoreaner einwilligen, will man sogar das – immerhin von mehreren tausend Menschen bewohnte – Küstenstädtchen Kosong in eine Art Folklore-Museumsdorf verwandeln, damit die Gäste sehen können, »wie man in Nordkorea so lebt«. Verwegen stellt man sich vor, dass zum Jahr 2010 jährlich mehr als 1,3 Millionen Touristen ins Kumgang-Gebiet reisen werden. Unterdessen wird 70 Kilometer nordwestlich Seouls in Nordkorea die Industriezone Kaesong entwickelt, ebenfalls unter Leitung von Hyundai Asan.

Kritikern, die zu bedenken geben, dass letztlich nur das Regime in Pjöngjang von den Investitionen profitiert, hält man entgegen, dass sie auch ein Schritt in Richtung Öffnung und Marktwirtschaft seien. Zur Versorgung der Touristen betreibt Hyundai Asan sogar ein seltenes interkoreanisches Joint Venture: In Gewächshäusern werden Chinakohl, Salat und Tomaten gezogen. Land und Arbeitskräfte werden von Nordkorea gestellt. Die Produktivität soll fünfmal höher sein als in einem gewöhnlichen Agrarbetrieb. In Kürze wollen die südkoreanischen Geschäftsleute im ehemaligen nordkoreanischen Gästehaus ein Hotel eröffnen, das als erstes einheimisches Personal beschäftigt. Der Monatslohn wird umgerechnet 57 Dollar betragen. Zum Vergleich: Die südkoreanischen Sehnsuchtstouristen zahlen für ein Abendessen in den Kumgang-Bergen 25 Dollar.

Britta-Susann Lübke

Das Märchenland meiner Kindheit.
Die Rückkehr meines Vaters nach Hamhung

(2002)

Die Märchen meiner Kindheit spielten in einem Land, in dem es zauberhafte Orte gab: den Acht-Drachen-Berg, das Diamantengebirge, den 1000-Monde-Fluss. In jenem Land trugen mandeläugige Menschen weiße, fließende Gewänder, tanzten Schamanen vor alten Tempeln, erklangen wilde Trommelwirbel und fremdartige Gesänge. Ich konnte nicht genug kriegen von diesen Geschichten, die meine Eltern mir erzählten. Dieses Land musste es tatsächlich geben, irgendwo am anderen Ende der Welt, schließlich waren meine Eltern dort gewesen, bewiesen stumme Schwarz-Weiß-Filme und Tausende Dias seine Existenz, war unsere Wohnung doch bevölkert von Buddhas und Tusche-Bildern, Ess-Stäbchen und rätselhaften Rechenbrettern.

Trotzdem blieb es so unerreichbar wie ein Märchenland, ein weißer Fleck auf der Landkarte. Und so hatte ich als Kind das aufregende Gefühl, meine Eltern seien die Hüter eines einzigartigen Schatzes, Besitzer von Bildern und Erfahrungen aus einem Land, das niemand sonst gesehen hat. Das Märchenland meiner Kindheit war Nordkorea. Es nährte zwei Sehnsüchte in mir: Ich wollte meinen Vater noch einmal zurückbringen in das Land, das ihn nie losgelassen hat, und ich wollte es einmal mit eigenen Augen sehen. Doch diese Wünsche blieben flüchtig und irreal wie eine Fata Morgana.

Sie drängten sich wieder in mein Bewusstsein, als ich Fernsehjournalistin geworden war und begriff, dass die alten Filme meiner Eltern wirklich ein Schatz waren, einzigartiges dokumentarisches Material. Über 20 Jahre war in mir der Plan gereift, das Wiedersehen meines Vaters mit Nordkorea zu filmen. Dann beschloss ich, ihn in die Tat umzusetzen. Nach zweijährigen Recherchen richtete ich meine Anfrage an die Botschaften in Berlin und Pjöngjang – und erntete Schweigen. Wieder beschlich mich das Gefühl, dieses Land existiere vielleicht nur in den Geschichten meiner Kindheit.

Im September 2002 erhalte ich plötzlich doch eine Antwort. Wir sind eingeladen, für zwölf Tage Nordkorea zu besuchen. Der Traum wird Wirklichkeit. Als mein Vater, der Diplom-Ingenieur Wilfried Lübke, Korea verließ, war er 27 Jahre alt, nun kehrt er mit 72 noch einmal zurück.

Eine dreiköpfige Delegation begrüßt uns auf dem Flughafen von Pjöngjang: Herr O, unser Dolmetscher und Generalsekretär des Koreanisch-Deutschen Freundschaftsvereins, Herr Ryu vom Komitee für kulturelle Beziehungen mit dem Ausland und ein Fahrer. Von diesem Moment an werden sie uns nicht mehr von der Seite weichen. Wir erfahren erst hier, dass man die von mir eingereichten Wünsche erfüllen will und wir tatsächlich nach Hamhung, das heute Sperrgebiet ist, fahren werden. Wie hatte doch der Botschaftsrat in Berlin gesagt: »Wir Koreaner vergessen nie, wer uns Gutes getan hat.«

Hamhung liegt etwa 400 Kilometer nordöstlich von Pjöngjang. Dort hatten meine Eltern 1956/57 gelebt. Sie waren Mitglieder der deutschen Arbeitsgruppe, welche die im Koreakrieg völlig zerstörte Stadt wiederaufbauen half. 450 Fachleute, Handwerker, Ingenieure, Architekten und Städteplaner aus der DDR leisteten zwischen 1953 und 1962 diese »sozialistische Bruderhilfe«.

Doch zunächst zeigt man uns stolz die Hauptstadt. Als mein Vater Pjöngjang zuletzt gesehen hatte, war es von 400 000 amerikanischen Bomben nahezu ausradiert. Jetzt stehen hier gigantische Sportstadien und Marmorpaläste, es gibt breite Boulevards und prachtvoll mit Wandmosaiken und Riesenlüstern geschmückte U-Bahn-Stationen. Überall heroische Wandbilder, die Plätze umringt von Lautsprecheranlagen, aus denen permanent revolutionäre Lieder und Parolen plärren. Die Koreaner verbeugen sich vor der gigantische Statue des Großen Führers, legen Blumen nieder, schießen Hochzeitsfotos. Wir erhalten die Ehre, Mangyongdae, den legendären Geburtsort Kim Il Sungs, zu besichtigen. Im Mausoleum des Großen Führers werden wir an endlosen Schlangen geduldig wartender Koreaner vorbeigeschleust, um ihn persönlich in seinem Glassarg zu sehen. Das Ganze hat für mich etwas so Unwirkliches wie eine überdimensionierte Filmkulisse.

Am nächsten Tag brechen wir auf nach Hamhung. Auf der vierspurigen Autobahn ist unser gelber Kleinbus das einzige Fahrzeug. Frauen fegen die fallenden Blätter mit Reisigbüscheln von der Fahrbahn. Hin und wieder sehen wir am Straßenrand liegen gebliebene Militärlaster und Soldaten, die mit Spaten Gräben ausheben. Dieser Anblick wird uns bis Hamhung verfolgen. Die Soldaten verlegen ein Telefonkabel dorthin. Ich frage mich angesichts des offenkundigen Treibstoffmangels insgeheim, ob Nordkorea technisch überhaupt in der Lage ist, eine Atombombe zu bauen.

Wenige Kilometer hinter Pjöngjang ist die Autobahn zu Ende. Die Straße wird immer schmaler, windet sich durch Reisfelder und an Flusstälern entlang Richtung Norden. Mein Vater und ich sind schweigsam, starren aus dem Busfenster, jeder von uns saugt begierig die Bilder auf, die an uns vorüberziehen. Mein Vater sucht nach Vertrautem in seinen Erinnerungen. Ich fühle mich, als sei ich in die Leinwand hineingeklettert, auf der die alten Filme meines Vaters flimmerten.

»Wir sind tatsächlich in Nordkorea«, sage ich zu ihm.

»Ja, ich bin wieder da, und es ist, als wäre ich nicht weggewesen.«

Auch mir ist alles merkwürdig vertraut. Wie sehr sich die Bilder gleichen, denke ich, die alten Aufnahmen meiner Eltern und die Eindrücke heute, 45 Jahre später. Wir kommen durch kleine Dörfer. Die einfachen Häuser hängen voller roter Paprikaschoten, gelbe Maiskolben werden auf den Dächern getrocknet, Kürbisse stapeln sich vor der Tür. Sorgfältig wird gehortet, was der Herbst hergegeben hat, es muss in den kommenden Monaten das Überleben sichern. Der Winter, ohne Heizung, ohne Strom, bei Temperaturen bis zu minus 30 Grad, wird bitter. Jetzt aber sieht alles idyllisch aus im milden Herbstlicht. Kinder laufen herbei, bestaunen uns wie Wesen von einem fremden Stern und lachen uns an. Goldgelbe Reisfelder, umrandet von rosa blühenden Cosmeen, werden abgeerntet. Hunderte von Menschen, barfuss, nur mit einer Sichel in der Hand und kilometerweit zu Fuß unterwegs.

Es ist wirklich still im Land der Morgenstille. Es ist die Stille einer vorindustriellen Gesellschaft. Verkehrsmittel gibt es nicht, auch keine landwirtschaftlichen Maschinen, oder zu wenig Treibstoff und Ersatzteile, um sie zu betreiben. Die Reisernte ist wieder harte Handarbeit, wie damals, als mein Vater hier war. Es tut ihm weh zu sehen, dass das Land trotz aller Mühen auf den Stand der fünfziger Jahre zurückgefallen ist. »Die Koreaner haben es nicht verdient«, sagt er, sie seien doch schon auf dem Weg gewesen in die Industrialisierung.

Dafür hatte die Hilfe der Deutschen, Tschechen, Polen und Sowjets den Anschub gegeben. Die DDR hatte Medikamente, Kleidung und Baumaterial geliefert, das auch im Nachkriegsdeutschland dringend gebraucht wurde. Wochenlang waren die Eisenbahnwaggons unterwegs für die 13 000 Kilometer lange Strecke. Die DDR hat aber vor allem Menschen geschickt, die mit Engagement und Improvisationstalent ihr Wissen weitergaben und die Koreaner ausbildeten, damit sie selbst ihr Land entwickeln können. Bis in die siebziger Jahre hinein gab es einen Aufschwung, doch Abschottung gegen Innovationen von außen, die Energiekrise und der Zusammenbruch des kommunistischen Marktes in Osteuropa trugen zum jetzigen Niedergang bei. »Wir sind auf dem Weg des Schweren Marsches«, sagen unsere Begleiter, ein Begriff, der in der Zeit des schlimmsten Hungers Mitte der neunziger Jahre geprägt wurde.

Auf unserer Fahrt wird es immer einsamer, gebirgiger, runde Bergketten staffeln sich bis zum Horizont, leuchten in allen Blautönen im Abendlicht und hüllen sich in aufsteigende Nebel. Aus dem Kassettenrekorder unseres Busses erklingt die aktuelle Pop-Musik des Landes. Melancholie in Moll. »Ein schönes Land«, sagt mein Vater, und ich kann ihn verstehen.

Es ist schon fast dunkel, als wir Hamhung erreichen. Nach der abenteuerlichen Fahrt über die holprige Landstraße tut sich plötzlich eine breite Straße auf. Wir fahren über eine Brücke. Sie führt über den Sonchongang, den 1000-Monde-Fluss. Dahinter ragt der Palyonsan auf, der Acht-Drachen-Berg. Für mich nehmen die märchenhaften Orte meiner Kindheit hier Gestalt an, bei meinem Vater werden Erinnerungen wach. Ein breiter Boulevard führt schnurgerade durch die Stadt. Es ist die erste Hauptstraße, die die Deutschen durch die zerstörte Stadt bauten, die ehemalige Wilhelm-Pieck-Allee.

Nachdem unser Dolmetscher der örtlichen Provinzverwaltung unser Eintreffen gemeldet hat, verlassen wir die Stadt wieder. Unsere Unterkunft für diesen Abend liegt eine halbe Stunde außerhalb, in Hungnam am Japanischen Meer, das die Koreaner Ostmeer nennen. Es ist stockdunkel, wieder einmal Stromausfall. Mit Taschenlampen tasten wir uns zu drei zweigeschossigen Häusern. Wir werden einzeln im Obergeschoss untergebracht, im Erdgeschoss zieht je einer unserer Begleiter ein. Als es wieder Strom gibt, werden wir in den Nebenraum eines Restaurants geführt und dort, wie immer auf dieser Reise, reichlich mit leckeren Speisen, einheimischem Bier und Schnaps versorgt. Dann gehen wir zu Bett, doch ich kann nicht schlafen. Die Bilder dieses langen Tages überlagern sich im Kopf. Durch das Fenster rauscht die Brandung des Ostmeeres herein.

Am nächsten Morgen stehen wir früh auf. Mein Vater möchte den Sonnenaufgang über dem Meer sehen, das er immer so geliebt hat und an dem es den Tokil-Badestrand gab, den Strand der Langnasen. Es ist ein perfekter Morgen um sechs Uhr früh. Mein Vater entschließt sich spontan, in die Fluten zu springen, und schwimmt ein Stück weit hinaus, belustigt beobachtet von inzwischen vier Bewachern, die immerhin ihre Füße ins Wasser halten. Dann fahren wir zurück nach Hamhung. Unterwegs fallen uns große Radaranlagen auf, die auf das Ostmeer gerichtet sind. Jenseits des Meeres liegt Japan, der verhasste Besatzer, der Korea 35 Jahre lang grausam unterdrückte.

Unsere erste Handlung an diesem denkwürdigen Tag ist schon vorbereitet. Man hat für uns einen Kranz bestellt, den mein Vater und ich an der überlebensgroßen Bronzestatue Kim Il Sungs niederlegen sollen. Sie steht auf dem Acht-Drachen-Berg, umgeben von einem akribisch gepflegten kleinen Park und umweht von süßlichen, aus Lautsprechern plätschernden Sphärenklängen. Früher stand dort ein kleiner Aussichtspavillon. 1956 ist mein Vater Kim Il Sung hier persönlich begegnet, hat ihm sogar die Hand geschüttelt. »Diesen Führerkult hat es damals nicht gegeben«, sagt mein Vater.

Hamhung wurde bereits im 12. Jahrhundert gegründet, bei der Ankunft der Deutschen war es zu 90 Prozent zerstört. »Die Menschen hausten in Erdlöchern, in den ersten Jahren gab es noch Hungertote in den Straßen«, erinnert sich mein Vater. Die Deutschen konzipierten die Stadt neu, bauten Wohnhäuser, Schulen, Krankenhäuser und ein Heim für die vielen Kriegswaisen. Mein Vater baute die Wasserversorgung auf. Damals hatte Hamhung 170 000 Einwohner, heute sind es 700 000. Die Stadt war und ist einer der wichtigsten Industriestandorte Nordkoreas. In einer langen Reihe haben wir Fabriken am Horizont vorbeiziehen sehen. Sie machten einen maroden Eindruck.

Und doch, anders als im kulissenhaften Pjöngjang habe ich hier das Gefühl, in einer echten Stadt mit geschäftigem Alltagsleben zu sein, einem Leben voller Härte und Entbehrung. Es sind viele Menschen eilig zu Fuß unterwegs, Frauen tragen in traditioneller Weise die Kinder auf dem Rücken und Lasten auf dem Kopf. Durch die Straßen knattern Autos und LKWs, schwarze Rußwolken hinterlassend. Daneben ziehen Ochsenkarren entlang, ohne Bereifung, nur auf der Stahlfelge. Auf hölzernen Karren oder Fahrrädern transportieren die Menschen das, was sie an diesem Tag ergattern konnten: ein Reisigbündel oder ein paar Kohlköpfe. Männer und Frauen sitzen vor der Haustür und backen sich Briketts aus Anthrazit und Lehm, stapeln sie sorgsam als Vorrat für den Winter.

Wir fahren zum ehemaligen Zentrum des deutschen Lebens in Hamhung. Die Wohnungen und Büros der DDR-Fachleute sind mit kleinen baulichen Veränderungen restauriert. Sie beherbergen heute, so erfahren wir, das Archiv für Stadtplanung. Im Foyer des Hauptgebäudes hängt ein großes Wandgemälde, das den Besuch des Großen Führers zeigt. Auf einer Tafel ist jeder Fußabdruck verewigt, den er 1956 hinterlassen hat. Auf das neunjährige Wirken der deutschen Arbeitsgruppe und damit den Anlass seines Besuchs gibt es keinen Hinweis. Diese Beobachtung verletzt meinen Vater. Er fragt mehrfach, ob man nicht ein kleines Schildchen anbringen könnte, in Erinnerung an die Menschen, die wie er einige Jahre ihres Lebens für die Koreaner eingesetzt haben. Die Antworten bleiben vage. So etwas passt nicht zu der zur Religion erhobenen Staatsideologie Juche, nach der man alles aus eigener Kraft meistern könne.

Ein Festakt beginnt. Kinder aus Hamhung treten auf. In traditioneller Tracht spielen sie auf historischen Instrumenten Volksmusik. Ein kleines Mädchen führt einen perfekten Tanz mit einer kleinen Trommel auf, ein Junge singt mit begnadeter Stimme und in der Uniform der Jungen Pioniere das Hohe Lied auf Kim Il Sung. Mit zackigem Gruß richtet ein Mädchen an meinen Vater folgende Worte: »Wir danken dem ehrwürdigen Herrn aus Deutschland für seine Hilfe und wünschen ihm ein langes und glückliches Leben.«

Mein Vater beobachtet die Szenerie mit gemischten Gefühlen. Er erinnert sich an die ausgelassenen Feste, die die Deutschen zusammen mit den Koreanern hier gefeiert haben. Von den ehemaligen koreanischen Kollegen sind drei Männer gekommen. Sie haben ein Foto dabei, ein Gruppenbild, auf dem mein Vater als junger Ingenieur in kurzen Lederhosen zu sehen ist. Sie haben sich an ihn erinnert, an den »ehrwürdigen Herrn des Wassers«, der hier Brunnen für die Trinkwassserversorgung gebaut hat. Sie fragen nach Hans und Madeleine Grotewohl, die als Architekten das Gesicht dieser

Stadt nach dem Krieg mitgestaltet haben. Das Hilfsprojekt für Nordkorea war von Otto Grotewohl, dem Ministerpräsidenten der DDR, spontan und auf seine persönliche Initiative hin ins Leben gerufen worden. Dafür wurde er zum Ehrenbürger von Hamhung ernannt.

Mein Vater hatte gehofft, seine engsten koreanischen Mitarbeiter noch einmal wiederzusehen: die Bauzeichnerin Pak Dzung Hi, die meine Eltern damals sogar zu sich nach Hause in ihre Familie eingeladen hatte, oder den Kollegen Zang Dzung Hi von der Tiefbauabteilung, der stolz in dem blauen Anzug meines Vaters geheiratet hatte. Auch bei diesem hohen privaten Fest waren meine Eltern zu Gast. »Die sind nicht mehr«, erklärt uns Herr O, und mein Vater ist traurig darüber. So bringt ihm dieser Tag zwar sentimentale Erinnerungen, aber auch die deutliche Erkenntnis, dass 45 Jahre seit seiner Abreise vergangen sind. »Es ist«, so sagt er, »ein Zurückkommen in ein Haus, das eigentlich leer ist.« Unsere koreanischen Organisatoren wollen uns nach dem Ausflug in die Vergangenheit das neue Hamhung präsentieren, das die Koreaner selbst geschaffen haben. Wie in Pjöngjang dominieren auch hier Riesenplätze und Wohnhochhäuser. Das neue Stadttheater ist ein Prachtbau aus Marmor, 3500 Menschen finden in ihm Platz, Springbrunnen plätschern über mehrere Etagen. Auch die große Zahnklinik für den Bezirk Hamhung wird uns stolz gezeigt. Etwa 500 Patienten kämen täglich her, sagt uns der ärztliche Direktor.

Schließlich erfüllt man meinem Vater doch noch den Wunsch, das Wasserwerk, das er damals projektiert und gebaut hat, zu besichtigen. Es mutet an wie ein Technikmuseum. Die Beschriftungen an Filtern und Pumpen sind in deutscher Schrift original aus den fünfziger Jahren. Aber dass die Filteranlagen heute noch in Betrieb sind, um das Flusswasser aus dem Sonchongang zu Trinkwasser aufzubereiten, wie uns erklärt wird, erweist sich für das Auge des Fachmannes als unwahrscheinlich. »Diese Filter haben lange schon kein Wasser mehr gesehen«, sagt mein Vater resigniert.

Wir verlassen Hamhung. Auf unserer Rückfahrt nach Pjöngjang machen wir Halt an einem Stausee im Kaima-Hochland. Jahrelang wurden hier von Menschenhand Steine aufgeschichtet. Nun staut ein 112 Meter hoher Damm den Gumjingang auf. Das Wasserkraftwerk produziert täglich 6000 Kilowattstunden Strom für Hamhung. Entlang des Gumjingang sollen 16 weitere Kraftwerke gebaut werden. Mein Vater kommt mit den Mitarbeitern des Kraftwerks ganz selbstverständlich in Fachgespräche. Mit einem kleinen Motorboot machen wir einen Ausflug über den Stausee. An Bord wird ein Picknick ausgepackt, und Herr Ryu stimmt die berühmteste koreanische Ballade an, die mein Vater immer noch im Ohr hat: »Arirang«. Und während wir über den See tuckern, die bizarren Kiefern an uns vorbeiziehen und dahinter im Licht des späten Herbsttages die bunten Wälder leuchten, erleben wir einen Moment tiefen Friedens. Ich bekomme eine Ahnung von der Seele Nordkoreas jenseits aller Negativschlagzeilen und Propaganda. Ich verstehe, warum mein Vater immer gern an seine Zeit in diesem Land zurückdachte.

Am Ende unserer Reise sind wir 2000 Kilometer durch Nordkorea gefahren, von Pjöngjang nach Hamhung im Nordosten, durch das Kaima-Hochland und in das Myohyang-Gebirge, nach Süden in die alte Stadt Kaesong und nach Panmunjom, an die bestbewachte Grenze der Welt. Unsere Reiseroute folgte den Spuren meines Vaters, seiner persönlichen Landkarte der Erinnerung. Nordkorea hat ihm die Wiederbegegnung mit seiner Vergangenheit ermöglicht. Mir gab es die Gelegenheit, das Land mit eigenen Augen zu sehen und darüber für das Fernsehen zu berichten. Ich habe nicht nach Atombomben und Arbeitslagern gesucht, sondern nach der Geschichte der Deutschen in Nordkorea und nach dem Märchenland meiner Kindheit.

Ich empfand in Nordkorea Anziehung und Schrecken zugleich. Nirgends habe ich mich so außerhalb der Welt gefühlt, in einer Zeitmaschine, ohne jede Möglichkeit, Verbindung aufzunehmen zu der anderen Welt. Nirgends war ich so hilflos und angewiesen darauf, dass man uns fährt, wohin wir wollen, dass man für uns sorgt mit Unterkunft und Essen. Noch nie habe ich der eigenen Wahrnehmung so misstraut. Dieses schleichende Gefühl, als seien die Erlebnisse, zufälligen Ereignisse und Begegnungen vielleicht nur Teil einer ausgeklügelten Inszenierung; als könnten die Orte und Dinge, ganze Marmorpaläste, die wir sehen, betreten, filmen, sich hinter uns in Luft auflösen, sobald wir ihnen den Rücken kehren.

Und auch heute, ein Jahr danach, kommt es mir manchmal vor, als hätte ich all das nur geträumt. Dann lege ich die nordkoreanische CD mit den melancholischen Popmelodien auf, die mir Herr O zum Abschied geschenkt hat, und nehme die kleine Holzdose, in der die Früchte des 1000-jährigen Ginkgobaumes liegen, die ich vorm Kloster Pohyon im Myohyangsan, dem »Gebirge der wundersamen Düfte«, aufgesammelt habe. Und dann weiß ich wieder, dass der Traum wahr geworden ist. Und dass es Zeit ist für eine neue Vision: dass man einfach nach Nordkorea reisen kann und in ein Land käme, in dem die Menschen nicht mehr hungern und keine Angst mehr haben müssen vor dem eigenen Staat. Dass das koreanische Volk, seit 50 Jahren geteilt, zusammenwächst und die Ressourcen des Landes gemeinsam nutzt. Dass Nordkorea sich öffnet, ohne seine Identität preiszugeben, sich trotz Fortschritt und Veränderung etwas davon bewahren kann, was seine Faszination ausmacht. Dass es nicht mehr im Fadenkreuz der Vereinigten Staaten steht und niemanden bedroht. Dass man sich, wie meine Eltern damals, einen Jeep nehmen und frei durchs Land bewegen, in Garküchen essen und mit den Menschen reden kann. Dass es über persönliche Kontakte gelingt, dieses Land besser zu verstehen, so wie es den deutschen Aufbauhelfern damals möglich war. Ihre guten Erfahrungen von Freundschaft und Völkerverständigung sind ein Leben lang lebendig geblieben. Und warum sollte diese Vision nicht auch eines Tages wahr werden?

Lager

Kang Chol Hwan

Die heiß begehrten Kaninchen.
Im Arbeitslager

(2000)

1981 habe ich mehrmals die Arbeit gewechselt. Keine davon war leicht, aber in dem eintönigen Leben eines Kinder-Sträflings ist jede Veränderung willkommen. Ich habe auf den Maisfeldern geschuftet, habe Leichen begraben und in den Bergen Kräuter gesammelt. Die Arbeit draußen verhinderte, dass die Pellagra, deren erste Symptome ich bereits aufwies, voll ausbrach. Meine Haut war am Hals ringförmig gerötet, und ich hatte ein wahnsinniges Verlangen, alles zu essen, was ich fand. In den Bergen fing ich Frösche und kochte deren Laich. Diese Mahlzeiten drängten die Vitamin-B-Mangelkrankheit zurück.

Für einige Wochen arbeitete ich auch in der Goldmine, die sich unterhalb der Hügel im Norden des Lagers Yodok befand. Seit dem Ende der japanischen Besetzung war sie nicht mehr in Betrieb, da ihre Bewirtschaftung unrentabel war. Aber nun, dank der unbezahlten Arbeitskräfte, hatte sich die Berechnungsgrundlage geändert. 700 bis 800 Männer arbeiteten in der Mine. Wie überall im Lager waren sie in Fünfergruppen eingeteilt. Sie mussten ohne Helm oder sonstige Schutzausrüstung in den Stollen steigen und waren nur mit einer Taschenlampe oder Sturmlaterne ausgestattet, die eine Kerze erhellte.

Eines Tages wurde eine besondere Mobilisierung angeordnet. Sie sollte die nationale Goldproduktion erhöhen und so Auslandsdevisen für Kim Il Sung beschaffen. Um die neuen Normen zu erfüllen, wurden einige Gruppen von Landarbeitern in die Mine verlegt, so auch meine. Glücklicherweise mussten wir nicht ganz nach unten steigen. Dazu hätte uns eine minimale Ausbildung zugestanden werden müssen, was im Rahmen der Mobilisierung jedoch als Zeitverschwendung angesehen wurde. So bestand unsere Hauptaufgabe darin, das losgelöste Erz, das erfahrenere Arbeiter geschlagen hatten, einzusammeln und nach oben zu befördern. Obwohl die Tätigkeit einigermaßen sicher war, verlor ich nie meine Furcht vor ihr. Alle Stollen, auch die nicht so tiefen, waren schlecht abgesichert. Einstürze waren an der Tagesordnung und machten viele Bergleute zu Krüppeln. Der Ort war so Angst einflößend, dass er im Lager als verflucht galt. Die Häftlinge erzählten sich, dass im Bergwerk Blitze einschlügen, wenn Unwetter über Yodok niedergingen. Ältere Gefangene versicherten mir, mehrere Menschen seien dort vom Blitz erschlagen worden, unter ihnen ein Wächter.

Die Arbeit in der Grube war ebenso gefährlich wie anstrengend. Wir hatten nicht einmal eine Schubkarre, um das Erz zu bergen. Stattdessen schulterten wir die goldhaltige Erde in Säcken zum Schachtausgang. Dort standen Ochsenkarren, die das Gestein zu einem Wasserbecken fuhren, wo es in Pfannen gewaschen und nach Nuggets untersucht wurde. Der Fluss, der durch das Lager lief, sollte ebenfalls goldhaltig sein. Während der Sondermobilisierung mussten Gefangene auch dort nach dem Edelmetall suchen.

Trotz der Gefahren brachte der Abstieg in den Berg einige Vorteile mit sich. Zum Ausgleich für die harten Arbeitsbedingungen bekamen wir ein wenig zusätzliche Nahrung, manchmal sogar Öl. Und da sich die Wächter nicht trauten, in die Gänge hinabzusteigen, hatten die Gefangenen dort ihre Ruhe vor ihnen; es gab niemanden, der Befehle brüllte und sie beleidigte. Statt der Wächter waren es Spitzel, die für Disziplin und die Einhaltung der Normen sorgten. Wir mussten von sechs Uhr morgens bis sieben oder acht Uhr abends schuften. Es gab eine einstündige Mittagspause. Wer die Zeiten nicht einhielt, wurde mit einer zusätzlichen Nachtschicht bestraft.

Die Arbeit im Bergwerk markierte eine neue Zeit in meinem Lagerleben; sie zeigte, dass es Häftlinge gab, denen es noch schlechter ging als mir. Wenigstens musste ich nicht den ganzen Tag in Staub und Düsternis verbringen. Ich hatte über den »gelben Frühling« triumphiert, der Zeit im Jahr, in der, nachdem sie den Winter überlebt hatten, so viele Gefangene starben. Ich hatte die Pellagra und den Durchfall besiegt. Ich hatte die Abläufe im Lager durchschaut und mir die notwendigen Tricks zum Überleben angeeignet. Ich wusste jetzt, wie die Arbeit im Lager organisiert war: Die Wächter stellten immer wieder neue Gruppen zusammen, setzten Produktionszahlen fest und ernannten deren Führer. Wenn eine Sonderkampagne gefahren wurde, wusste ich in etwa, was mich erwartete.

Außerdem verstand ich jetzt das System der indirekten Aufsicht. Es waren nicht so sehr die Wächter, die die Arbeitsgruppen überwachten, sondern die Gruppen selbst. Das offizielle Sicherheitspersonal kümmerte sich nur um die Neuankömmlinge – hauptsächlich, um sie gefügig zu machen. Nachdem ein Gefangener diese Hürde genommen hatte, mischten sich die Wächter kaum noch ein. Nur zur allabendlichen Produktionskontrolle war die Situation gespannt. War die Norm nicht erreicht worden, wurden Zusatzstunden für die gesamte Arbeitsgruppe verordnet. Aber ich glaube, dass die Wächter manchmal ein Auge zugedrückt haben, da sie nicht ewig in der Kälte stehen und lieber nach Hause zu ihren Familien gehen wollten. Das erkannt zu haben, machte mich weniger schwach und angreifbar.

Nach drei Jahren im Lager also hatte ich die Zeit der Anpassung hinter mich gebracht. Ich war jetzt zwölf Jahre alt, und ich hatte keine Lust mehr zu sterben. Wie alle Häftlinge begann ich einen siebten Sinn dafür zu entwickeln, wer Informant war und wer nicht. Heute ist mir klar, dass die Spitzel genauso Opfer des Lagersystems waren wie ich. Doch damals kam es mir so vor, als geschähe ihr teuflisches Tun aus eigenem Antrieb.

Ein paar Monate nach meiner Ankunft wurde ein Junge aus meinem Freundeskreis zum Spitzel bestimmt. Er erzählte uns davon und warnte uns im Spaß, dass wir uns nun vor ihm in Acht nehmen sollten. Leider kamen wir nicht umhin, ihn beim Wort zu nehmen. Jeden Tag misstrauten wir ihm mehr. Sobald er auftauchte, hörten wir auf, schlecht von den Wächtern und den Lehrern zu sprechen oder uns über die Arbeit zu beschweren. Der unglückliche Junge wurde zusehends aus unserer Gruppe isoliert, und irgendwann gehörte er überhaupt nicht mehr dazu – eine perverse Logik, die ihm alle Gründe gab, ein richtiger Spitzel zu werden.

Meine Freunde und ich hassten die Informanten aus vollem Herzen. Da sie uns jederzeit denunzieren konnten, waren wir ständig auf der Hut und versuchten, ihnen den Verrat heimzuzahlen, unabhängig davon, wie alt sie waren oder welchen Rang sie vor der Internierung bekleidet hatten. Unser zum Spitzel bestimmter Klassenkamerad war zwölf Jahre alt, Cho Byung Il jedoch war über 60 – ein reifes, für Lagerverhältnisse fast schon biblisches Alter. Das allein hätte ihm eigentlich Respekt verleihen sollen. Doch der ehemalige Kader der Koreanischen Kommunistischen Partei in Japan war nun einmal einer der berüchtigtsten Spitzel. Seinetwegen wurden viele Häftlinge mit Sonderschichten oder strengem Arrest bestraft. Jeder Häftling hasste ihn, wir Kinder verachteten ihn am meisten. Bei jeder Gelegenheit machten wir uns über seinen kahlen Schädel und sein rundes Gesicht lustig.

Cho war mit der Weiterverarbeitung von Sojabohnen beschäftigt. Einmal liefen wir an seinem Arbeitsplatz vorbei. Cho spitze die Ohren, um unser Gespräch zu belauschen. Als wir sein Vollmondgesicht am Fenster auftauchen sahen, bogen wir uns fast vor Lachen. Noch lange danach reichte die bloße Erwähnung dieser Szene aus, damit wir uns kaum einkriegen konnten. Ich bin mir sicher, dass Cho Byung Il darunter litt, dass es so weit mit ihm bergab gegangen war. Wie jeder litt er an Unterernährung, möglicherweise auch noch an Inkontinenz, ein Gebrechen, dessen sich das Lagerkrankenhaus nicht annahm. Am Ende war sein Tod ebenso furchtbar wie erbärmlich. Cho hatte immer allein gelebt, getrennt von den anderen Einzelhäftlingen. Eines Tages schlossen ihn einige Sträflinge, die unter seiner Denunziation gelitten hatten, in seiner Hütte ein und ließen ihn verhungern. Die Aufseher wussten, was passierte, schritten aber nicht ein. Cho Byung Il war zu alt und schwach geworden, als dass er noch von Nutzen für sie hätte sein können.

Ich erinnere mich an einen anderen Spitzel in Yodok, der sich auf das Ausspionieren von Kindern verlegt hatte. Um uns an ihm zu rächen, gruben wir ihm eine Falle, ähnlich jener, die oben in den Bergen die Sträflinge davon abhalten sollte, aus dem Lager zu fliehen. Doch anstelle spitzer Pfähle füllten wir das Loch mit Exkrementen, die wir aus den Latrinen besorgt hatten. Der Streich schien einfach und ohne Risiko. Aber wie es der Zufall wollte, ging nicht der Spitzel in die Falle, sondern der »wilde Eber«, jener tobsüchtige Lehrer, der uns ständig schlug und anschrie. Aus unserem Versteck beobachteten wir, wie sein Fuß im Kot versank. Wir verharrten regungslos. Der aufgebrachte Lehrer befreite sich aber so umständlich, dass wir nicht mehr an uns halten konnten. Wir lachten, bis uns die Tränen kamen. Nach wenigen Augenblicken hatte er uns am Kragen gepackt und verprügelte uns, wie wir noch nie verprügelt worden waren. Als er fertig war, befahl er uns, die Exkremente mit der Hand aus dem Loch zu schaufeln und auf die Beete der Wächter zu streuen, um deren Gemüse zu düngen. Die ekelhafte Arbeit dauerte mehrere Tage; einige bekamen Ausschlag und seltsame Blasen.

Zum Glück wurde der »wilde Eber« in diesem Herbst 1981 kurzzeitig in ein anderes Lager abbestellt und durch den einzigen Lehrer in Yodok ersetzt, an den ich mich noch heute gerne erinnere. Ihm hatte ich es zu verdanken, dass mein Lagerdasein einen neuen Aufschwung nahm.

Kurz nachdem er eingetroffen war, rief er mich in die Lehrerbaracke und stellte mir ganz höflich ein paar Fragen: Wie ich heiße, warum ich in Yodok war, wie lange ich schon hier bin. Dann fragte er mich, seit wann ich keinen Bonbon mehr gegessen habe. »Seitdem ich hier bin.« »Möchtest du einen?« Er gab mir einen Karamelbonbon, den ich sofort in den Mund steckte. Während ich genüsslich kaute, bat er mich, den anderen nichts davon zu sagen.

Im Unterricht sprach er mit normaler Stimme und rief uns mit unseren Vornamen auf. Solch eine Behandlung waren wir nicht gewohnt. Daher waren wir anfangs misstrauisch, obwohl wir froh darüber waren, einen Lehrer zu haben, der sich wie ein Mensch verhielt. Er blieb nur ein oder anderthalb Jahre im Lager, aber sein Vertrauen und seine Fürsorge ermöglichten es mir, dass ich zu den Kaninchenställen kam.

Wie alle nordkoreanischen Schüler – außer denen in Pjöngjang – mussten auch wir Kaninchen aufziehen. Das hatte nichts damit zu tun, die Schüler in Anatomie oder die Physiologie von Nagetieren zu unterrichten. Es sollte auch nicht zur Tierliebe anhalten und zur Achtung vor der Natur. Aus den Fellen der Kaninchen sollte Innenfutter für die Wintermäntel der Armee gemacht werden. Jede Klasse hielt etwa 200 Tiere und bestimmte drei Schüler, die sich abwechselnd um sie kümmerten. Das war eine wichtige Angelegenheit in Nordkorea. Eine gute Ausbeute erhöhte das Ansehen des Lehrers. Jeder wollte die schönsten Kaninchen und die größten Würfe haben. Ein Lehrer in Yodok legte uns sogar nahe, Mais auf den Feldern zu klauen, damit »unsere« Kaninchen die am besten genährten waren.

Auf die Kaninchen aufzupassen, war allein schon deswegen erstrebenswert, weil es von der schweren Arbeit am Nachmittag entband. Die Aufgabe bestand hauptsächlich darin, zweimal in der Woche die Ställe zu säubern. Das ging kinderleicht, man musste nur die Auffangkörbe entleeren, die unter jedem Käfig angebracht waren. Diese Konstruktion diente dazu, die empfindliche Gesundheit der Tiere zu schützen; Kaninchen dürfen nicht allzu lange in ihrem eigenen Unrat stehen. Meine Mitschüler sammelten Grünfutter, ich wog die Ernte und berichtete dem Lehrer darüber. Unter den Futtersammlern waren einige Mädchen, die ich besonders gerne mochte. Wenn sie nur 28 oder 25 Kilogramm brachten, drückte ich ein Auge zu und notierte die geforderten 30 Kilogramm. Ich musste auch darauf aufpassen, dass es im Wächterhaus neben der Schule und im Kim-Il-Sung-Studierzimmer immer schön warm blieb. Unsere Eltern und wir konnten uns zu Tode frieren – die Bilder und Reliquien Kim Il Sungs aber mussten es behaglich haben.

Etwas schwieriger war es, die Würfe der Kaninchen vor Ratten zu schützen, die sich nachts in die Ställe schlichen und die Kleinen fraßen. Um diesem Problem Herr zu werden, stellten wir Holzkisten als Fallen auf. Aus diesen konnten sich die Ratten aber fast immer wieder herausnagen. Die einzige Lösung bestand darin, eine Wache aufzustellen. Für 12- und 13-Jährige ist das nicht gerade leicht, doch hatte die Nachtwache auch ihr Gutes. Sie gab uns die Chance, ein bisschen Obst und Gemüse von den Feldern der Wächter zu klauen. Die Kaninchen waren dabei unsere Verbündeten. Sie fraßen die Schalen und Kerne, die den Diebstahl sonst verraten hätten. Dank der Tiere konnte ich das erste Mal seit drei, vier Jahren wieder eine Melone essen.

Hungrig wie wir waren, war es unvermeidlich, dass die nächtlichen Klautouren bald aus dem Ruder liefen. Außerdem war der bewaffnete Posten am Gemüsefeld schon in den ersten Stunden eingeschlafen. Die Versuchung war zu groß. Wir wurden zwar nie auf frischer Tat ertappt, doch waren die Plünderungen augenfällig genug. Unser Lehrer berichtete, dass man uns verdächtige. Er nannte die Menge, die schätzungsweise fehlte, und drohte uns ernste Konsequenzen an, sollte weiter geklaut werden. Das war nicht die einzige Gefahr: Das Gemüsefeld wurde jetzt von einem neuen Posten bewacht, der vermutlich weniger leicht einschlief und viel aufmerksamer als sein Vorgänger war. Unsere Lage war heikel. Wir mussten genau abwägen, was zu tun war. Wenn wir den Diebstahl von einer Nacht auf die andere einstellen würden, käme das einem Schuldeingeständnis gleich – mit allen schrecklichen Folgen, die damit verbunden wären. Meine Freunde und ich beschlossen daher, noch ein wenig weiterzumachen. Die mondlosen Nächte und das Schnarchen der neuen Wache boten einigermaßen Schutz. Es war am Ende so einfach, dass wir fast Mitleid hatten mit dem neuen Aufpasser, der von seinem Vorgesetzten regelmäßig zusammengestaucht wurde.

Die Kaninchen schlachteten wir im Herbst, wenn ihr Fell besonders üppig war. Das Fleisch war ausschließlich den Wächtern und ihren Familien vorbehalten; sie bekamen je ein Tier. Wenn sie ihr Kaninchen abholten, empfingen wir sie wie richtige Fleischer. Wir fragten, ob sie das Tier ausgenommen wünschten, ob sie es im Stück oder geschnitten haben wollten, ob mit Kopf, Leber, Nieren oder lieber ohne. Wie froh waren wir, wenn sie Lunge oder Herz verschmähten und herablassend sagten: »Behalt es!«

Es war nicht allein Ekel, der die Wächter von den Innereien abhielt. Es entspricht der koreanischen Kultur, einem niedriger Gestellten etwas von dem, was man verzehrt, übrig zu lassen. In einer Mischung aus Großzügigkeit und Verachtung gibt man damit zum Ausdruck: »Ich brauche das nicht«, aber auch: »Es ist gut genug für dich, aber nicht für mich.« Wer diesen Brauch verletzt, verliert sein Gesicht, sogar im Lager. Am Ende des Schlachttags teilten wir die Reste und bereiteten sie auf die denkbar einfachste Art zu: in kochendem Wasser. Es war das Köstlichste, das wir bis dahin gegessen hatten. Einige Kinder waren so hungrig, dass sie die Abfälle auf der Stelle roh verspeisten.

Solche Glücksmomente waren schmerzlich selten. Sie konnten nur davon übertroffen werden, einmal ein richtiges Kaninchen zu essen. Keine leichte Aufgabe: Die Tiere wurden ständig gezählt, wenn auch nur eines fehlen sollte, würde es sofort auffallen. Kurz nach dem Weggang meines Lieblingslehrers bot sich dennoch die Gelegenheit. Obwohl ich nicht mehr zur Kaninchenpflege abgestellt war, kannte ich die Gepflogenheiten dort noch immer in- und auswendig. Ich wusste, wie das Gelände aussah, kannte die Kontrollgänge und die Gewohnheiten des Wachpersonals. Eines Abends nun wurde meine Gruppe zu einer Strafarbeit verurteilt. Wir hatten nicht die geforderte Menge Holz geschlagen und mussten dies sofort nachholen. Es war nicht unsere Schuld: Der Wald lag zu weit von der Siedlung entfernt, als dass wir zur Mittagspause nach Hause gehen konnten. Daher fehlte uns die Energie, am Abend die geforderte Menge Holz zu liefern.

In der Nacht schlichen wir in ein nahe gelegenes Feld und klauten ein bisschen Mais, was den Hunger allerdings nur noch vergrößerte. Da schlug jemand vor, ein Kaninchen zu stehlen. Die Vorstellung begeisterte uns. Ich bin mir sicher, dass unser aller Augen in dieser Nacht leuchteten. Zwei Freunde und ich sollten die Aufgabe ausführen. Während Hwang Yong Soo und Bae Jong Chol aufpassten, dass niemand kam, kletterte ich ins Gehege und nahm ein Kaninchen. Nach ein paar Minuten war das Tier getötet, gehäutet, ausgenommen und seine Innereien vergraben. Jetzt mussten wir darauf achten, dass uns der Kochgeruch nicht verriet. Einer aus unserer Gruppe bereitete das Kaninchen daher in sicherer Entfernung zu. Wir anderen setzten unsere Strafarbeit fort. Dieses Kaninchen war die vielleicht schmackhafteste Mahlzeit in meinem Leben. Es war sechs Monate her, dass ich so etwas wie Fleisch verzehrt hatte.

Ich denke oft an diese Nacht in Yodok und würde meine Freunde gerne wiedersehen. Das letzte Mal habe ich von ihnen gehört, als sie aus dem Lager entlassen wurden. Hwang war der erste, dann 1987 kam ich, dann Bae. Und das war es, seitdem nur Stille. Vielleicht erinnern sie sich auch an diese Nacht und wundern sich darüber, welch großes Risiko wir damals eingegangen sind. Vielleicht bedauern sie es sogar, jetzt, da Nordkorea von Hunger heimgesucht wird, nicht mehr in Yodok zu sein, in der Nähe der Kaninchenställe.

Aus dem Französischen von Johanna Links

Hilfe

Ein Kindergarten in Nampo, südwestlich von Pjöngjang, 2001.

Hubertus Rüffer

Stempel oder Unterschrift?
Schwierigkeiten der Verteilung

(1997)

»Warum will der Westen Nordkorea helfen?«, fragte Herr Ri, der
Leiter der Ständigen Vertretung Nordkoreas in der Bundesrepublik,
und sah mich aufmerksam durch seine Brille an. Es war ein Sommertag im Juni 1997. Ich saß ihm gegenüber als Mitarbeiter der Deutschen Welthungerhilfe und hatte ein Einreisevisum nach Nordkorea
beantragt. Ich war erschienen, um die übliche Befragung über Sinn
und Zweck meiner Reise über mich ergehen zu lassen. Solch eine
simple Grundsatzfrage jedoch hatte ich nicht erwartet. Hatte nicht
Nordkorea um internationale humanitäre Hilfe gebeten? Hungerten
nicht Hunderttausende? War das nicht auch im Fernsehen zu sehen
und wurde es nicht von der nordkoreanischen Regierung offiziell bestätigt? Was also sollte diese Frage? Ich wollte nach Nordkorea reisen, um Hilfsprojekte zu organisieren. Es ging, wie die Regierung in
Pjöngjang zugab, mittlerweile darum, das Überleben von bis zu sieben Millionen Menschen zu sichern. War da nicht jede helfende
Hand willkommen?

Herr Ri fragte also: »Was wollen Sie in unserem Land?« Aus seiner Sicht war die Frage wohl berechtigt. Für ihn war der Kalte Krieg
noch nicht beendet. Japan, China, Russland und die USA hatten in
und um Korea Krieg geführt und es zeitweilig okkupiert. Er sah sich
als Vertreter eines Landes, das seine Unabhängigkeit und Stärke immer dann sicherte, wenn so wenig Fremde wie möglich im Land waren. Jahrhunderte lang war Korea das »Einsiedlerreich«, waren Ausländer nur dann hierhergelangt, wenn sie dafür bezahlten, und dies
nicht zu knapp. Immer, wenn es sich öffnete, kam Korea wenig später unter chinesisches oder japanisches Protektorat, zuletzt von 1905
bis 1945. Und am Koreakrieg, in dem seit 1953 nur die Waffen still-
standen, waren alle Nuklearmächte direkt oder indirekt beteiligt.

Fremde Helfer ins Land zu lassen, war ein bis dahin unvorstell-
barer Paradigmenwechsel im »Paradies der Arbeiterklasse«. Er ver-

letzte Traditionen und Bräuche, deren Wurzeln weit vor Gründung der Demokratischen Volksrepublik liegen. Die Nordkoreaner fürchteten, dass humanitäre Hilfe an Bedingungen geknüpft würde und es sich zum Ausland öffnen müsse.

Ich denke, dass diese Befürchtungen aus Sicht der Nordkoreaner nicht unberechtigt sind. Fremde Hilfe für Not leidende Menschen hat gewollt oder ungewollt mit Einmischung in innere Angelegenheiten zu tun. Wenn Regierungen handlungsunfähig sind, übernehmen Hilfsorganisationen einige ihrer Aufgaben. Sie suchen dann nach den Ursachen der Not und finden diese sehr häufig in den Fehlhandlungen der Politiker. Hungerhilfe findet in den Slums und in den Wohnstätten der Ärmsten statt, nie auf der Sonnenseite der Gesellschaft. Die Helfer erleben das Leid unmittelbar und in einer Weise, wie sie Regierungen oft nicht wahrnehmen und ungern an die Öffentlichkeit bringen. Und natürlich werden diese schlimmen Bilder dann politisch benutzt. Im Falle Nordkoreas würden sie unweigerlich zeigen, welche Missstände die Regierung verursacht hat.

Herr Ri war wohl verblüfft, wie offen und direkt unser Gespräch verlief. Ohne Zweifel verstand er die Botschaft: Ohne Zugang zu den Armen keine Hilfe, ohne Bilder der tatsächlichen Situation keine Spenden aus Deutschland. Aber ich wollte um jeden Preis nach Nordkorea, um für die Welthungerhilfe ein Hilfsprogramm zu beginnen. Viele meiner Kollegen hatten sich beklagt, keine Einreiseerlaubnis erhalten zu können. Daher war durchaus auch mein persönlicher Ehrgeiz geweckt. Zehn Tage später erhielt ich meinen Pass zurück. Das Visum war erteilt.

Nordkoreaner – natürlich nur diejenigen, die Kontakt zu Ausländern haben dürfen –, sind durchaus bereit, über ihre Ängste und Erfahrungen zu sprechen. Irgendwie belustigt es sie, dass Ausländer stets auf der Suche nach irgendwelchen Geheimnissen in Nordkorea sind. Später sagte mir ein befreundeter Koreaner nicht ganz ohne Sarkasmus: »Weißt du, welches das größte Geheimnis Nordkoreas ist? Es gibt gar kein Geheimnis hier.«

Unterernährung präsentiert sich einem Zugereisten meist in einer unerwarteten Form. Es gibt die Bilder von schwachen, ausgezehrten Kindern mit riesengroßen Augen im tropischen Afrika, wo der Boden so fruchtbar scheint, dass man meint, Essbares ernten zu können, sobald man nur einen Besenstil in die Erde steckt und gießt. Es gibt auch Hunger in Industriestaaten, in Familien, die Fernseher und Autos besitzen, ihre Kinder jedoch ohne Frühstück und Pausenbrot zur Schule schicken müssen. In Nordkorea ist die Unterernährung für den Reisenden überhaupt nicht sichtbar, es sei denn, man erkennt sekundäre Anzeichen.

Vom Hotelzimmer in der 20. Etage hatte ich einen Blick auf die umliegenden Hochhäuser. Überall auf den Balkons und den Flachdächern standen Käfige mit Hühnern und Töpfe mit Gemüsepflanzen. Auf den Dächern lagen Mais und Gemüse zum Trocknen. Auch das kein Zeichen für Wohlstand, obwohl in den Häusern die Elite lebte.

Meine nordkoreanischen Begleiter und ich fuhren nach Haeju, einer Hafenstadt in der Provinz Hwanghae-Süd unweit der Grenze zu Südkorea. Jeder war misstrauisch. Die Koreaner, Funktionäre des Außenministeriums, sollten etwas tun, das nach ihrer bisherigen Überzeugung an Blasphemie grenzte, nämlich einem Ausländer die schlimmen Seiten des Lebens in Nordkorea zeigen, und zwar so, dass ja nicht der Eindruck entstünde, die Politik des Geliebten Führers sei schuld an der Situation. Andererseits sollte es so beeindrucken, dass daraus Lieferungen der Welthungerhilfe entstünden. Ich meinerseits war darauf gefasst, Theater zu erleben, irgendwelche Kinder, die für eine Show missbraucht würden. Mitarbeiter der Vereinten Nationen erzählten sich, dass es Gruppen unterernährter Kinder gebe, die jeweils am Tage vor dem Besuch des Ausländers »angeliefert« und dann vorgezeigt würden.

Wir besuchten einen Kindergarten. Die Situation war katastrophal: In kahlen Räumen saßen abgemagerte Kinder auf dem Fußboden. Wenn dies eine extra für mich gestellte Situation wäre, hatte ich mir vorgenommen, würde ich sofort alle weiteren Gespräche beenden und abreisen. Wie aber nachprüfen, ohne Sprachkenntnisse und ohne Vertrauen? Meine koreanischen Kollegen konnte ich nicht fragen. Also verwickelte ich die Erzieherin in ein detailliertes Gespräch über den Tagesablauf, das Essen und die Situation der Kinder zu Hause. Ich wollte so lange bleiben, bis die Kinder durch die Eltern abgeholt würden. Nach einiger Zeit erschienen dann auch nacheinander Erwachsene und nahmen ihre Kinder in Empfang.

Später habe ich diese und andere Einrichtungen immer wieder besucht, um die Entwicklung der Kinder zu verfolgen. Der Mut zum Vertrauen hat sich gelohnt. Die Situation, wie ich sie beim ersten

Mal erlebte, entsprach tatsächlich der Not im Lande. Den besuchten Kindern ging es nach einigen Monaten durch die Unterstützung der Welthungerhilfe wesentlich besser. Sie werden wohl ihr ganzes Leben lang nicht vergessen, dass es *togil*, Deutsche, waren, die ihnen zu essen gaben, sie besuchten und auch mit ihnen spielten.

Das erste Hilfsprogramm diente der Schulspeisung. Wir wollten neben Reis und Bohnen auch Speiseöl liefern, mit dem die Mahlzeiten zubereitet werden sollten. Ich hatte der Beschaffungsabteilung der Welthungerhilfe geschrieben, dass die Lieferungen auf gar keinen Fall über Südkorea kommen dürften, da dies zu politischen Problemen führen würde.

Wochen später kam mein koreanischer Kollege ins Büro und verkündete zwei Nachrichten, eine gute und eine schlechte: Die 60 Tonnen Speiseöl seien eingetroffen, so die gute Nachricht. Sie seien aber über Incheon in Südkorea gekommen. Daher könne Nordkorea diese Lieferung nicht annehmen.

Wir fuhren zum Hafen von Nampo südwestlich der Hauptstadt, wo unsere Container fein aufgestapelt auf dem Kai neben dem Frachter standen. Trotz der Feindschaft zwischen Nord- und Südkorea pendelt jeden Mittwoch eine von Nordkorea betriebene Fähre zwischen beiden Staaten. Auch von Wonsan an der Ostküste aus gibt es einen solchen Austausch. Die Fähren bedienen die Textilfabriken im Norden, die für südkoreanische Firmen und im Auftrag von C&A und anderen Kaufhäusern in Europa billig Waren fertigen. Die Fracht ist klar definiert, Nahrungsmittel sind zum Transport nicht zugelassen.

Die nordkoreanischen Zoll- und Hygieneinspektoren übertrafen sich nun gegenseitig mit Horrorgeschichten, was in den wenigen Stunden Zwischenlagerung in Südkorea alles mit dem Öl passiert sein konnte. Da war von radioaktiver Verstrahlung die Rede und von Verseuchung des Öls durch Viren und Bakterien, noch bevor man die Vier-Liter-Büchsen geöffnet hatte. Kurz und gut, im Interesse der Volksgesundheit müsse Nordkorea diese Lieferung zurückweisen. Meine nüchternen und logischen Argumente blieben ungehört. Das Öl sollte vernichtet werden. Ich war verzweifelt. Immerhin war Speiseöl dringend notwendig, um die Ernährungsprobleme gerade bei Kindern in den Griff zu bekommen. Außerdem hatten das Öl und sein Transport über 50 000 Euro gekostet.

Ich fuhr zu einem koreanischen Kollegen, den ich als ruhigen und sehr bedachten Menschen kennen gelernt hatte, um ihn um Rat zu bitten. Er hörte sich die Geschichte an und verkündete daraufhin, dass sich die Sache morgen mit Sicherheit klären würde. Ich solle nur nach Hause gehen und vertrauensvoll auf das Wunder am nächsten Tag warten. Ich kam mir vor wie in Grimms Märchen.

Als ich am nächsten Morgen in den Hafen kam, war das Schiff gerade dabei, die Container zu laden. Kurz darauf legte es ab und war bald außer Sichtweite. Nach etwa vier Stunden kehrte es wieder zurück und lud die Container ab. Der Kapitän übergab mir die Frachtbriefe, in denen nunmehr als letzter Anlandungshafen Niigata in Japan angegeben war. Damit war die Kuh vom Eis, das Öl war nie in Südkorea gewesen, eine Verseuchungsgefahr durch Bakterien bestand nicht mehr.

Niigata ist circa 800 Kilometer von Nampo entfernt. Der Dampfer hätte die Geschwindigkeit eines Düsenjets entwickeln müssen, um Hin- und Rückfahrt in vier Stunden zu bewältigen. Doch so hatte die nordkoreanische Seite ihr Gesicht gewahrt, und einer Verteilung der Hilfsgüter stand nichts mehr im Wege.

Weltweit erfolgt Nahrungsmittelverteilung gegen Unterschrift oder gegen Daumenabdruck durch die Empfänger. Das ist ein ungeschriebenes Gesetz, um nachzuweisen, dass die Hilfsgüter tatsächlich bei den Bedürftigen ankommen. Ich habe mich immer wieder gefragt, wer wohl die Muße aufbringt, Zehntausende von Fingerabdrücken hinsichtlich Plausibilität und Echtheit zu überprüfen.

Da wir wie andere Organisationen gegenüber dem nordkoreanischen Partner extrem vorsichtig sind, legen wir großen Wert auf einen Empfängernachweis. In einer der ersten Dienstbesprechungen forderte ich, dass jede verteilte Nahrungsmittelration durch eine Unterschrift des Empfängers quittiert werden müsse. Intensives Tuscheln und Aufregung auf Seiten der koreanischen Mitarbeiter. Dann meldete sich der Dienstälteste, Herr Kim, zu Wort: »Dies geht auf gar keinen Fall, es ist nicht üblich, dass in Korea mit Unterschrift quittiert wird.« Sofort lief in meinem Kopf der Film »Verschwörung des Regimes gegen die Welthungerhilfe« ab. Ich sagte: »Angesichts des vorhandenen Misstrauens seitens der Zuwendungsgeber in Deutschland gegen das nordkoreanische System kann darauf nicht verzichtet werden.« Darauf Herr Kim: »Nordkorea befindet sich in einer kritischen Situation, dennoch ist das koreanische Volk ein stolzes Volk und lässt sich durch dieses Misstrauen nicht beleidigen. Wenn diese Provokationen anhalten, werden wir, solange das Volk die Kraft dazu hat, Gegenmaßnahmen ergreifen.« Totale Konsternation auf allen Seiten, Ende der Veranstaltung.

Am nächsten Tag fuhren wir nach Jaeryong, einer Kreisstadt in der Provinz Hwanghae-Süd. Wir überprüften die erste Lebensmittelverteilung im Stadtzentrum. Mehrere hundert Frauen und ältere Männer standen Schlange, um ihre Ration entgegenzunehmen. An der Pforte, wo nach dem Empfang der Hilfsgüter die Bestätigung im Quittungsbuch erfolgte, herrschte Konfusion. Jede Empfängerin zückte eine kleine Box, holte einen Stempel heraus und drückte ihn hinter ihren Namen. Als eine der ersten weggehen wollte, rief die Kontrolleurin ihr etwas nach. Die Frau kam zurück, fragte etwas und nahm ungläubig einen bereitliegenden Stift, um ihren Namen in die Liste zu schreiben.

Wir Ausländer kannten das in Korea und ganz Ostasien übliche System der persönlichen Stempel nicht, das wiederum wussten die Koreaner nicht. Wäre man aufeinander zugegangen, wäre hier und später mancher Konflikt vermeidbar gewesen.

Neben den Naturkatastrophen von 1994 bis 1997 liegt eine der nichtpolitischen Ursachen für die Notsituation in Nordkorea darin, dass klimatisch ungeeignete Kulturen angebaut werden. Diese liefern nur nach großen Anstrengungen und Investitionen ausreichende Erträge. So liegt Nordkorea zu weit nördlich, um im ganzen Land Reis anzubauen. In China werden in der gleichen klimatischen Region Kartoffeln angebaut. Um unsere Argumente zu verstärken, hatten wir einen Experten aus China eingeladen. Leider hatten wir vergessen, dass Erfahrungen aus dem Nachbarland nicht ohne weiteres akzeptiert werden. Wochen- und monatelang stritten wir in den Expertengruppen, ohne Erfolg.

Eines Nachmittags hatten wir uns wieder einmal festgeredet. Um die Situation zu entspannen, erzählte ich die Geschichte von der Einführung der Kartoffel in Preußen unter Friedrich dem Großen. Ich erzählte, dass er damit die Hungersnot bekämpfen wollte und wie die Bauern sich anfangs gegen die Kartoffeln verweigerten, Friedrich dann Soldaten als Wache um die Felder aufstellte, jedoch gleichzeitig die Order gab, Diebe gewähren zu lassen, und die Kartoffel letztlich als wertvolle verbotene Frucht ihre Anerkennung in Preußen erreichte.

Völlige Stille im Raum. Alle Koreaner zeigten sich fasziniert von der Geschichte. Irgendwie schien sie dieses Zusammenspiel von königlicher Macht, Militär, Bauernschläue und Ernährungssicherung zu berühren.

Vier Wochen später erzählten uns die koreanischen Kollegen, dass die Geschichte vom Alten Fritz und den Kartoffeln als Kurzfilm im Fernsehen verbreitet werde. Kurz danach begann im »Late-Night-Programm« des Staatsfernsehens eine kulinarische Reihe mit dem Titel »Was kann man mit Kartoffeln zubereiten?« Wir wissen nicht, ob zwischen diesen Ereignissen ein Zusammenhang besteht. Dennoch unterstützen die Welthungerhilfe und andere Organisationen seitdem erfolgreich eine Reihe von Projekten, um Kartoffeln und Süßkartoffeln als Grundnahrungsmittel in Korea einzuführen.

Die Welthungerhilfe arbeitet seit 1997 in Nordkorea. Die Veränderungen, die sich seitdem vollzogen haben, sind immens, obwohl sie von der ausländischen Öffentlichkeit kaum registriert werden. Ausländer können sich heute wesentlich freier bewegen als bis 1999. Ihnen ist jetzt gestattet, einen Wagen zu führen. Die Region, in die Ausländer reisen dürfen, ist viel größer geworden. Mit Sicherheit hat die Tätigkeit der Hilfsorganisationen dazu geführt, dass die »Tauben« in der nordkoreanischen Führung stärkere Argumente haben und sich nachhaltiger gegen die »Falken« vor allem beim Militär durchsetzen können. Millionen von Nordkoreanern haben westliche Ausländer, bisher immer verteufelt als Imperialisten und Feinde, als Freunde, Partner und Helfer kennen gelernt. Natürlich kann die Hilfe für Not Leidende gerade in einem Land wie Nordkorea Ressourcen freisetzen, die dem Militär oder den Eliten zugute kommen. Die Erfahrung zeigt aber, dass diese Gefahr klein ist. Den Soldaten geht es kaum besser als den einfachen Menschen.

Angesichts der Menschenrechtsverletzungen und der Unterdrückung Andersdenkender mögen die Veränderungen klein erscheinen. Aber wahrscheinlich gibt es zu dieser koreanischen Variante von »Wandel durch Annäherung« keine vernünftige Alternative. Vielleicht sieht das auch der Diplomat Herr Ri so, wenn er in seine Heimat zurückfliegt. Vielleicht auch nicht. Der Flughafen in Peking jedenfalls, über den der spärliche Luftverkehr nach Nordkorea hauptsächlich abgewickelt wird, ist ein Ort einer ganz anderen Verwandlung. Hier lassen Nordkoreaner die Fremde hinter sich und bereiten sich geistig auf die Wiederkehr vor.

Im alten, mittlerweile stillgelegten Pekinger Flughafen befand ich mich während meiner dreijährigen Tätigkeit an der Schnittstelle der Systeme. Gleich hinter der Sicherheitskontrolle führte eine Tür zum Flugsteig 21. Es war das Abfluggate nach Pjöngjang. Zweimal pro Woche bediente Air Koryo diese Linie. 1997 waren von den 150 Passagieren an Bord höchsten fünf bis zehn erkennbar westliche Ausländer, 1999 waren es oft mehr als die Hälfte.

An Gate 21 lag eine fast greifbare Spannung im Raum. Nordkoreaner, die in verschiedenen Teilen der Welt gearbeitet und zwangsläufig andere Lebensweisen kennen gelernt hatten, kehrten, oft nach langer Zeit, wieder nach Hause zurück. An Gate 21 ließen sie ihre nichtkoreanischen Lebens- und Denkweisen zurück und verwandelten sich wieder in jene Landesbürger, wie sie der Geliebte Führer zu Hause erwartete. Hier war der Ort, wo Nordkorea seine zeitweilig abwesenden Kinder wieder aufnahm. Hier wurde überprüft, ob man sich etwa zu sehr dem dekadenten westlichen System hingegeben hatte. Hier präsentierte sich ein nordkoreanischer Bürger wieder als Teil der Hierarchie im konfuzianischen Sinne. Nachdem er die Halle betreten hatte, verschwand ein jeder auf der Toilette und tauchte mit einem seinem Rang und seinen Verdiensten entsprechenden Kim-Il-Sung-Abzeichen am Revers wieder auf. Man nahm sein Denken wieder voll unter Kontrolle und stellte sich auf die vom Großen Führer vorgegebene Denkweise ein.

Irgendwie erinnerte dieses Verhalten an eine rituelle Zeremonie. Auf einem der Stühle sitzend und die Situation beobachtend, habe ich mich oft gefragt, was in den Köpfen dieser Menschen wohl vorgehen mag. Wie würden sie ihren Freunden und Verwandten das im Ausland Erlebte vermitteln, wie erklären, warum ein Bürger des Paradieses der Arbeiterklasse beladen mit Videogeräten, Fernsehern und Computern aus dem dekadenten Ausland zurückkehrt, ganz zu schweigen von Schokolade, Süßigkeiten und anderen Leckereien, die es in Nordkorea nicht gab?

Das bewusst gestaltete Ritual der geistigen Heimkehr an Gate 21 und an den anderen Grenzstellen lässt erahnen, wie die Nordkoreaner über das Ausland reden. Natürlich hören manche Menschen in Pjöngjang, Haeju, Chongjing und anderswo im privaten Kreise, wie das Leben im Ausland ist. Hier machen diese Erzählungen genauso die Runde wie Journale und Zeitungen, die Ausländer mitbringen. Wahrscheinlich stellen sich einige den Alltag im Ausland paradiesischer vor, als er ist. Demgegenüber ordnet jeder Nordkoreaner die Verlockung des Auslands seiner Loyalität gegenüber seiner Familie, seinem Arbeitskollektiv und seiner Gemeinschaft, symbolisiert durch die Hingabe zum Großen Führer, unter.

Ausnahmslos alle nordkoreanischen Rückkehrer trugen teure, farbenprächtige Blumensträuße. Sofort nach Ankunft begeben sie sich zur Kim-Il-Sung-Statue und legen dort die Blumen nieder. Erst dann sind sie wirklich zu Hause angekommen.

Käthi Zellweger

Ersatzstoffe. Tagebuch eines Hilfseinsatzes

(1998)

Samstag, 12. September

Die Boulevards vom Flughafen ins Zentrum Pjöngjangs sind makellos sauber. Kaum ein Auto ist zu sehen. Der Verkehr besteht aus voll bepackten Straßenbahnen und Männern und Frauen, die schwere Bündel auf Köpfen und Rücken tragen. Sie transportieren Nahrungsmittel und ihre persönliche Habe. Es scheint mehr Imbiss-Stände am Straßenrand zu geben als bei meinem letzten Besuch. Verkauft werden kalte Getränke und Snacks. Überall sind Überbleibsel der Feiern zum 50. Jahrestag der Gründung der Koreanischen Demokratischen Volksrepublik am 9. September zu sehen, überall Schilder in den Nationalfarben Rot, Weiß und Blau. Die Straßen sind anlässlich der Feierlichkeiten neu geteert worden.

Wir übernachten im Potonggang, dem einzigen Hotel mit internationalem Fernsehempfang. Das neunstöckige Hotel wurde in den frühen siebziger Jahren gebaut und befindet sich im Besitz der südkoreanischen »Vereinigungskirche«. Beim Blick aus dem Schlafzimmerfenster sehe ich die drei Satellitenschüsseln für CNN, Gemüse, das auf dem Flachdach des Hotels wächst, und das unfertige Ryugyong-Hotel, den pyramidenförmigen Betonrohbau, der noch genauso aussieht wie bei meinem ersten Besuch 1995.

Sonntag, 13. September

Die erste Frage beim Eintritt in den Speisesaal lautet: »Woher kommen Sie?« Meine Kollegin und ich wissen, dass dies kein leeres Wortgeplänkel ist, und antworten unisono »Caritas« statt »Irland« oder »Schweiz«. Diese Antwort bestimmt den Tisch, der uns für die kommende Woche zugewiesen ist. Wir trauen uns auch nicht, woanders zu sitzen.

Das Frühstück besteht aus Toast, Marmelade, Kaffee (heute keine Milch) und Eiern bei Bedarf. Die Butter kommt, als wir den Toast gerade aufgegessen haben. Die Kellnerin entschuldigt sich so freundlich, wie es nur Koreanerinnen können.

In dem gewaltigen Speisesaal, in dem gut und gerne 200 Menschen Platz haben, sitzen gerade einmal zehn Gäste. Die Decke ist ungefähr zehn Meter hoch, was die Isolation der Speisenden verstärkt. In der Mitte des Saals ist ein langer Büfett-Tisch mit festlichem Blumengesteck und silbernen Platten aufgebaut. Optimismus wäre fehl am Platz – diese Platten enthalten Besteck. Die Wand ist mit einem großen Schild aus kleinen Nordkorea-Flaggen dekoriert. Sie bilden, dem Feiertag entsprechend, eine große 50.

Unsere erste Fahrt führt in die 1988 erbaute Katholische Kirche Changchung. Um zehn Uhr ist Gottesdienst. Weil es in Nordkorea keine Priester gibt, bietet die Katholische Kirche jede Woche einen Basis-Gottesdienst an, an dem nur Erwachsene über 18 Jahren teilnehmen dürfen. Es gibt landesweit nur drei Kirchenräume. Die Frauen tragen grelle weiße Schultertücher. Der ganze Gottesdienst hat etwas Klinisches an sich – ein seelenloses Ritual. Zu Beginn entfernen die Menschen ihre Anstecknadeln mit dem Porträt des Großen Führers, stecken sie aber sofort wieder an, sobald der Gottesdienst beendet ist. Auf Nachfrage erzählt man uns, dass man nach katholischer Lehre keinem anderen Gott huldigen darf. Deshalb würden die Anstecknadeln entfernt. Die Mehrheit der Gemeinde ist über 50 Jahre alt. Es sind ungefähr gleich viele Männer wie Frauen. Wie alle Nordkoreaner sind sie einfach und tadellos sauber gekleidet. Ein tieferer Gemeindegeist scheint nicht zu existieren. Nach der Wandlung gehen alle sofort nach Hause. Wir erörtern mit der Kirchenbehörde, wie viel Hilfe wir zukünftig leisten können.

Montag, 14. September
Die eigentliche Arbeit beginnt. Unser Gegenüber, das Flood Damage Rehabilitation Committee, hat unsere Änderungswünsche bezüglich der Fahrtroute berücksichtigt. Um neun Uhr treffen wir uns mit Herrn Chae Ryang Il und Herrn Choy Dok Hun vom Bildungsministerium. Wir besprechen die laufenden Bildungsprojekte, die Caritas finanziert, und deren mögliche Ausweitung.

Vom Hotel geht es ins Diplomatenviertel. Hier befinden sich nicht nur die Botschaften, sondern auch alle Büros der Vereinten Nationen und der Nichtregierungsorganisationen. Wir nehmen an einem Landwirtschaftstreffen teil, bei dem sich verschiedene Organisationen über ihre Aktivitäten und Zukunftspläne austauschen. Wir stellen unser Projekt vor: Die Caritas importiert Plastikgranulat, das die Nordkoreaner zu Folie verarbeiten. Die Plastikfolie soll die Saatanpflanzung und den Gemüseanbau verbessern helfen. Viele Organisationen drücken ihr Interesse an dem Projekt aus.

Um 14 Uhr fahren wir zur Plastikfolienfabrik Kansun in Nampo am Westmeer, dem größten Hafen des Landes. Die Fahrt auf der breiten Schnellstraße dauert nur eine Viertelstunde. Unterwegs passieren wir einen bewaffneten Militärkontrollpunkt, der den Übergang von der Stadt Pjöngjang zum Bezirk Nampo markiert. Autos ohne spezielle Genehmigung dürfen diesen Kontrollpunkt nicht passieren. Der Verkehr besteht einzig aus Lastwagen, von denen einige ähnlich wie Lokomotiven auf Dampfbetrieb umgerüstet wurden – eine angemessene Lösung der anhaltenden Treibstoffknappheit.

Bei der Fabrikbesichtigung wollen wir sehen, wie aus den 1000 Tonnen Plastikgranulat, die Ende Juli per Schiff angeliefert wurden, Folie gemacht wird. Die Fabrik Kansun ist eine der wenigen, die derzeit überhaupt noch produzieren. Sie kann 400 000 Quadratmeter Folie am Tag herstellen. Der Direktor Herr Kim Que Ha sagt, dass die Versorgung mit Elektrizität manchmal ein Problem sei, seine Hauptsorge jedoch dem Mangel an Rohstoffen gelte. Die Maschinen sind einfach, aber effizient. Sobald die Plastikfolie fertig ist, holen LKWs aus den jeweiligen Zielgebieten die zugewiesenen Rollen ab. Der Transport ist schwierig, daher verzögert sich dieser Teil des Prozesses manchmal.

90 Männer und 50 Frauen arbeiten in der Fabrik. Die Belegschaft ist warmherzig und freundlich. Besonders die Arbeiterinnen scheint der Anblick zweier Frauen aus dem Westen zu interessieren, die überall herumlaufen und neugierig in die Säcke voller Granulat schauen, Proben in ihre Taschen füllen und dabei alles filmen. Im Anschluss an den Rundgang überzeugen wir uns davon, dass die Bücher gut geführt sind. Der aufgeschlossene und freundliche Herr Kim äußert den Wunsch, die Granulatlieferungen mögen fortgesetzt werden.

Dienstag, 15. September

Um acht Uhr fahren wir in das 230 Kilometer von Pjöngjang entfernte Sinuiju. Die Fahrt in die Hauptstadt der an China grenzenden Provinz Phyongan-Nord dauert vier Stunden. Wieder markiert ein

Kontrollpunkt den Zugang zur Stadt. In Sinuiju scheint es mehr Fahrräder und eine größere Buntheit als anderswo in Nordkorea zu geben, was für mich die Nähe zu China anzeigt. Viele typisch sozialistische Gebäude stehen in der Stadt, große graue Kastenhäuser, und das Hotel Amnokgang bildet keine Ausnahme. Die Zimmer sind dunkel und feucht, ihre Balkons baufällig. Der Speisesaal ist groß genug, um 150 Menschen Platz zu bieten. Er wird von drei einsamen Reisenden belegt. Der einzige Glanz stammt von den Weihnachtslichtern, die das ganze Jahr über leuchten.

Auf der landwirtschaftlichen Genossenschaft Kwangson leben 280 Familien. 1235 Menschen bearbeiten 351 Hektar Land, von denen 253 Hektar Reisfelder sind. Zusätzlich bauen sie Mais, Hirse, Gemüse und Früchte an und halten einige Tiere. Die Aussichten auf eine gute Reisernte sind in diesem Jahr wegen des Mangels an Düngemitteln und schweren Regenfällen nicht gut. Die Caritas hat der Genossenschaft etwas Plastikfolie gespendet, was offenbar sehr geschätzt wird.

Herr Choe, der Direktor, ist ein sehr tatkräftiger und engagierter Mann. Seit acht Jahren arbeitet er hier. Nun macht er sich Sorgen über das kommende Jahr. Die Nahrungsmittelvorräte sind im April aufgebraucht worden, und von der diesjährigen Ernte ist wenig zu erwarten. Belief sich vor 1993 der Durchschnittsertrag auf 6,5 Tonnen pro Hektar, so waren es im vergangenen Jahr 3,5 Tonnen. Dieses Jahr werden 2,5 bis 3 Tonnen erwartet. Den Rückgang führt Herr Choe auf die Naturkatastrophen zurück und auf fehlende Zufuhrstoffe wie Dünger, Pestizide und Treibstoff für die Maschinen. Herr Choe berichtet uns, dass die Menschen ihren Speiseplan zunehmend durch Ersatzstoffe wie Eicheln, Blätter, Wurzeln, Stängel und die Strünke der Süßkartoffel sowie essbare Kräuter ergänzen.

Beim Rundgang über die Felder sehen wir eine Gruppe von etwa 30 Schülern, die auf den Reisfeldern Unkraut zupfen. Die 12- bis 13jährigen sind ehrlich überrascht und neugierig. Sie genießen es offenbar, sich beobachten zu lassen, und packen noch enthusiastischer an. In Nordkorea muss jeder Gemeinschaftsarbeit leisten. Die da als Teil ihres Dienstes Unkraut jäten, sind auf dem Heimweg von der Schule und haben zumeist noch ihre Schuluniform an.

Auf unserer Fahrt zurück in die Stadt passieren wir ein Gebäude, bei dem es sich offenbar um eine ehemalige Kirche handelt. Jetzt dient es als Kino. An seine ursprüngliche Funktion erinnert sich wahrscheinlich nur die ältere Generation; unsere Begleiter erzählen uns, es sei schon immer ein Kino gewesen.

Von den 326 000 Einwohnern Sinuijus arbeiten fast alle in der Schuh- und Textilindustrie. Die 18 landwirtschaftlichen Genossenschaften könnten die Stadtbevölkerung nicht mehr so versorgen, wie sie es in der Vergangenheit getan haben, erzählt uns Herr Choe. Die Lebensmittelknappheit sei das größte Problem der Stadt. In den vergangenen vier, fünf Jahren habe das staatliche Zuteilungssystem beträchtlich abgenommen. Viele Fabriken arbeiteten wegen des Mangels an Rohstoffen nur unzureichend. Gelegentlich kommt Material aus China, das nach Übereinkunft der Regierungen in Sinuiju verarbeitet und dann zurückgeliefert wird. Informeller Handel mit China wird nicht zugegeben, aber es gibt starke Anzeichen, dass er stattfindet.

Anders als in Pjöngjang gibt es in Sinuiju keine Überreste der großen Feierlichkeiten zum Jahrestag der Republikgründung. Doch die Menschen haben heute von der Regierung etwas Reis und Weizenmehl erhalten.

Mittwoch, 16. September

Um halb sieben wache ich vom Klang von Marschmusik und Lautsprecherankündigungen auf. Er erinnert mich an China in den frühen achtziger Jahren. Damals benötigte ich ebenso wenig einen Wecker. Das Frühstück ist karg. Zum Glück haben wir löslichen Kaffee dabei, den unverzichtbaren Begleiter bei Reisen in Nordkorea.

Heute besuchen wir zwei Familien, ein Krankenhaus und ein Säuglingsheim. In der ersten Wohnung lebt Frau Pang. Die 69-Jährige teilt sie mit ihrem Sohn, der Schwiegertochter und dem sechs Monate alten Enkel. Wir sprechen, nach koreanischer Sitte auf dem Boden sitzend, über die Nahrungsmittelknappheit. Frau Pang sagt, dass sie seit Februar keine regulären Regierungszuteilungen mehr erhalten habe. Wie in den meisten Fällen wird dies sehr sachlich geäußert. Sie versichert uns, dass sie vor dem kommenden Jahr keine Angst habe. Sie sei sicher, dass die Regierung sich um ihre Bedürfnisse kümmern werde. Am 9. September habe jedes Mitglied ihrer Familie sieben Kilo Reis, etwas Seife und Tofu erhalten.

Die Wohnung besteht aus zwei Räumen und einer Küche. Wie in allen Unterkünften gibt es eine Fußbodenheizung im Hauptraum,

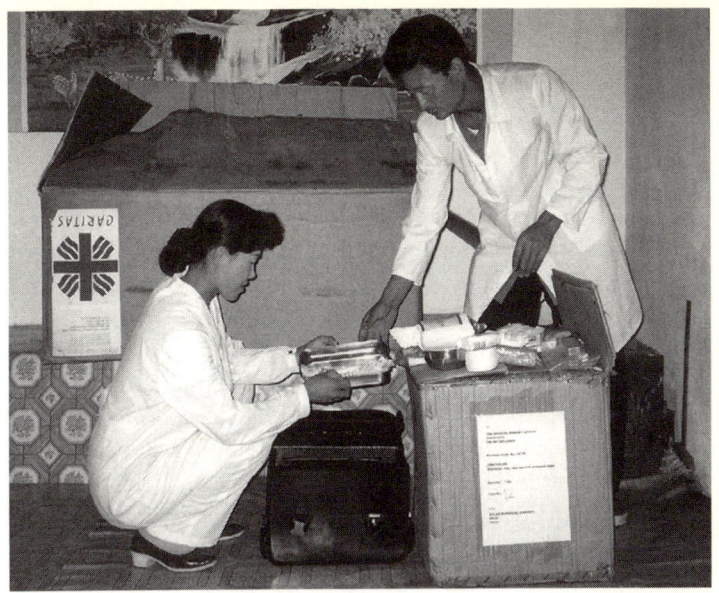

Die Caritas unterstützt unter anderem Krankenhäuser mit Hilfslieferungen, hier in Sinuiju 1998.

der mit den Bildern Kim Il Sungs und Kim Jong Ils dekoriert ist. Das einzige Möbelstück im Raum ist ein Schminktisch. An der Wand hängt eine Gitarre. Sie gehört Frau Pangs Sohn. Im Hintergrund läuft ein chinesisches Radio. Leise singt Kenny Rogers, bis der Strom ausfällt.

Familie Pang möchte nicht fotografiert werden. Sie sei schüchtern, und außerdem seien heute keine männlichen Familienangehörige da. Wir besuchen deshalb das Heim von Chae Yun Pyun, einem 71-jährigen Tischler. Als wir eintreten, sitzt er auf dem Boden und arbeitet. Er ist von der Ankunft zweier ausländischer Besucher ein wenig überrascht, bleibt aber bis zuletzt höflich. Herr Chae lebt mit seiner Frau und dem jüngsten Sohn zusammen, die älteren drei Söhne sind verheiratet und wohnen woanders. Wie Frau Pang hat auch Herr Chae seine letzte reguläre Lebensmittelration im Februar erhalten. Als Rentner erhalten seine Frau und er je 87 Won im Monat, etwa ein Drittel des Durchschnittslohns. Daher stellt Herr Chae Möbel im Austausch für Lebensmittel her. Leute vom Land stellen ihm das Holz zur Verfügung und bezahlen ihn für die Arbeit.

Wir fahren zum Städtischen Krankenhaus von Sinuiju, einem der fünf Spitäler der Stadt. Es hat 500 Betten, von denen heute nur 200 belegt sind. Täglich werden 500 bis 600 Patienten ambulant behandelt. Die Apotheke ist fast ausschließlich mit Spenden internationaler Hilfsorganisationen bestückt. Zusätzlich gibt es einige traditionelle koreanische Medikamente, die das Krankenhaus, so wie andere auch, selbst herstellt. Wie alle Spitäler in Nordkorea ist auch jenes in Sinuiju tadellos sauber. Die Ärzte und Krankenschwestern leisten unter schwierigen Umständen ihr Bestes. Der Direktor vermittelt den Eindruck von jemandem, der bessere Tage gesehen hat und weiß, dass sein Krankenhaus besser sein könnte. Es muss hart sein, seinen Stolz und seine Freude vor den eigenen Augen schwinden zu sehen und nichts dagegen tun zu können.

Auf der Kinderstation treffen wir Chae Yung Hun. Der 15 Monate alte Junge ist unterernährt und hat Diarrhöe. Es ist bereits seine zweite Einweisung wegen Unterernährung. Die Mutter sitzt etwas hilflos neben ihrem einzigen Sohn. Er erhält intravenös Glukose aus einem mit Gazestreifen bedeckten Glas. Es gibt keine versiegelten, sterilen Lösungen an diesem Ort. Chaes Hodensack ist durch die Diarrhö extrem wund. Die Schmerzensgrimassen in seinem mageren Gesicht sehen beinahe wie ein Lächeln aus.

Der nächste Patient, Kim Hyok, ist neun Jahre alt. Sein rötlich gefärbtes, strohiges Haar weist die verräterischen Anzeichen von Marasmus auf, der Auszehrung infolge von Unterernährung. Für einen Neunjährigen scheint er nahezu leblos. Im Bett neben ihm liegt Kim Chi Hun, ein Mädchen von fünf Monaten. Das Baby wurde mit 4,3 Kilogramm Gewicht eingeliefert und nahm fast sieben Kilogramm zu. Ein Diarrhö-Anfall hat es wieder zurückgeworfen. Kim Chi Hun sieht blass und kränklich aus. Ihre Großmutter kümmert sich um sie, füttert sie mit Milch, die mit lebenswichtigen Stoffen angereichert wurde, aber ich kann nicht umhin, mich zu fragen, ob es nicht bereits zu spät ist.

Donnerstag, 17. September

Wieder zurück in Pjöngjang erwarten uns um acht Uhr zwei Autos. Wir wollen nach Kaesong, etwa 160 km südöstlich der Hauptstadt. Da wir wissen, dass die schnurgerade Straße in gutem Zustand ist, halten wir zwei Autos für vier Passagiere für übertrieben. Wir verlangen, dass wir alle in einem Wagen fahren. Die Argumente Treibstoffknappheit und Verschwendung gewinnen schließlich die Oberhand. Der alte Volvo mit seinen über 400 000 Kilometern auf dem Tacho bekommt einen freien Tag.

Kurz vor Kaesong nimmt die Militärpräsenz spürbar zu. Bei der Einfahrt in die Stadt passieren wir drei Kontrollpunkte der Armee. Kaesong liegt nur wenige Kilometer von der Grenze zu Südkorea entfernt. Die Stadt ist im Koreakrieg unversehrt geblieben und hat deutlich mehr Charakter als die meisten Städte Nordkoreas. Hier gibt es noch viele alte Gebäude mit ihren im traditionellen Stil gekachelten und geschwungenen Dächern. Kaesong hat 344 000 Einwohner, 120 000 von ihnen sind Bauern. 60 landwirtschaftliche Genossenschaften in der Umgebung versorgen die Stadt mit Lebensmitteln.

Es herrscht mehr Lebendigkeit als bei meinem letzten Besuch vor zwei Jahren. Am Straßenrand repariert ein Mann Fahrräder, geschützt durch Plastikfolie; ein Schuster und einige Frauen offerieren Benzin für Feuerzeuge. Andere Menschen verkaufen oder tauschen Zigaretten und Lebensmittel. Auffällig ist, dass der Handel offener als zuvor betrieben wird – wenn es ihn auch vor zwei Jahren gegeben hat, spielte er sich im Verborgenen ab. Die Regierungsbehörden scheinen toleranter geworden zu sein.

In der Krippe Man Wol (Vollmond) treffen wir Frau Nam Myung Hi. In einem Land, in dem die Menschen sich eher in gedeckten Farben kleiden, fällt ihr lilafarbenes T-Shirt sofort auf. Frau Nam strahlt eine Lebendigkeit aus, die ebenso selten ist. Diese Frau ist jung und energetisch wie die übrigen Mitarbeiter. Die Krippe spiegelt dieses Engagement. Da der Kinderhort keine Kontrolle über den Umfang oder die Häufigkeit der Lebensmittellieferungen seitens der Regierung und der Hilfsorganisationen hat, sind Frau Nam und ihr Team kreativ geworden. In den Wäldern sammeln sie Eicheln und machen daraus eine Art Marmelade. Die Eicheln werden zunächst gekocht und in Wasser getränkt, um den bitteren Geschmack zu entfernen. Dann werden sie getrocknet, zerstoßen, erneut gekocht und den gerade erhältlichen Nahrungsmitteln hinzugefügt.

Die Mitarbeiter geben zu, dass die Kinder manchmal Schwierigkeiten bei der Verdauung dieser Speise haben. Aber sie wissen, sie haben keine andere Wahl. Wie das Waisenheim ist auch die Krippe unterbelegt (59 Kinder bei einer Kapazität von 120). Als Grund gibt Frau Nam die gesunkene Geburtenrate an. Sie vermutet auch, dass die Familien ihre Kinder nicht in die Krippe gäben, weil es dort wenig Lebensmittel gibt. Das Vorratslager enthält ein Fass Öl von der Caritas, einen Eimer Eicheln, zwei Plastikbeutel wilde Kräuter und eine Schüssel Maismehl. Viele Schränke und Vorratsbehälter sind leer. Die Kinder sind in allgemein guter körperlicher Verfassung, obwohl Frau Nam sagt, dass die Ernährungslage schlechter sei als vor einem Jahr. Sie müsse immer mehr Kinder ins Krankenhaus überweisen, annähernd fünf im Monat. Wie die meisten Krippen baut diese eigenen Mais und Bohnen an, aber nur in kleinen Mengen. Sie halten auch Fische, Kaninchen und Hunde.

Der letzte Besuch führt uns ins Kinderkrankenhaus von Kaesong. Er hinterlässt einen bleibenden Eindruck. Alle kleinen Patienten sind zu einem gewissen Grad unterernährt. Einige leiden unter zusätzlichen Krankheiten. Die etwa 50 Kinder sind zwischen einer Woche und 13 Jahren alt. Der Krankenhausdirektor Han Ki Won, der hier seit zehn Jahren arbeitet, sagt uns, dass es bis vor drei Jahren keine Unterernährung gegeben habe. Die meisten Fälle seien jetzt bei Kindern aufgetreten, die jünger als drei Jahre sind. Aber auch viele ältere Kinder sind unterernährt. Sie sehen ein wenig vernachlässigt und apathisch aus. Anders als bei den jüngeren Kindern sind keine Verwandten um sie. Wir fragen uns, wo diese Kinder herkommen und wie ihre Zukunft aussehen wird. Einige erhalten Glukose und Wasser aus Flaschen, deren Etiketten von Fanta oder Mineralwasser verraten, dass sie nicht sterilisiert wurden.

Nahrungsmangel ist nicht das einzige Problem. Die Kinder haben auch Diarrhö, die, so berichtet uns Herr Han, durch verschmutztes Trinkwasser entstehe. Gegenwärtig stürben jeden Monat drei bis vier Kinder. Das ist glaubhaft – viele Kinder scheinen so schwach, dass schwer vorstellbar ist, wie sie den strengen koreanischen Winter überstehen werden.

Wir wollen das Gesehene auf Fotos festhalten, um den Spendern und Freunden von Caritas einen Eindruck von den Zuständen in dem Krankenhaus zu geben. Wir verzichten jedoch darauf, die Kamera auf Mütter und ihre hungrigen Kinder zu richten – sie haben ihre Würde. Obwohl wir drei Fotoapparate dabeihaben, gibt es keine Bilder vom Kinderkrankenhaus Kaesong außer jenen in unseren Köpfen.

Auf der schnurgeraden Straße zurück nach Pjöngjang zähle ich die Kontrollpunkte, die wir passieren, und alles, was mir sonst noch auffällt. Ich komme auf fünf Kontrollposten, 18 Tunnel und zehn Autos. Müde bereiten wir unsere Agenda für die morgigen Treffen vor, essen Butterkekse und etwas von unseren Schokoladevorräten und gehen früh zu Bett. Ein paar Minuten Fernsehen scheint mir ein gutes Schlafmittel zu sein. Im Staatskanal laufen die Wiederholungen der Feierlichkeiten zum 50. Jahrestag, auf CNN die endlose Clinton-Lewinsky-Saga. Als Alternative könnte ich aus dem Hotelfenster blicken und die von der roten Flamme des Juche-Turms beleuchtete Skyline von Pjöngjang bewundern. Alles nicht besonders reizvoll.

Aus dem Englischen von Dieter Lend

Hans Stehling

Gefrorenes Glück.
Die erste deutsche Rindfleisch-Lieferung

(2001)

Das Glück kommt für Song Gwang Gyu im Dezember: Rindfleisch aus Deutschland, verpackt in 25-Kilo-Kartons, hygienisch in Plastikfolie eingeschweißt und als BSE-frei getestet. Pro Kopf ein Kilo. Bestimmt für Kinder, Schwangere, Kranke und Alte. Die Rentnerin gibt ihren Bezugsschein ab und quittiert den Erhalt des Fleisches in einer Liste. Lange hat die 70-jährige Witwe Schlange gestanden in einer der staatlichen Verteilstationen der Hafenstadt Wonsan. Auf der anderen Seite der rosafarbenen Theke taut das tiefgefrorene Glück nur langsam auf. Draußen sind zehn Grad unter null. Der Laden ist nicht geheizt. Brennstoff fehlt.

Der Rinderwahnsinn in Europa hat die humanitäre Hilfe aus Deutschland möglich gemacht. Die ersten positiven Proben im November 2000 hatten die Verbraucher in Angst und Schrecken versetzt. Der Rindfleischkonsum brach um die Hälfte ein. Um den Markt zu stabilisieren, intervenierte die Europäische Kommission. Sie kaufte in der ersten Jahreshälfte 2001 viele Rinder auf – und verbrannte sie. »Die Entrüstung war groß«, erinnert sich Ulrich Popp, im Entwicklungsministerium zuständig für Not- und Flüchtlingshilfe. »Nahrungsmittel zu vernichten, wo so viel Hunger in der Welt herrscht, war nicht zu vermitteln.« Die Europäische Union änderte darauf ihre Verordnung, die bis dahin zwingend das Verbrennen des Fleisches vorsah. So machte sie den Weg frei für die Nahrungsmittelspende. 80 000 getötete Tiere waren bis dahin in die Öfen der Tierverwertungsanstalten gekommen.

Song Gwang Gyu erhält drei Kilo entbeintes Fleisch, eines für sich, zwei für die Enkel. Sie wickelt es in eine zerrissene Plastiktüte. Nicht etwa aus mangelnder Wertschätzung. Sie hat einfach keine andere. Ein paar hundert Meter weiter ist sie zu Hause, im dritten Stock eines viergeschossigen Wohnblocks aus den fünfziger Jahren, ohne Bad, das Plumpsklo auf dem Hof. In der kleinen Küche mit dem typisch koreanischen, in den Boden gelassenen Kohleherd ist es bitterkalt. Eine Fensterscheibe fehlt. Den einzigen Raum dahinter teilt sich die alte Frau mit der Familie ihrer Tochter. Zu fünft leben sie auf 16 Quadratmetern. An den Wänden hängen drei Bilder. Je eines zeigt Kim Il Sung und Kim Jong Il. Auf dem dritten Foto sind beide im Gespräch. Die Einrichtung besteht aus einem Schreibtisch mit einem Stuhl davor, einem Schrank und einem Kühlschrank, der im Winter ausgeschaltet ist. Gegessen wird traditionell im Schneidersitz auf dem blitzblanken PVC-Boden. Kein Geld für Möbel, aber auch kein Platz. Abends verwandelt sich das Esszimmer in ein Schlafzimmer. Dann werden die fünf Schlafmatten dicht an dicht ausgerollt, die tagsüber im Schrank verstaut sind.

Im Sommer vergangenen Jahres habe die Familie zum letzten Mal Fleisch gehabt, sagt Song Gwang Gyu. Ihre Tochter habe es in dem Hotel gekauft, in dem sie arbeitet. Einen kleinen Teil der deutschen Spende stellt die Rentnerin in den »Naturkühlschrank«, den kleinen Korb vor dem Fenster, wo die Temperatur erst wieder im März auf über null Grad steigen wird. Das meiste legt sie zum Konservieren in Sojasoße und Salz ein. Vom wenigen Rest des Fleisches will sie für heute Abend Sogogi Guk kochen, eine Rindfleischsuppe. Ihr Enkel Kand Chol schaut aufmerksam zu. 15 Jahre ist er alt, doch er sieht aus wie ein Zehnjähriger; eine Folge der mangelhaften Ernährung.

Nordkorea kann seine Bevölkerung nicht mehr ausreichend versorgen. Hunderttausende sind seit 1995 verhungert, Schätzungen der Johns-Hopkins-Universität und des Korean Buddhist Sharing Movement gehen sogar von mehr als zwei Millionen aus. Zahllose Kinder blieben durch fehlende Nahrung körperlich und geistig zurück, 60 Prozent der Kinder unter fünf Jahren gelten als unterernährt. Der Not ging der rasante wirtschaftliche Abstieg voran. Er begann mit dem Ende der Sowjetunion. Der Außenhandel mit den kommunistischen Staaten brach weg. Naturkatastrophen vernichteten die Ernten: mal Überschwemmungen im Frühjahr oder Herbst, mal Dürren im Sommer oder Winter. Die Bauern haben kein Vieh mehr auf der Weide. Einen lokalen Fleischmarkt gibt es nicht mehr. Nur hier und da zieht auf den Feldern noch eine Kuh einen Holzpflug. Die einst leistungsfähige Fischereiflotte läuft nicht mehr aus, weil fehlende Ersatzteile die Schiffe lahm gelegt haben. Die Kühlhäuser stehen leer. Heute ist jeder dritte der 22 Millionen Nordkoreaner abhängig von den Reis- und Getreidelieferungen des Welternährungsprogramms der Vereinten Nationen (WFP). Dennoch stehen seit fünf Jahren über das staatliche Verteilsystem statt der 2000 Kalorien, die ein Erwachsener benötigt, nur 600 zur Verfügung. »Mit dem Rindfleisch können wir kurzzeitig den eklatanten Mangel an tierischem Eiweiß mindern«, sagt Ulrich Popp.

Song Gwang Gyu streicht ihrem Enkel Chol zärtlich über das kurze, dunkle Haar. Das Wichtigste sei, sagt sie, dass die Kinder etwas zu essen haben. Früher, als sie als Magd auf einem staatlichen Bauernhof arbeitete, habe es immer genug zu essen gegeben. Heute seien Bohnen und Getreide knapp, auch Reis und sogar Kimchi, der scharf eingelegte und dadurch haltbar gemachte koreanische Kohl.

Lange ist die Rindfleisch-Lieferung an Nordkorea in Deutschland umstritten: politisch, da Pjöngjang seine Grenzen vor der Welt verschließt; entwicklungspolitisch, weil Fleisch für Hungernde im Unterschied zu Reis oder Getreide viel teurer ist und für den gleichen Preis ein Vielfaches an Hilfsgütern in der Region beschafft werden könnte. Popp hält dagegen: »Wir standen durch die BSE-Krise vor einer historisch einmaligen Situation. Das Verbraucherschutzministerium hat Fleisch vom Markt gekauft, es hatte dadurch keinen Verkehrswert mehr. Was sollten wir damit machen? Die Alternative lautete: verbrennen oder Nothilfe leisten.«

Im März 2001 reist erstmals eine Delegation aus Vertretern des Verbraucherschutzministeriums, des Auswärtigen Amtes und des Entwicklungsministeriums unter Leitung von Ulrich Popp nach Nordkorea. Ihre Aufgabe ist es, die Voraussetzungen und Bedingungen zu klären, unter denen die deutsche Fleischlieferung möglich ist. Ein Notenwechsel zwischen dem Ministerium für Verbraucherschutz, das im Auftrag der Europäischen Kommission das Fleisch gekauft hat, und der nordkoreanischen Regierung regelt die Modalitäten. »Unsere größte Sorge war, dass das Fleisch nicht bei den Bedürftigen landet, sondern in den Händen der Armee«, erinnert sich Ulrich Popp. »Deswegen haben wir festgeschrieben, dass wir die Verteilung beobachten und dokumentieren. Auch haben wir genau vereinbart, dass sich deutsche Journalisten an Ort und Stelle ein Bild von der Arbeit machen können, um darüber zu berichten.«

Das Entwicklungsministerium beauftragt die Deutsche Gesellschaft für Technische Zusammenarbeit (GTZ) mit der Planung. Zahlreiche Szenarien spielen die Logistiker durch. Die Entscheidung fällt für die Lieferung von tiefgefrorenem Fleisch, gegen Dosen, der Verarbeitungskosten wegen. Tierhälften scheiden hingegen aus, weil die Tore der nordkoreanischen Kühlhäuser in den Häfen in aller Regel zu klein sind. Sie sind für Seefisch konzipiert. Deshalb entscheiden sich die Logistiker für 25-Kilo-Kartons – nicht in Kühlcontainern zu verschiffen, sondern als Stückgut. Vom Hafen geht die Ware direkt auf LKWs und in die ausgewählten Regionen, oder sie wird in Kühlhäusern bis zur Auslieferung zwischengelagert. Um Zeit und Wege über Land kurz zu halten und eine mögliche Unterbrechung der Kühlkette beim Transport mit offenen Lastwagen zu vermeiden, entscheidet die GTZ, vier Häfen anzulaufen: Nampo und Haeju an der Westküste, Hungnam und Wonsan an der Ostküste. Mit Unterstützung des World Food Program der Vereinten Nationen (WFP) erarbeiteten die GTZ-Experten Verteilpläne, um diejenigen zu erreichen, die in den Genuss des Fleisches gelangen sollen: Kinder und Alte, Kranke und Schwangere. Die Verteilung selbst liegt in den Händen des nordkoreanischen Flood Damage Rehabilitation Committee (FDRC), das mit allen internationalen Organisationen bei der Nahrungsmittelhilfe zusammenarbeitet. Nach einem ausgeklügelten System fahren die Lastwagen die Großküchen von Kinderheimen, Krankenhäusern und Schulen an, beliefern staatliche Verteilstationen, wo Privatpersonen wie Song Gwang Gyu ihr Kontingent abholen können. Das Entwicklungshilfeministerium beauftragt die GTZ auch mit der Überwachung, dem so genannten Monitoring. Dazu kann die GTZ auf die Erfahrungen des WFP zurückgreifen.

Am 14. November 2001 legt das Kühlschiff »Rainfrost« im Hafen von Nampo an, 60 Kilometer von Pjöngjang entfernt. Sechs Wochen zuvor war es in Wilhelmshaven ausgelaufen, an Bord die ersten 6000 Tonnen tiefgefrorenen, küchenfertigen Rindfleisches. Das entspricht rund 20 000 Tieren. Unmittelbar danach beginnt die Verteilung und die schwierigste Aufgabe des Vorhabens: das Monitoring. Wochenlang sind die neun GTZ-Experten im Land unterwegs, 80 der insgesamt 206 Landkreise sind in die humanitäre Hilfe eingebunden. Das Monitoring verläuft in drei Stufen, das Procedere ist in allen vier Häfen das gleiche. Teamleiter Christoph Bürk: »Zunächst beobachten wir das Entladen des Schiffes. Dann überprüfen wir die Verteilung im Land, prüfen, ob die Ware ihre Bestimmungsorte erreicht. Und schließlich kontrollieren wir, ob das Fleisch bei den Begünstigten auch ankommt.« Die Experten erheben systematisch all diese Daten. Sie werden ihnen von dem FDRC zugeliefert. Stichprobenartig überprüfen sie die Angaben. Mal kontrollieren sie Kühlhäuser, in denen Fleisch zwischenlagert, mal schauen sie in Verteilstationen vorbei. Sie stoppen Fleischlaster, um die Ladung zu kontrollieren, oder sehen sich in der Großküche eines Krankenhauses um. Immer wieder führen sie die gleichen standardisierten Interviews: Wann kam das Fleisch, wie viele Kartons, wer kommt in den Genuss der Ware, wie viele Personen sind das, wann begann die Ausgabe an die Endverbraucher?

»Die planwirtschaftlichen Strukturen haben die reibungslose Verteilung möglich gemacht«, sagt Bürk. »Nach anfänglichem Misstrauen konnten wir bald alle Einrichtungen aufsuchen, die wir ausgewählt haben, und mit deren Mitarbeitern sprechen. Die Arbeitsbedingungen für uns haben sich sehr gut entwickelt.« Er schätzt, dass mehr als 95 Prozent des Rindfleisches auch tatsächlich bei den Empfängern ankommen – ein Spitzenwert bei der internationalen Nahrungsmittelhilfe. »Die Fleischlieferung aus Deutschland ist nur ein Tropfen auf den heißen Stein«, sagt Ulrich Popp. Angesichts der Not können die 6000 Tonnen Fleisch nur ein erster, nicht nachhaltiger Schritt sein. Doch die psychologische Wirkung in Nordkorea ist riesengroß. Die Worte »the German Beef Delegation« sind in aller Munde. Voll Dankbarkeit sprechen die Nordkoreaner von der deutschen Hilfe. Doch bis zur Aufnahme regulärer Entwicklungsarbeit sei es noch ein weiter Weg, sagt Popp.

Vielleicht wird sie Kand Chol, der 15-jährige Enkel von Oma Song Gwang Gyu, erleben. Er möchte Computeringenieur werden. Computer, sagt er, sind sein Hobby. Stolz zeigt er auf sein liebstes Spielzeug: ein Stück Holz, auf dem die Tastatur eines Keyboards mit Bleistift aufgemalt ist. In seiner Schule hätten sie richtige Computer, sagt Kand Chol, zwei für 600 Schüler.

Austausch

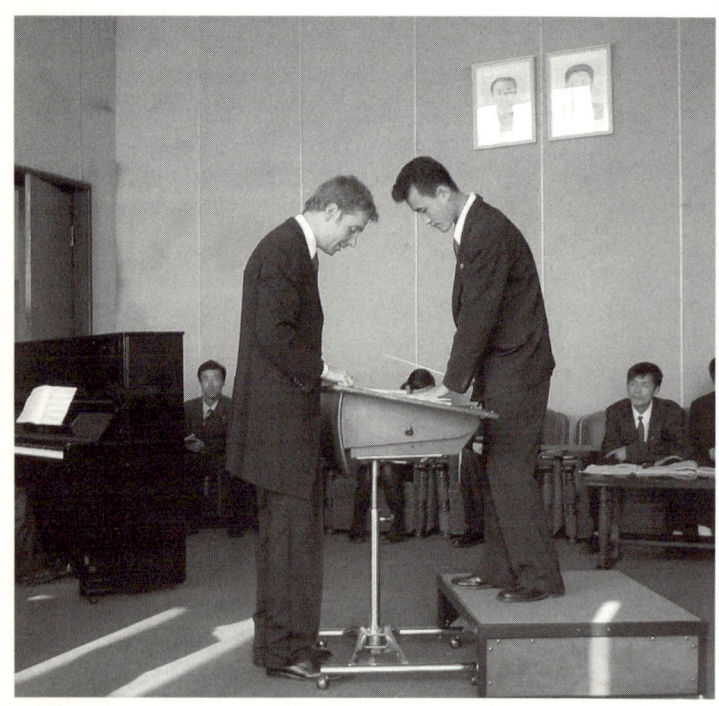

Internationale Zusammenarbeit im Yun-I-Sang-Institut in Pjöngjang:
Gastdozent Alexander Liebreich mit Studenten der Musikhochschule.

Peter Schaller

In undurchdringlichen Schleiern.
Diplomatische Erkundungsräume

(1992)

Diplomaten sind Auge und Ohr ihrer Regierung. Sie sammeln Informationen und Meinungen, bereiten diese auf, bewerten sie und präsentieren sie in einer Form, die sie für außenpolitische Zwecke nutzbar macht. In den meisten Hauptstädten dieser Welt sind sie für das Außenministerium eine wichtige Quelle, an die hohe Anforderungen hinsichtlich Genauigkeit und Verlässlichkeit gestellt werden, aber sie sind eine unter vielen.

In Pjöngjang war das anders. Als ich im Januar 1991 die deutsche Interessenvertretung in der ehemaligen DDR-Botschaft einrichtete, war Nordkorea für das Auswärtige Amt ein unbeschriebenes Blatt. Kontinuierliche Kontakte auf Regierungsebene hatte es bislang nicht gegeben. Medienvertreter und Touristen kamen selten ins Land, blieben nur ein paar Tage und sahen bei ihren streng reglementierten Aufenthalten nur einen minimalen Ausschnitt von Land und Leuten. Als erster Vertreter des wiedervereinigten Deutschlands hatte ich bei der Versorgung der Zentrale in Bonn mit Nachrichten, Eindrücken und Meinungen über und aus Nordkorea eine Art Monopolstellung.

Ich war drei Jahre im Land und nicht auf die flüchtigen Eindrücke von Stippvisiten angewiesen. Sechs Jahre Aufenthalt in China und Kuba hatten meine Analysefähigkeit für sozialistische Systeme geschärft. In Nordkorea jedoch lagen über allem nahezu undurchdringliche Schleier. Ein wenig habe ich diese Schleier vielleicht lüften können. Doch bin ich mir bis heute nicht vollständig klar, wie tief ich in das Land eindringen konnte. Unzweifelhaft blieb mir ein wesentliches Element, wenn nicht das wichtigste und interessanteste, fast vollständig verborgen: Ich weiß nicht, wie die Menschen in Nordkorea denken.

Ich habe mir mehr Freiheiten als meine Kollegen genommen und alle Möglichkeiten genutzt, mehr vom Land zu sehen, als erlaubt war. Ich bin von den vorgeschriebenen Routen und Wegen abgewichen, so oft und so weit es ging, meist ohne genau zu wissen, wo ich überhaupt war. Mehrmals stoppten mich Soldaten, die genauso überrascht waren wie ich über die unerwartete Begegnung. Ich fuhr durch Tunnel, deren Existenz in keiner Karte verzeichnet war, deren Lage und Ausgang ich nicht kannte. Die schwere eiserne Tür des Eingangs stand offen, die Röhre war eng und dunkel. Was tun, wenn das Ende verschlossen war? Wenden war unmöglich, Rückwärtsfahren schwierig. Und wenn man inzwischen die andere Seite verschlossen hatte? Bei diesen Gelegenheiten, die glücklicherweise glimpflich ausgingen, fühlte ich mich wie eine Märchenfigur, die einen unbekannten und gefährlichen Wald durchquert. Einmal geriet ich mit meiner Frau und einem ausländischen Kollegen unerwartet auf einen Markt, von dem wir nichts wussten. Die Bauern waren genauso perplex wie wir. Einige stuften uns schnell als gefährliche Kapitalisten ein. Es entstand eine gespannte Situation, der wir uns mehr oder weniger fluchtartig entzogen.

In Gesprächen mit Kollegen und offiziellen Vertretern des Landes, in akribischer Durchsicht der gebetsmühlenartigen Verlautbarungen der staatlichen Nachrichtenagentur, dem Studium aller sonstigen für Ausländer zugänglichen und für sie hergestellten Veröffentlichungen habe ich versucht, wie in einem Puzzle ein Bild über Nordkorea zusammenzusetzen, das so weit wie möglich objektiv und zutreffend war. Es war eine spannende Herausforderung. Ich fühlte mich als Entdecker, der eines der letzten wirklich abgeschotteten Länder und eine der verschlossensten Gesellschaften unserer Zeit erkundete. Wenn ich am Ufer des Taedong joggte und die malerische Kulisse der Prunkbauten und der anmutigen Hügellandschaft auf mich wirken ließ, dann erschien mir dieses sagenhafte »Land hinter den sieben Bergen« wie ein Traum, unwirklich und real zugleich.

Über allem stand die genaue Beobachtung abseits der Propagandafassaden. Einsperren in unsere Vertretung konnte man uns ja nicht. Man konnte 90 Prozent des Landes zur verbotenen Zone erklären, aber die verbliebenen zehn Prozent nicht gänzlich verstecken. Nicht jede Nebenstraße konnte durch Posten kontrolliert werden, und selbst die bevorzugte Hauptstadt Pjöngjang zeigte unübersehbar die Kehrseite der Prunkbauten und Massenaufmärsche. Der Widerspruch zwischen Propaganda und Wirklichkeit war eklatant. Die Propaganda malte ein Paradies, aber die Wirklichkeit war die eines herabgewirtschafteten und armen Landes.

Genauso wichtig wie die eigene Anschauung waren Gespräche mit meinen Kollegen. Sie kamen hauptsächlich aus dem ehemaligen Ostblock, hatten meist Koreanistik studiert und fast ihr ganzes Berufsleben im Wechsel zwischen der eigenen Hauptstadt und Pjöngjang verbracht. Ihre Lebenserfahrung und die Verwerfungen in den Heimatländern, die mit der bleiernen Schwere der alten Systeme nichts mehr zu tun hatten, machten sie besonders sensibel für die Schwächen des nordkoreanischen Modells. Sie überblickten zudem längere Perioden der Landesgeschichte aus eigener Erfahrung und konnten mir manch wertvollen Hinweis aus dieser Rückschau geben. In einem Land mit gleichgeschalteten Medien sind diese persönlichen Gespräche fast die einzige Möglichkeit, an zusätzliche Informationen heranzukommen.

Die meisten ausländischen Vertretungen liegen in einem eigenen Diplomatenviertel. Das Viertel war eine Insel inmitten der Stadt, eine verbotene Zone für den Normalbürger. Nur wer autorisiert war, durfte dieses Gebiet betreten, also Regierungs- und Parteifunktionäre und die nordkoreanischen Angestellten der Vertretungen, also Dolmetscher und Übersetzer, Fahrer, Hausangestellte und Handwerker. Auf diesen Kreis handverlesener Personen beschränkten sich die Kontakte der ausländischen Diplomaten. Auch das Personal war »offiziell«: Das staatliche diplomatische Servicebüro verwaltete die Ortskräfte und teilte sie den Vertretungen zu. Diese Personen waren im Vergleich zur übrigen Bevölkerung privilegiert.

Natürlich haben auch Diplomaten in anderen Ländern häufig oder auch vorrangig Kontakt zu Vertretern staatlicher Institutionen. Aber eben nicht nur zu diesen. Private Zusammenkünfte sind nicht reglementiert. Meist entwickeln sich persönliche oder freundschaftliche Beziehungen zu den Repräsentanten des Gastlandes wie auch zu Personen aus nichtstaatlichen Bereichen. Man trifft sich privat, verbringt die Freizeit miteinander und freundet sich an. Die beruflichen Kontakte, auch wenn man sie nicht ganz verdrängen kann und dies auch nicht will, treten in den Hintergrund. Diese privaten Kontakte sind erwünscht und nötig, da sie zum besseren Verständnis des Landes beitragen.

So einfach war es in Nordkorea nicht. Selbstverständlich hatte ich Zugang zu Regierungsstellen, zur Akademie der Wissenschaften, zur Partei und anderen Institutionen. Ich wurde nicht nur korrekt behandelt, sondern durchaus freundlich. Die nordkoreanische Diplomatie ist vertraut mit den äußeren Formen des zwischenstaatlichen Verkehrs. Meine Kollegen im Außenministerium waren erfahrene Diplomaten, die in vielen Ländern gedient hatten. Sie waren über die neuesten Ereignisse in der Welt gut informiert. Sie kannten nicht nur die sozialistischen Staaten, sondern auch Westeuropa. Wir kamen uns im Laufe der Zeit näher. Man respektierte einander nicht nur; ich fühlte auch gegenseitige Wertschätzung.

Das vorrangige Medium des Diplomaten ist die Kommunikation, mit der er ein Klima des Vertrauens schafft und die Möglichkeiten der Zusammenarbeit immer wieder neu erschließt und erweitert, so weit es die Umstände zulassen. Dazu gehört, dass man jemanden als Menschen kennen lernt und absehen kann von der Berufsrolle. Ein Gesprächspartner, der sich auf die Verlautbarungen des Regierungssprechers beschränkt, wird im Laufe der Zeit langweilig. Ohne persönliche Äußerungen und eigene Einschätzungen und Meinungen wird die Kommunikation dürr. Man möchte auch einmal hören, dass man nicht immer derselben Meinung wie Partei und Regierung ist.

Meine nordkoreanischen Gesprächspartner aber hielten sich eisern an die in der Parteizeitung *Rodong Sinmun* und der staatlichen Nachrichtenagentur KCNA vorgegebene Linie. Nicht einen Millimeter wichen sie von ihrem Sprechzettel ab, den sie bei offiziellen Begegnungen im Außenministerium vor sich liegen hatten. Äußerungen über ihre persönlichen Erfahrungen im Ausland gab es nicht. Über ihre Familiensituation waren nur Schnipsel zu erfahren. Weltereignisse wurden nur aus der Parteioptik kommentiert.

Dabei versuchten meine Kollegen durchaus, die immer etwas förmliche Atmosphäre einer Begegnung im Ministerium durch »informelle« Einladungen auszugleichen. Ich schätzte die Wochenenden im Gästehaus des Außenministeriums, das an einem nicht weit von Pjöngjang entfernten Stausee lag. Die friedliche Landschaft, die Ruhe, die klare Luft und der sommers wie winters malerische Anblick der kieferbestandenen Berge boten ein Umfeld, um ohne Rücksicht auf das Protokoll zu sprechen. Ähnliche Gelegenheiten eröffneten Spaziergänge in den Bergen am Rande Pjöngjangs, und manchmal luden mich meine Kollegen zu einem Strandausflug an die Ostküste ein.

Niemand schrieb bei diesen Ausflügen mit, was ansonsten eine regelrechte Manie der Funktionäre war. Meine Kollegen hatten keine Probleme damit, meine divergierenden und kritischen Meinungen zur nordkoreanischen Außenpolitik und des Verhältnisses zur Außenwelt anzuhören, ja sie waren äußerst interessiert. Sie blieben sich aber auch in dieser entspannten Situation treu: Die offizielle Linie galt. Eines war ohnehin tabu: Die Innenpolitik, die einzigartige Stellung Kim Il Sungs und sein Herrschaftssystem standen nicht zur Diskussion.

Mit den nordkoreanischen Botschaftsangestellten verhielt es sich ebenso. Sie erledigten ihre Arbeit, waren aber ansonsten ein Buch mit sieben Siegeln. Meine engsten Mitarbeiter waren die beiden Dolmetscher. Man kann sich kaum vorstellen, drei Jahre lang Tag für Tag mit jemandem zusammenzuarbeiten, ohne viel mehr über ihn zu wissen, als dass er verheiratet ist, Kinder hat und irgendwo in der Nähe wohnt; wo genau, das war schon ein Geheimnis. So ging es uns mit allen. Mehr als die zentralen persönlichen Daten, in etwa das, was in einem Reisepass steht, war nicht zu erfahren. Es gab keine Kontakte außerhalb des Dienstes, keine engeren oder sogar freundschaftlichen Beziehungen, wie sie ansonsten an den Vertretungen üblich sind.

So erklärt sich meine obige Feststellung: Ich weiß nicht, wie die Menschen in Nordkorea denken. Wie oft hatte ich versucht, irgendein Wort der Distanz, vielleicht sogar der vorsichtigen Kritik, der Klage oder des Unmuts über die vielen Lasten und Beschränkungen des Alltags und des politischen Systems herauszulocken. Ich erwartete keine Proklamation als Dissident oder Märtyrer. Die kleinste Nuance, eine sachte Andeutung, etwas, das wie eine eigene Meinung aussah, hätte mir gereicht, um mich davon zu überzeugen, dass sich die Gehirne in Nordkorea Freiräume erhalten haben.

War es denkbar, dass meine Kollegen aus dem Außenministerium Jahre in westlichen Ländern verbracht hatten, um dann ohne »Kratzer« an dem ihnen von der Partei verordneten Weltbild nach Pjöngjang zurückzukehren? Es fällt schwer, sich vorzustellen, dass selbst die Gedanken nicht frei sind. Oder ist es nur die unmenschliche, durch Training und Drohung seit Kindesbeinen anerzogene Selbstdisziplin, sein Inneres niemandem, selbst nicht der eigenen Familie, zu offenbaren? Ich kann diese Frage nicht eindeutig beantworten. Ich bin mir aber ziemlich sicher, dass nur die Gefahr für Leib und

Leben eine derartige Haltung erbringt und eine nach innen und außen homogene Gesellschaft schafft.

Bei den Einschränkungen der Bewegungsmöglichkeiten und der Kontakte zu Einheimischen war das diplomatische Korps in seinem gesellschaftlichen Leben mehr oder weniger auf sich selbst angewiesen. Man lud einander ein, traf sich, lud sich wieder ein. Das Korps war recht klein, einheimische Gäste waren auf diesen Zusammenkünften nie zugegen. Wir hatten uns angewöhnt, entweder unter uns oder allein mit nordkoreanischen Kollegen zusammenzutreffen. Geburtstage, Weihnachtsfeiern, die Begrüßung neuer oder die Verabschiedung von an neue Posten versetzten Missionschefs führte immer dieselben Leute zusammen. Bei der allgemeinen Stagnation und dem beschränkten Zugang zu wirklich neuen Informationen gab es nach einer gewissen Zeit kaum anregende Themen und neuen Diskussionsstoff zum Lande selbst, dem ja unser Hauptinteresse galt. Wir bewegten uns bei den Debatten bald im Kreis. Land und Gesellschaft erschienen wie ein riesiger unbeweglicher und undurchdringlicher Klotz aus Beton.

Innerhalb des Korps war die Kommunikation nicht immer einfach, da es kein gemeinsames Medium gab. Ich erinnere mich, wie der neue mongolische Botschafter begrüßt wurde. Dieser sprach außer Mongolisch nur Chinesisch und Russisch. Aber wir hatten eine Lösung. Der palästinensische Vertreter hatte in China studiert. Er übersetzte die chinesische Ansprache des Mongolen ins Englische, das aber die Botschafter aus Kuba und aus Ecuador nicht ausreichend beherrschten. Jetzt sprang ich ein und übersetzte den englischen Text ins Spanische.

Das nordkoreanische Fernsehprogramm brachte keine Ablenkung. Parteinachrichten, sich dauernd wiederholende heroisierende Filme, endlose Paraden, Bilder von Ernteschlachten und Einsätzen der Armee zum Aufbau des Sozialismus waren nur am Anfang interessant. Ohne Videos oder Satellitenschüssel lebte man in einer Informationswüste. Beeindruckend war der Zirkus mit seinen herausragenden Artisten, und ich ging auch gerne in die Revolutionsopern. In ihnen verdichteten sich Ideologie und Geschichtsschreibung zu einem ungewöhnlichen Rausch an Musik, Gesang und Farben. Genauso interessant wie die Handlung selbst waren die Reaktionen des Publikums, das mitlitt und mitkämpfte und jede Anspielung an die Partei und den Großen Führer mit frenetischem Beifall bedachte.

Das schönste Freizeitvergnügen war für mich, die Natur zu genießen. Der größte Teil des nordkoreanischen Staatsgebietes ist zwar für Ausländer verschlossen, aber die wenigen zugänglichen Gebiete sind von großem landschaftlichen Reiz. Nordkorea ist zu jeder Jahreszeit schön. Der Frühling ist mild, die Luft wie Seide, und die Azaleen blühen in leuchtenden Farben. Der Sommer ist fast tropisch warm, bringt viel Regen und heizt die Seen zu angenehmer Badetemperatur auf. Der Herbst verwandelt das Land in ein Meer flammender gelber und roter Farben, die smaragdgrünen Reisfelder gehen in ein tiefes Goldgelb über, und die Sonne übergießt das Land mit mildem Licht. Die Winter sind trocken und kalt, es herrscht eine stabile Hochdrucklage, und in der klaren Winterluft sind die Farben von ungewöhnlicher Intensität.

Der beliebteste Zeitvertreib waren Picknicks an den Stauseen nahe Pjöngjang. Fünf oder sechs Familien teilten sich die Versorgung: Grillfleisch, Fisch, Salate, Obst, Gebäck, Thermoskannen mit Kaffee und Tee und Schüsseln mit Nachtisch füllten zusammen mit Wodka und Bier die Autos. In der frischen Luft ließen Hunger und Durst nicht lange auf sich warten. Den Getränken wurde reichlich zugesprochen, es gab ja eine gute Unterlage. Beliebt waren die zusammen mit polnischen Kollegen selbst gemachten Würste. Die DDR hatte einen Räucherofen hinterlassen. Die Polen organisierten von irgendwoher Obstbaumholz und Naturdärme, ich stellte Fleisch, das unter dem Ladentisch verkauft wurde, Gewürze und den Koch der deutschen Vertretung zur Verfügung. Das Ergebnis konnte sich sehen lassen. Saftig und gut gewürzt, war die Wurst die ideale Begleitung zu Bier und Hochprozentigem.

So erlebte ich Nordkorea als eine persönliche Herausforderung, als einen Prüfstein der eigenen Zähigkeit und Anpassungsfähigkeit und der Bereitschaft, sich auf eine Gesellschaft einzulassen, die es so nicht mehr in der Welt gibt.

Gert G. Harigel

In der »Höhle des Löwen«.
Als Experimentalphysiker in Pjöngjang

(2002)

Vor zwei Jahren fragte mich ein Freund, ob ich ihn auf einer seiner
Reisen nach Nordkorea begleiten würde. Er wünschte, dass ich
Menschen treffe, deren Bedarf an Verständigung, Unterstützung
und Zugang zu wissenschaftlichen Informationen aufgrund der Isolation des Landes groß ist. Wir kannten uns gut. Wie er engagiere
ich mich in der Pugwash-Bewegung, einer unabhängigen internationalen Organisation, die sich auf wissenschaftlicher Basis mit Sicher-
heitsproblemen befasst, sowie in zahlreichen anderen Nichtregierungsorganisationen. Als Experimentalphysiker habe ich 30 Jahre
lang beim CERN, dem Europäischen Zentrum für Kernforschung,
gearbeitet. Seit ihrer Gründung 1954 betreibt die Genfer For-
schungseinrichtung Grundlagenforschung im Bereich der Teilchen-
physik. Sie befasst sich weder mit Atomenergie noch mit Nuklearwaffen. Seit neun Jahren bin ich im Ruhestand, habe aber noch ein
Büro als ehrenamtliches Mitglied des Mitarbeiterstabs.

Es stand außer Frage, von meinem ehemaligen Arbeitgeber oder
einer der NGOs eine finanzielle Unterstützung für die Reise zu erbitten. Ebenso wenig erwartete ich, dass sie von Nordkorea bezahlt
würde. Alle Reisekosten trug ich selbst. Als in der Schweiz lebender
deutscher Staatsbürger brauchte ich weder eine Genehmigung noch
Ratschläge von irgendjemandem. Mich schreckte es nicht, nach
Nordkorea zu reisen, dessen nukleares Bedrohungspotenzial nur geschätzt werden kann. Ich weiß, dass meine Friedensarbeit Mut erfordert, dass sie Missverständnisse und sogar Verunglimpfungen
hervorrufen kann. Doch habe ich gelernt, dass es keine Alternative
dazu gibt, weil die Menschen letzten Endes die kritische und kons-
truktive Hilfe doch zu schätzen wissen.

Dermaßen gewappnet, in die »Höhle des Löwen« zu reisen, ar-
rangierte der oben erwähnte, in Deutschland lebende Koreaner eine
Einladung des Korean National Peace Committee. Sie ermöglichte

es, dass ich im Juni 2002 während eines zehntägigen Aufenthalts als »erster westlicher Wissenschaftler«, wie man mir sagte, vier Vorlesungen über verschiedene Aspekte moderner Methoden der Energie-Erzeugung im Großen Studienhaus des Volkes in Pjöngjang halten konnte. Außerdem wurde ich eingeladen, an der Kim-Il-Sung-Universität zu den Mitarbeitern der Physikfakultät über die Aktivitäten des CERN zu sprechen.

Es ist schwer, in diesem kurzen Text dem Land und den mutigen und höflichen Koreanern, die ich getroffen habe, gerecht zu werden. Die Eindrücke waren einfach überwältigend, einige waren positiv, einige eher Furcht einflößend. Ich habe weder die erwartete große Kluft zwischen Armen und Reichen bemerkt, noch eine allgegenwärtige Armut oder augenfällige Anzeichen von Hunger.

Nordkorea kann als ein »stalinistischer Themenpark«, als »Diktatur par excellence« oder als »zu surreal um glaubhaft zu sein« gesehen werden, um Beschreibungen aus dem Lonely-Planet-Reiseführer zu zitieren. In diesen Schlagworten liegt einige Wahrheit, aber sie bedürfen einer näheren Analyse, einer Verfeinerung und einiger Korrekturen. Der Besuch hat mir ein tieferes Verständnis der Situation dieses nordostasiatischen Landes ermöglicht, das faktisch aus eigenem Antrieb von beinahe der ganzen Welt isoliert ist und dazu noch von den Vereinigten Staaten als auf der »Achse des Bösen« liegend bezeichnet wird. Seit meiner Kindheit im Zweiten Weltkrieg, in dessen letzten sechs Wochen ich zum »Volkssturm« eingezogen wurde, bin ich davon überzeugt, dass Kriege keine Probleme lösen, sondern nur weitere Konflikte schaffen. Ich sah daher die Hauptaufgabe meiner Reise darin, die Verständigung zwischen den Menschen zu fördern.

Wir waren eine Gruppe von sieben Ausländern. Fünf von uns kamen mit dem Flugzeug der Air Koryo aus Peking, zwei mit der Eisenbahn. Auf dem Flug mussten wir die überall üblichen Einreiseformulare ausfüllen, die allerdings die für mich ungewöhnliche Frage enthielten, ob ich ein Radio bei mir habe. Die Zollabfertigung verlief reibungslos, verbotene Literatur wurde nicht gesucht. Vielleicht lag dies daran, dass wir als Delegation reisten und man uns eher als VIPs behandelte. Es wurde ein Gruppenfoto von uns vor der Iljuschin gemacht (die altertümlichen Flugzeuge könnten bald durch drei Airbusse ersetzt sein, sagte man uns). Unsere offiziellen Reiseführer, zwei nette junge Menschen, erklärten uns in ausgezeichnetem Englisch, dass sie für unsere Sicherheit verantwortlich seien. Und sie verließen uns nicht für einen Augenblick, wie wir feststellen sollten. Warum mindestens zwei Reiseführer für fünf Ausländer? Möchte man sicherstellen, dass der eine Dienst tut, wenn der andere abwesend ist?

Wir fuhren in das Hotel Koryo im Zentrum Pjöngjangs. Die Unterbringung hätte besser nicht sein können. Das koreanische Essen im Hotel und in den anderen Restaurants war köstlich und reichlich, so dass ich ein wenig zunahm. Zu den Mahlzeiten gab es immer alkoholische Getränke. Dennoch sagte uns einer der Führer höflich, dass wir nicht mehr bestellen sollten, als wir tatsächlich essen wollten, da anderswo im Land Menschen hungrig seien. Das war der einzige Hinweis, dass die Produktion und Verteilung von Lebensmitteln nicht zum Besten standen, um es vorsichtig auszudrücken. Wir sahen keine unterernährten, schlecht gekleideten Menschen, noch sahen wir Bettler oder Behinderte. Aber jede Gesellschaft hat ihre benachteiligten, sorgengeplagten Menschen. Leben sie in den entlegenen Landstrichen, die wir während unserer Reisen nicht besuchten?

Die vielleicht größte Überraschung in Pjöngjang waren die blitzend sauberen Straßen und Gebäude. Die Straßen werden zweimal in der Woche gereinigt. Vor Tagesanbruch fegen Straßenkehrer jeglichen Müll und alle Blätter, die sie finden können. Auf dem Land wird Frauen ein bestimmter Abschnitt der Hauptstraße zugeordnet, den sie täglich sauber halten. Wir sahen sogar Menschen, die kleine Wald- und Parkwege fegten. Viele Straßen in Pjöngjang sind so breit wie die Champs-Élysées, perfekt geeignet für große Militärparaden. An den Kreuzungen hängen Bilder vom Großen Führer Kim Il Sung und seinem Sohn Kim Jong Il, dem Geliebten Führer. Morgens um sieben erschallten aus Lautsprechern im Stadtzentrum Worte, ich nicht verstehen konnte, einzig unterbrochen von heroischen oder folkloristischen Liedern.

Am ersten Tag besuchten wir den beinahe heiligen Geburtsort des Großen Führers in Mangyongdae, einen wunderschönen, gepflegten Garten am Stadtrand. Kim Il Sung wurde trotz bescheidener Abstammung »zum bedeutendsten Menschen, der jemals auf dem Planeten lebte«. In der Geschichte findet man Menschen, denen ähnliche Zuschreibungen zuteil wurden, so etwa Religionsbegründern oder in neueren Zeiten Hitler, der zu Lebzeiten »Größter Feldherr aller Zeiten« genannt wurde. Der Titel unterscheidet sich nicht sehr von dem des verstorbenen Kim Il Sung, der angeblich in den vierziger Jahren die Japaner eigenhändig von der Halbinsel vertrieben hat. Wir nahmen diese Behauptungen hin. Weder belächelten wir sie, noch widersprachen wir ihnen. Wir hätten uns damit leicht Feinde machen oder unsere Reiseführer in große Schwierigkeiten bringen können. Historiker mögen zu gegebener Zeit ihre Meinung zu diesem Personenkult äußern oder begriffliche Korrekturen vornehmen.

Am Morgen und Nachmittag des nächsten Tages hielt ich meine ersten Vorlesungen. Bereits im März hatte ich einigen Nordkoreanern auf einer Konferenz im indischen Agra einige meiner Veröffentlichungen gegeben, die ich für Nichtregierungsorganisationen und Schulen verfasst hatte. Ich dachte, dass die Texte »Nationale Raketenabwehr der USA«, »Benutzung von Munition aus angereichertem Uran«, »Energiesituation in Nordostasien« und »Wege von Öl und Gas« von Interesse sein würden. Aber diese Themen fanden nur wenig Anklang. Mir wurde gesagt, dass meine Manuskripte übersetzt worden seien, doch konnte ich trotzdem keine Kopie erhalten. Ich hätte sie einfach aus Neugierde gern gehabt. Vielleicht gab es kein Kopiergerät, oder sollte es nicht offenkundig werden, dass heikle Teile ausgelassen wurden?

Das Publikum interessierte sich sehr für Atomenergie, neue Methoden des Baus von Reaktoren, Fusionstechnologie und die Verbrennung von radioaktivem Müll. Vor allem aber begeisterten sie erneuerbare Energien. Da dies nicht mein Fach ist, musste ich ein wenig improvisieren. Ich versprach, wissenschaftliche Literatur zu senden (was ich inzwischen getan habe).

Die Wissbegier der Wissenschaftler ist mir durchaus verständlich. Dennoch sind viele neuartige Technologien für sie noch immer unerreichbar. Es mag sein, dass es kein Geld gibt, um ausländische Bücher zu kaufen. Darüber hinaus werden wohl alle Bücher und Zeitschriften sorgfältig kontrolliert, bevor sie der Öffentlichkeit zugänglich gemacht werden. Sie könnten durch »kapitalistische Sätze vergiftet« sein, dachte ich mir. Dieser Umgang erinnerte mich an meine Schulzeit. Damals waren selbst Mathematikbücher, die vor 1945 gedruckt wurden, nicht als Lehrbücher zugelassen. Die Besatzungsmächte fürchteten, dass sie nationalsozialistische oder militaristische Formulierungen enthielten.

Es war nicht das einzige Mal, dass ich mich während meines Besuchs an das Dritte Reich erinnert fühlte. Während der Nazi-Herrschaft wurden Informationen aus dem Ausland ebenfalls unterdrückt. Auch bei den Arirang-Massenspielen sah ich Parallelen zu den Massenkundgebungen bei den Nürnberger Reichsparteitagen. Bei der Vorführung im Kim-Il-Sung-Stadion werden – soweit ich es verstand – Vergangenheit, Gegenwart und Zukunft der koreanischen Nation dargestellt. Auf dem Rasen bildeten Zehntausende Tänzer und Akrobaten genau choreographierte, ständig wechselnde Figuren. Auf der gegenüberliegenden Stadionseite hielten nicht minder viele Nordkoreaner Farbtafeln hoch, die sie in perfekter Synchronisation wendeten, so dass riesige bunte Bilder entstanden.

An einem Nachmittag besuchten wir den Palast der Schulkinder. Das gewaltige moderne Gebäude umfasst 50000 Quadratmeter und beherbergt 500 Räume, von denen 200 für Geistes- und Naturwissenschaften vorgesehen sind. Hier können Kinder außerschulischen Aktivitäten ihrer Wahl nachgehen. Wir schauten in viele Klassenräume. Mit Vergnügen beobachtete ich, wie die Kinder tanzten, Gymnastik machten, Handarbeiten verrichteten, Kalligraphie schrieben, Mundharmonika oder Gitarre spielten oder vor Computern saßen, um ihre Sprachkenntnisse zu verbessern. Sie waren gut gekleidet und mit Begeisterung bei der Sache, wie ich ihren strahlenden Gesichtern entnehmen konnte. Am Abend sahen wir eine wundervolle Aufführung mit den Kinder. Irgendwie beneidete ich sie darum, so offenbar ungezwungen gemeinsam zu lernen.

Am fünften Tag fuhren wir nach Nampo, um den beeindruckenden Westmeer-Staudamm zu besichtigen. Die ungefähr 40 Kilometer lange Straße ans Gelbe Meer hatte in jeder Richtung fünf Spuren – wir sahen aber nur ganz selten mal ein Auto. Ich frage mich, wozu diese seltsame Straße dienen soll. Erwartet man in der Zukunft ein enormes Verkehrsaufkommen? Oder sollen auf ihr im Falle eines Krieges Flugzeuge starten und landen? Der acht Kilometer lange Damm ist mit einfachsten Mitteln gebaut. Er staut den Fluss Taedong, der hier, nachdem er Pjöngjang passiert hat, seit 1986 nicht mehr ungehindert ins Meer münden kann. Durch ein aufwändiges Schleusensystem ist er aber dennoch mit dem Gelben Meer, das die Koreaner Westmeer nennen, verbunden. Zuvor hatten starke Gezeiten eine sichere Ein- und Ausfahrt verhindert. Die Schleusen machen den Taedong zuverlässig schiffbar. Überdies hilft der Speichersee, weite Teile des Flachlandes zu bewässern und für den dringend benötigten Reis- und Gemüseanbau urbar zu machen.

Meine Vorlesungen hatten informellen Charakter und konnten von Fragen aus dem Publikum unterbrochen werden. Der Austausch hätte noch fruchtbarer sein können, wenn es die Sprachbarriere nicht gegeben hätte. Ich trug meine englische Sätze langsam vor, damit sie vollständig übersetzt werden konnten. Ich hatte aber das Gefühl, dass dies nicht immer geschah. Besondere Verständigungsschwierigkeiten traten auf, als ich zu den Mitgliedern des Fachbereichs Physik sprach. Unsere Gruppe hatte sich auf dem schön angelegten Campus der Kim-Il-Sung-Universität getrennt. Während die übrigen Wissenschaftler aus unserer Gruppe mit Professoren und Studenten der biologischen Fakultät diskutierten, versuchte ich einen Überblick über die Aktivitäten des CERN zu geben. Wie häufig zuvor fungierte unser Reiseführer auch hier als Dolmetscher, aber mit einigen technischen Ausdrücken hatte er Probleme. Ich bin nicht sicher, ob meine Botschaften alle Zuhörer erreichten. Auch weiß ich nicht, ob der nordkoreanische Physik-Professor, der ebenfalls recht gut Englisch sprach, meine Ausführungen später seinen Kollegen erläuterte.

Und dennoch: Der Aufenthalt in Nordkorea hat sich für mich gelohnt. Die Gastfreundschaft unserer Reiseführer war untadelig. Natürlich mussten sie ihren Auftrag befolgen, was bedeutete, dass sie uns in unserer Bewegungsfreiheit einschränkten. Ich hätte gern ein gewöhnliches Lebensmittelgeschäft gesehen, aber wir wurden nur in Läden für Ausländer gebracht. Im Austausch mit meinen nordkoreanischen Kollegen konnte ich in einer entspannten Atmosphäre reden, und es schien keine Grenzen zu geben. Alle Menschen, die ich während und nach meinen Vorlesungen traf, waren hungrig nach Informationen und hingen im wahrsten Sinne des Wortes an meinen Lippen.

So nahm ich gerne die Einladung zu einer zweiten, einwöchigen Reise an. Diesmal waren wir nur drei Ausländer. Die Veränderungen zwischen Juni 2002 und August 2003 waren nicht zu übersehen. Es gab jetzt ziemlich viele Kioske entlang der Hauptstraßen Pjöngjangs. Sie erinnerten mich an die Veränderungen in Moskau während und nach dem Zusammenbruch der Sowjetunion. Die Menschen haben sich offenbar langsam einer Art Kapitalismus geöffnet. Bei den Fahrten durch das Land stellte ich fest, dass die Ernte für dieses Jahr vielversprechend aussah. Doch die Maschinen können Weizen, Reis und Mais nicht überall einholen, da sie oft kaputt sind und keinen Diesel-Treibstoff haben. Der Stopp der Öllieferungen durch die USA im Dezember 2002 verschlimmerte die Lage. Und im November 2003 wurde auch die Korean Energy Development Organization aufgekündigt, die durch das Rahmenabkommen zwischen Nordkorea und den Vereinigten Staaten von 1994 gegründet worden war und zwei Leichtwasserreaktoren bauen sollte.

Die Energieprobleme waren das Thema eines Symposiums, das im September 2002 in Italien abgehalten wurde. Neben einigen mir schon bekannten Kollegen aus Pjöngjang nahmen auch Repräsentanten aus Industrienationen teil, einschließlich derer aus Südkorea. Es war herzergreifend zu sehen, wie sehr Nord- und Südkoreaner bemüht waren, ihre politischen Schwierigkeiten vor allem im Hinblick auf die Energiesituation zu beseitigen. Wieder zeigte sich, dass Probleme, die von beiderseitigem Interesse sind, durch Mitglieder der internationalen wissenschaftlichen Gemeinde und durch gebildete Repräsentanten der Regierungen friedlich und erfolgversprechend angegangen werden können. Solche Treffen mögen eines Tages die Frage nach der Energieversorgung auf der koreanischen Halbinsel lösen. Während des Kalten Krieges erlebte ich eine ähnlich positive Entwicklung in der harmonischen Zusammenarbeit mit Wissenschaftlern aus der Sowjetunion. Das Ergebnis waren eine Verringerung von Nöten und lang anhaltende Freundschaften.

Die meisten von uns im Überfluss lebenden Westlern legen besonderen Wert auf demokratisches Verhalten oder demokratische Institutionen, auf Redefreiheit und Menschenrechte, aber die Menschen in Nordkorea mögen andere Prioritäten setzen, zumindest zur Zeit.

Aus dem Englischen von Meiken Endruweit

Marceli Burdelski

Überleben im Staatskult.
Die Grenzen der Öffnung

(2003)

Mit dem Zusammenbruch des Sozialismus hat sich die Welt radikal verändert. Nordkorea jedoch will sich nicht verändern; es kämpft ums Überleben. Diesen Eindruck gewann ich im Oktober 2003, als ich das Land nach 1986 und 1987 ein drittes Mal besuchte. Aus Gesprächen mit Regierungsvertretern konnte ich schließen, dass die wirtschaftliche Situation sehr schwierig ist. Der Direktor der Europa-Abteilung im Außenministerium, Kim Chun Guk, der Übersetzer in der Polnischen Botschaft, Paek Bom Chol, sowie Herr Kim, der Direktor von Chopol, der Koreanisch-Polnischen Gesellschaft für Seefahrt, äußerten sich in diesem Sinne. Zwar sind seit der Wirtschaftsumstellung vom Sommer 2002 gewisse Anzeichen für einen Wandel sichtbar: Es gibt nun Basare, Straßenkioske, Telefonzellen, Taxis und Restaurants, wo zu dem neuen offiziellen Wechselkurs von 150 Won zu einem Euro bezahlt werden kann. Doch die Versorgung der Bevölkerung unterliegt noch immer staatlicher Regulierung. Nach südkoreanischen Schätzungen betrifft dies bis zu 80 Prozent des Warenverkehrs. Das präzise Verteilsystem erlaubt es aber, trotz Mangelwirtschaft die Grundversorgung zu sichern.

Verglichen mit den achtziger Jahren sind mir weitere Veränderungen in Pjöngjang aufgefallen. Auf den Straßen sind jetzt einige Fahrräder zu sehen, die hauptsächlich aus chinesischer Produktion stammen. Ihr Preis beträgt das Zweifache des nordkoreanischen Durchschnittsgehalts. Zahlreiche Fußgänger sind unterwegs. Überladene Lastwagen, voll mit erschöpften, schlecht aussehenden Menschen, überholen sie. An den Haltestellen von Bussen und Straßenbahnen herrscht dichtes Gedränge. Die öffentlichen Verkehrsmittel sind überfüllt, die breiten Boulevards praktisch leer. Neu sind Tankstellen, vermutlich von Chinesen errichtet. Wie Dutzende Baustellen im Stadtgebiet belegen sie einen relativen Aufschwung. Mein Übersetzer Herr Paek sagte mir, dass sich ein Investor aus Südkorea gefunden habe, der das unfertige, 105 Stockwerke hohe Ryugyong-Hotel zu Ende bauen wolle. Oft sind Fahrzeuge internationaler Hilfswerke zu sehen. Im Diplomaten-Club wurde mir berichtet, dass den Mitarbeitern der humanitären Organisationen Schwierigkeiten gemacht würden, wenn sie sich außerhalb der Hauptstadt bewegen wollen. Zur Provinz Hamgyong-Nord, wo das Ernährungsproblem höchstwahrscheinlich dramatische Ausmaße angenommen hat, gewähre man überhaupt keinen Zutritt.

Im Myohyang-Gebirge und der Internationalen Freundschaftsausstellung hat sich auf den ersten Blick wenig geändert. Hier sind noch immer die Geschenke ausgestellt, die Kim Il Sung aus aller Welt erhalten haben soll. Hinzugekommen ist ein gleichartiges Gebäude für seinen Sohn. Die Präsente aus Südkorea waren überaus interessant. So hat der inzwischen verstorbene Gründer von Hyundai, Chung Ju Yung, zwei schwarze Limousinen aus der Modellreihe »Dynastie« geschickt. Das Geschenk konnte für den weltweit einzigen Staat, der eine sozialistische Erbfolge eingerichtet hat, nicht treffender gewählt sein. Myohyangsan war der Ort, wohin sich Kim Il Sung am liebsten zur Erholung zurückgezogen hat. Hier soll er auch 1994 gestorben sein. Auf dem Weg dorthin fuhr ich an Fabriken vorbei, aus deren Schornsteinen es so schwarz qualmte, wie ich es aus Polen schon nicht mehr kannte. Ich habe auch Züge gesehen, die von Dampfloks gezogen wurden.

Das größte Problem der nordkoreanischen Wirtschaft liegt in der Auslandsverschuldung. Sie betrug 2002 rund 11 Milliarden US-Dollar bei einem Bruttoinlandsprodukt von nur 18 Milliarden. Dadurch ist der Zugang zu weiteren Krediten praktisch verschlossen. Nordkorea kann einzig auf ausländische Hilfen hoffen. Das allgegenwärtige Energiedefizit bringt es mit sich, dass nachts nur ein Teil Pjöngjangs beleuchtet ist. Der Strommangel macht das Leben in den Wohnblocks mit ihren elektrischen Kücheneinrichtungen, Heizungen, Boilern und Fahrstühlen sicherlich zum Albtraum. Abends und in der Nacht weckt eine dunkle Stadt die schlimmsten Assoziationen. Und das Licht geht sehr oft aus.

Der Basar im Zentrum von Pjöngjang wirkt da wie eine kleine Sensation. Als Käufer sieht man aber vor allem Ausländer sowie jene Koreaner, die Kontakt zu ihnen haben dürfen. Die Mehrheit der Leute schaut bloß zu. Rund 80 Prozent der Waren kommen aus China. Sie werden zu astronomisch hohen Preisen verkauft. Ein

Hähnchen kostet 2000 Won, was ungefähr dem Monatseinkommen eines mittleren Kaders im Außenministerium gleichkommt. Das Kilogramm Rinderfleisch kostet 1500 Won. In Pjöngjang hat sich ein neues Phänomen ausgebreitet: die Korruption. Ausländer müssen bezahlen, um ihren Sitzplatz für den Rückflug nach Peking zu bekommen. Die Bedienung im Hotelrestaurant erwartet Trinkgeld. Vor 16 Jahren war daran nicht zu denken. Dafür gibt es nun unscheinbare, aber gute Restaurants, in denen ein Abendessen für drei Personen etwa 50 Euro kostet.

Die seit Juli 2002 durchgeführten Reformen können die über die Maßen mit Armeeausgaben belastete Wirtschaft nicht umdrehen. Nach Angaben des CIA World Factbook 2003 verwendet der Staat ein Drittel des Brutto-Inlandsproduktes für das Militär. Dies macht eine Ausweitung der privaten Märkte schwierig. Überdies befindet sich die staatliche Landwirtschaft durch den Energiemangel in einer schweren Krise; es fehlen geeignete große Ackerflächen. Auch wenn den Bauern mittlerweile gestattet ist, einen kleinen Teil der Felder privat zu bewirtschaften, dient dies dem Überleben, nicht aber der gesamtökonomischen Verbesserung. Es müsste eine Politik angewandt werden ähnlich der, wie sie in den achtziger Jahren in China eingeführt wurde: Die Bauern fangen erst an, intensiver zu arbeiten, wenn der Staat ihre Produkte aufkauft. Aber auch dann müssten unter den heutigen Umständen noch immer Lebensmittel importiert werden. Die Mittel dazu können nur andere Wirtschaftssektoren erbringen. Und dies wiederum erfordert eine Öffnung der Märkte. Bislang jedoch werden ausländischen Investoren zu wenig Anreize geboten. In den drei so genannten Wirtschaftssonderzonen im Dreiländereck China–Russland–Nordkorea, der bei Sinuiju im Nordwesten und der nahe Kaesong im Süden tut sich nicht allzu viel. Es gibt unzählige bürokratische Hindernisse, und die Infrastruktur ist schlecht ausgebaut.

Die Führung Nordkoreas beschuldigt die Vereinigten Staaten, den Zusammenbruch des Energiesektors und damit den der Gesamtwirtschaft bewusst zu fördern. Kim Chun Guk, der oben erwähnte Vertreter im nordkoreanischen Außenministerium, sagte bei einem Gespräch, dass an den Wirtschaftsproblemen die USA die Hauptverantwortung trügen. Entgegen den Vereinbarungen des Rahmenabkommens von 1994 habe Washington nicht die beiden Leichtwasserreaktoren gebaut, welche die Energieversorgung sichern helfen sollten. Daher fordere Nordkorea eine Wiedergutmachung der Stromverluste. »Bush zählt uns zur ›Achse des Bösen‹, weil wir angesichts unseres Energie-Notstands den Wiederaufbau der alten Reaktoren beschlossen haben«, sagte Herr Kim. Diese Anlagen dienten jedoch zivilen Zwecken. »Wir bedrohen niemanden. Unsere Atomwaffen sollen einzig die Sicherheit garantieren.« Nach Herrn Kims Aussage möchte Nordkorea, dass die gesamte Halbinsel frei von Atomwaffen ist. »Wir werden uns niemals als Erste entwaffnen. Wir vertrauen den Amerikanern nicht, schließlich haben wir mit ihnen nur ein Waffenstillstandsabkommen geschlossen.«

Meiner Meinung nach wird Pjöngjang die eingeschlagene Strategie weiterführen. Auch wenn man die Verhandlungen mit Nordkorea mit vorsichtigem Optimismus einschätzt, muss man doch die Bedrohungen sehen, die sich aus dem Nuklearprogramm ergeben könnten. Als positiven Faktor werte ich die Fortführung des innerkoreanischen Dialogs und der gemeinsamen Projekte, wie sie in der Folge des Gipfeltreffens vom Juni 2000 eingeleitet wurden. Eine Zukunft kann für mich nur die friedliche Vereinigung des Nordens mit dem Süden bringen. Ohne Mittel aus dem Süden kann dieser Prozess nicht stattfinden. Natürlich wird er sich über viele Jahre erstrecken. Bislang allerdings ist die nordkoreanische Führung nicht bereit, die ideologische Indoktrination, die einen semi-religiösen Charakter aufweist, aufzugeben. Mit dem Staatskult verbunden ist eine hermetische Kontrolle über die Gesellschaft.

Aus Gesprächen mit den polnischen Vertretern von Chopol – die ehemalige staatliche Handelsagentur ist in Polen mittlerweile eine GmbH – wurde mir deutlich, dass Ausländer noch immer intensiv überwacht und kontrolliert werden. Reisen nach Russland oder China haben mir die weite Distanz verdeutlicht, die heute zwischen Nordkorea und dem Rest der Welt liegt. Ich denke, Reformen werden nur sehr vorsichtig auf den Weg gebracht. Die Führung kämpft hauptsächlich ums Überleben. Es bleibt weiterhin sehr schwierig, Informationen über das politische Leben zu erhalten. Inzwischen kann man mehr über die Schwierigkeiten des Alltagslebens erfahren. Die Ideologie und die Person des Vorsitzenden von Staat und Partei sind jedoch noch immer tabu.

Aus dem Polnischen von Lukas Imhof

Helga Picht

Rückbesinnung auf die eigenen Kräfte.
Das nationale Kulturschaffen

(2003)

Als ich im September 1955 zum ersten Mal nach Pjöngjang kam, hatte ich einen abenteuerlichen Flug hinter mir. Fast drei Tage war die sowjetische IL-14 von Berlin unterwegs. Endlich setzte sie zur letzten Landung an. Aus dem Fenster sah ich zahllose winzig kleine Seen, die die Ebene um die Hauptstadt überzogen. »Das sind keine natürlichen Seen«, erklärte mir ein erfahrener Mitreisender und bereitete mich so auf die Begegnung mit der nicht mehr vorhandenen Großstadt vor. »Es sind Bombenkrater, die im Sommer von den Regengüssen aufgefüllt werden.«

Die IL-14 setzte hüpfend auf der notdürftig hergerichteten Landebahn am Stadtrand auf. Die Fahrt in die Stadt führte durch Trümmerfelder. Menschen mühten sich mit bloßen Händen und einfachstem Gerät, wenigstens ein bisschen Ordnung zu schaffen. Im Zentrum ragte die Ruine der einst größten Kirche Pjöngjangs in den Himmel. An der Hauptstraße, die damals noch Stalinallee hieß, standen zwei neue Verwaltungsgebäude sowjetischer Bauart. In der Nähe befand sich ein eigenartig bunt dekoriertes Filmtheater. Erst später erfuhr ich, dass es Chinesen errichtet hatten, die als so genannte Volksfreiwillige Nordkorea im Krieg unterstützten und bis 1958 im Land blieben.

Ich wollte als Praktikantin an der neu eingerichteten Botschaft der DDR in der Demokratischen Volksrepublik Korea meine Sprach- und Landeskenntnisse vertiefen. Drei Jahre lang hatte ich Koreanisch an der Berliner Humboldt-Universität gelernt. Nach althergebrachter philologischer Manier bedeutete dies nicht mehr als das Studium von Schrift und Grammatik. Ich hatte mich für diese zweite ostasiatische Sprache entschieden (Sinologie war mein Hauptfach), weil ich – wie zu der Zeit ein großer Teil der DDR-Bevölkerung, vor allem der Jugend – Solidarität für die Nordkoreaner empfand. Wir sahen in ihnen das Opfer der US-Aggression im Kalten Krieg mit der

Sowjetunion. Für meine Generation, die das Ende des Zweiten Weltkrieges, seine Bombennächte und Feldschlachten schon mehr oder minder bewusst erlebt und erlitten hatte, waren die Bilder der schrecklichen Verwüstungen, die die amerikanischen Bombenteppiche in den Städten und Dörfern Nordkoreas angerichtet hatten, noch unmittelbar mit den eigenen Erfahrungen verbunden. Sie machten uns zu entschiedenen Gegnern jeder Art von Gewaltanwendung gegen andere Völker.

Mit diesen geringen Vorstellungen von Korea ausgerüstet, bezog ich mein Quartier in der DDR-Botschaft, die damals noch in provisorischen Holzhäusern untergebracht war. Die Gegend um die Botschaft war völlig verwüstet. Aus der braunen Erde ragten kleine Röhren heraus, aus denen vor allem morgens und abends Rauch aufstieg. Hier hatten sich Familien in die Erde gegraben, um zumindest für den Anfang eine Bleibe zu haben, die ihnen Schutz vor Regen und der bittersten Kälte bot. Die Kinder, die aus diesen Höhlen krochen, trugen auch bei zehn Grad unter null nur die traditionellen Gummischuhe mit den hochgebogenen Spitzen oder Turnschuhe, die völlig zerschlissen oder notdürftig zusammengeflickt waren. Den Anblick eines kleinen Jungen in Kniehosen und über dem nackten Bäuchlein offenstehender Lumpenjacke werde ich wohl mein Leben lang nicht vergessen.

Neben diesen Bildern äußerster Armut und unbeschreiblichen Elends stieß ich jedoch auf einen unermesslichen Reichtum: koreanische Bücher. In Berlin verfügten wir fast nur über Studienmaterialien, die über die Sowjetunion zu uns kamen. Daher führte mich mein erster Weg in die Buchhandlungen. Hier stand ich nun vor einer Vielfalt, die ich bei meinem damaligen Bildungsstand nicht zu überblicken in der Lage war. Angefangen von Nachdrucken der ältesten erhaltenen Schriften Samguk Sagi (Geschichte der drei Fürstentümer) und Samguk Yusa (Chronik der drei Fürstentümer) aus dem 12. und 13. Jahrhundert über klassische Poesie und Prosa und die antijapanische moderne Literatur der zwanziger und dreißiger Jahre bis hin zu Erstveröffentlichungen bereits bekannter, aber auch ganz junger Autoren war hier alles in bunter Auswahl zu finden. Die Bücher waren sehr billig, da sie auch für den koreanischen Leser erschwinglich sein sollten, und so konnte ich in diesen Monaten zwischen September 1955 und Juli 1956 den Grundstein für meine Koreanistik-Bibliothek legen. Obwohl auf schlechtestem Papier gedruckt und deshalb manchmal heute nur noch schwer lesbar, nehmen diese Bücher immer noch einen Ehrenplatz zwischen den unvergleichlich schöneren südkoreanischen Neuausgaben späterer Jahrzehnte ein.

Das kulturelle Leben Nordkoreas war damals vielfältig und lebendig. So waren etwa bei offiziellen Veranstaltungen, aber auch bei den vorsichtig wieder beginnenden Straßenfesten zu traditionellen Feiertagen die glucksenden, sich überschlagenden Stimmen der Pansori-Sänger, der alten Geschichtenerzähler, zu hören. Auch die schon seit den dreißiger Jahren weit über Korea hinaus bekannte Tänzerin Choe Sunghui trat damals in Pjöngjang auf. Dass ich ihre Einzeldarbietungen und Inszenierungen klassischer Stoffe gesehen habe, ringt vielen meiner südkoreanischen Freunde heute einigen Neid ab. Schauplatz ihrer unvergleichlichen Auftritte war das Moranbong-Theater. Es befindet sich auf dem Berg Moran, der genau wie der Namsan in Seoul im alten Zentrum der Stadt liegt. Seit jeher ist der Moran Erholungsort und Treffpunkt der Einwohner Pjöngjangs. Hier geht man spazieren, spielt Schach und andere traditionelle Spiele oder trifft sich zu Familienpicknicks. Das Morangbong-Theater wurde 1946 im neoklassizistischen Sowjetstil erbaut. Im Koreakrieg bis auf die Grundmauern abgebrannt, war es eines der ersten Gebäude, die wiederaufgebaut wurden. Hier nahm ich im April 1956 an der Seite des Botschafters an einer Tagung der Obersten Volksversammlung, des nordkoreanischen Parlaments, teil. Hinter dem Morangbong-Theater liegt ein Felsentheater, das die Nordkoreaner 180 Meter tief in den Berg getrieben haben, um trotz der amerikanischen Luftangriffe einen sicheren Versammlungsort zu haben.

All diese Zeugnisse unüberwindlichen Lebenswillens und die neu gewonnenen Einblicke in die Welt der Koreaner bestärkten mich in meinem Willen, mich diesem Volk in Zukunft noch intensiver zu widmen. Allerdings bedrückte mich ein Eindruck, den ich in vielen Begegnungen gewinnen musste. Sicher erwiesen die Sowjetunion und andere Ostblockstaaten den Nordkoreanern während des Krieges und in den Jahren danach in hohem Maße materielle und ideelle Hilfe und nahmen die Sympathie der Koreaner, die sie ihnen dafür entgegenbrachten, gern entgegen. Doch während meines ersten Aufenthaltes zeigte sich diese Sympathie nicht selten in einer Unterwürfigkeit, ja Dienstfertigkeit, die mir nicht angebracht erschien.

Das führte zu solch absurden Erlebnissen, dass ältere Koreaner uns ganz jungen Leuten in überfüllten Verkehrsmitteln oder Filmtheatern Sitzplätze anboten. Heute weiß man allerdings, dass diese Art von botmäßiger »Dankbarkeit« und die unbedingte Befolgung eigener Ratschläge zumindest von Seiten der Großmächte Sowjetunion und China erwartet und manchmal sogar erpresst wurde.

Doch wahre internationale Hilfe kann nicht mehr als Hilfe zur Selbsthilfe sein, und dass die Koreaner das auch so verstanden – und zwar auf ihre Weise –, sollte sich bald zeigen. Im April 1955 hielt Kim Il Sung eine Rede, die einen folgenschweren Eingriff in die weitere Entwicklung des Landes bringen sollte: »Über die Überwindung von Dogmatismus und Formalismus und die Durchsetzung des Juche in der ideologischen Arbeit unserer Partei«. Juche bedeutet »Subjekt«. Kim Il Sung bündelte alle damaligen Ressentiments gegenüber fremden Einflüssen in eben diesem Wort: »Was bedeutet das Juche in unserer ideologischen Arbeit?«, fragte er. »Was machen wir denn hier? Wir machen nicht Revolution in irgendeinem Land, sondern Revolution in Korea. Deshalb ist das Juche unserer ideologischen Arbeit nichts anderes als eben die Revolution in Korea.«

Neben der politischen Abwehr unerwünschter Einmischung wandte er sich damit auch gegen die Überhäufung des kulturellen Lebens mit sowjetischen und chinesischen Vorbildern und gegen die Vernachlässigung der eigenen kulturellen Besonderheiten. Wohl in Befolgung dieser Weisungen erschienen in der zweiten Hälfte der fünfziger Jahre ausführliche Geschichten Koreas, Geschichten der koreanischen Literatur und Philosophie sowie erste allgemeine Darstellungen zur Kulturgeschichte Koreas. Wie alle Erstlinge dieser Art natürlich mit Schwächen behaftet, wurden die Werke jedoch zum Standard nationaler Bildung und Erziehung mindestens einer ganzen Generation.

Welche Wirkungen diese betont nationale Erziehung erzielte, konnte ich zwischen 1960 und 1962 bei Begegnungen mit den Studenten der Kim-Il-Sung-Universität feststellen. Da gab es keine Unterwürfigkeit mehr, eher das Gegenteil. Die Studenten traten mit selbstbewusstem Stolz auf die nationale Kultur und das bisher Erreichte auf. Bisweilen schlug ihr Stolz sogar in eine ignorante Arroganz gegenüber allem Ausländischen um.

So wies man immer wieder darauf hin, dass der Buchdruck mit beweglichen Lettern in Korea schon 200 Jahre vor Gutenberg erfunden wurde, ohne dabei zu beachten, dass diese Erfindung außerhalb Koreas wirkungslos geblieben war.

In den folgenden Jahren bildete sich das System der nordkoreanischen Erziehungskultur endgültig heraus. Die Themen von Kunst und Literatur begrenzten sich auf den Partisanenkampf gegen die japanischen Besatzer, die Heldentaten der Koreanischen Volksarmee und – in wesentlich geringerem Maße – die Leistungen im sozialistischen Aufbau. Selbst für den wohlwollenden ausländischen Besucher wurde es immer schwerer verständlich, dass all diese Leistungen in erster Linie der Person Kim Il Sungs zugeschrieben wurden. Mit der Einengung verloren etwa die Heldenopern der siebziger Jahre »Das Blumenmädchen« oder »Ein Meer von Blut«, die man durchaus als erste koreanische Nationalopern ansehen konnte, an Wirkung. Das lag zum Teil sicher daran, dass die Musik apologetische Züge trug und sich oftmals sowjetischer Stilelemente bediente. Da gleichzeitig der traditionelle Pansori-Gesang als rückständig abgelehnt wurde, vollzog sich zumindest im offiziellen Kulturleben der Städte eine Loslösung von der alten Volkskultur, die bis heute zu beobachten ist.

Druck und Herausgabe wissenschaftlicher und literarischer Schriften wurden in den achtziger Jahren immer weiter eingeschränkt. Hierfür gab es vor allem zwei Gründe. Zum einen wurden die wirtschaftlichen Bedingungen immer schwieriger. Gleichzeitig erhöhte die Regierung die Aufwendungen für die Landesverteidigung und Repräsentationsbauten. Ein ständiger Mangel an Papier war die Folge. Zum anderen verstärkte sich die inhaltliche Einengung auf die Führeranbetung noch mehr. Daran änderten auch Bemühungen nichts, die bis dahin aus ideologischen Gründen abgelehnten Werke aus der Vergangenheit und sogar solche aus Südkorea zumindest in Zeitschriften mit geringer Auflage herauszubringen, so etwa in dem Literaturjournal *Vereinigungsliteratur*. Die wenigen gedruckten Zeugnisse von Poesie und Prosa sind unzweifelhaft und unübersehbar aus der koreanischen Kulturtradition gewachsen, erreichten aber keinerlei Massenwirksamkeit.

Dennoch ist in den vergangenen Jahrzehnten eine Hinwendung zum nationalen Kulturerbe zu beobachten. Sie zeigt sich nicht in Büchern, sondern in Steinen oder Holz. Nordkorea ist bemüht, die traditionellen Denkmäler zu pflegen. Dabei sind zwei Voraussetzungen zu beachten. Erstens lagen im Norden der Halbinsel von vornherein weniger Kulturdenkmäler, da gerade der Buddhismus im Süden deutlicher ausgeprägt war. Und zweitens wurden infolge der dreijährigen amerikanischen Luftangriffe, die das ganze Land vom 38. Breitengrad bis zur chinesischen Grenze erfasst hatten, nicht nur buddhistische Klöster und Gedenkstätten, sondern auch die alten Stadttore und -mauern sowie die christlichen Kirchen, Schulen und andere Kultureinrichtungen restlos zerstört, so auch die große christliche Kirche im Zentrum Pjöngjangs, deren Ruine ich bei meinem ersten Besuch 1955 gesehen hatte.

Ein beeindruckendes Beispiel der nationalen Kulturpflege ist das Pohyon-Kloster im Myohyang-Gebirge. Etwa 200 Kilometer nördlich der Hauptstadt gelegen, wurde die im 11. Jahrhundert von buddhistischen Mönchen gegründete Anlage im Koreakrieg weitgehend zerstört. Die Hälfte der ursprünglich 24 Gebäude waren abgebrannt. Sie wurden rekonstruiert und zur nationalen Besichtigungsstätte ausgebaut. Vor dem Krieg sollen dort bis zu 60 Mönche gewirkt haben, heute stehen einige wenige als Fremdenführer zur Verfügung. Andere Beispiele sind die monumentalen Grabanlagen für den sagenhaften Gründer Koreas Tangun, und den 1. König des Koguryo-Reiches Tongmyong (37 v. Chr. bis 19 n. Chr.). Besonders die Herkunft des legendären Tangun ist umstritten, denn auch Südkorea erhebt Anspruch auf diesen Herrscher und hat sogar seinen Nationalfeiertag auf den 3. Oktober, den angenommenen Geburtstag im Jahre 2333 v. Chr., festgelegt.

Viele kleinere Museumsanlagen in allen Gebieten Nordkoreas wurden errichtet oder rekonstruiert. Bauleute und Architekten, die Methoden zum Guss von Betonelementen für die traditionellen Dächer erarbeiteten, hatten daran nicht wenig Anteil. Da der Besuch dieser Kulturstätten Schulkindern inzwischen zur Routine geworden ist, kann hier durchaus von einer breiten Propagierung traditioneller Kulturwerte innerhalb des vorgegebenen ideologischen Rahmens ausgegangen werden.

Die Hinwendung zur nationalen Eigenständigkeit in Nordkorea ist ambivalent zu bewerten. Einerseits isolierte sich das Land zusehends vom Weltgeschehen. Andererseits löste es sich von der jahrzehntelangen Fremdbestimmtheit. Dieses Streben nach der Mobilisierung der eigenen Kräfte wird nicht immer und überall verstanden, geschweige denn geliebt. Trotzdem kann es vielleicht als typisch koreanische Eigenart angesehen werden, wie auch das südkoreanische Wirtschaftswunder der achtziger und neunziger Jahre zeigt.

Die schönste und deutlichste Gemeinsamkeit der Koreaner ist dann zu entdecken, wenn man Gelegenheit hat, mit ihnen die Freizeit zu verbringen. In Nordkorea geschieht dies selten, ergibt sich jedoch manchmal bei Exkursionen im Land oder bei abendlichen Erholungsstunden im Rahmen internationaler Konferenzen. Alle in Nord und Süd einschließlich der im Ausland lebenden Koreaner lieben das Singen, sind musikalisch und haben – die ganz wenigen Ausnahmen bestätigen wie immer die Regel – schöne, klangvolle Stimmen. Ich glaube, es gibt keinen von der westlichen Technikkultur mehr oder minder verdorbenen Ausländer, der nicht schon unter dieser Sangesfreude gelitten hat. Denn jeder wird irgendwann unweigerlich dazu gezwungen, sich am Gesang mit einem eigenen Beitrag zu beteiligen. Immer wenn ich bei solchen Gelegenheiten verzweifelt und fast immer erfolglos versuchte, um eine Soloeinlage herumzukommen, hatte ich die leicht mit Trauer unterlegte Vorstellung, dass es vielleicht besser wäre, wenn die Vertreter beider Korea nicht gegeneinander reden, sondern miteinander singen würden.

Alexander Liebreich

Pjöngjang singt. Deutschland singt mit

(2004)

Beim Öffnen der Lifttüren im achten Stock des Yun-I-Sang-Instituts erhebt sich vor mir schlagartig eine Reihe von zwanzig jungen Studentinnen und Studenten zwischen 20 und 25 Jahren. Als ich aus dem Fahrstuhl trete, verbeugt man sich synchron und wartet neugierig lächelnd, fast grinsend auf meine Reaktion Ich erwidere die Verbeugung und betrete den Seminarraum.

Teppichboden und Sofas an allen vier Seiten des Raums erzeugen eine Wohnzimmer-Atmosphäre. Wie in jedem öffentlichen Raum hängen die Porträts von Kim Il Sung und Kim Jong Il zentral an der Wand. Geruch und Architektur des Instituts erinnern mich an meine eigene Studienzeit an der Münchener Musikhochschule. Ich setze mich. Nun nehmen auch die 20- bis 25-Jährigen Platz, greifen zu Stift und Schreibblock und blicken mich erwartungsvoll an. Die männlichen Studenten tragen dunkelblauen Anzug und Krawatte, die weiblichen ein blaues Kostüm, weiße Strümpfe und schwarze Schuhe. In der Haltung untereinander wird schnell sichtbar, wer schon lange dabei ist und wer nicht.

In den kommenden vier Wochen werde ich die Studenten als Gastprofessor im Dirigieren unterrichten. Bärbel Gutzat, seit 2002 Lektorin des Deutschen Akademischen Austauschdienstes (DAAD) in Pjöngjang, hat das Projekt ermöglicht, das Goethe-Institut in Seoul hat es auf den Weg gebracht. Die jungen Nordkoreaner und ich betreten Neuland. Tschaikowskis »Romeo und Julia« oder Mendelssohn Bartholdys »Sommernachtstraum« waren in Nordkorea noch nie zu hören. Die klassische Musikausbildung wurde seit den fünfziger Jahren durch Moskau und Ostberlin geprägt, aber mit dem Zusammenbruch des Ostblocks versiegten auch die musikalischen Quellen. 40 Kilogramm meines Gepäcks bestehen aus Partituren und Orchestermaterial. Was fehlt, kommt nachts per Fax aus Amsterdam oder per Kurier aus Seoul via Peking. Vieles wird von Hand vervielfältigt. Aus meiner kleinen Strawinsky-Taschenpartitur erwächst binnen 24 Stunden spielfertiges Orchestermaterial.

Meine Dolmetscherin, die 22-jährige Jon Un Suk, vollbringt in diesen Novemberwochen 2003 eine schier unfassbare Leistung: Acht Stunden täglich übersetzt sie Seminare und Orchesterproben, dazu Gespräche von der Zigarettenpause bis zum Botschaftsempfang. Mit großem Interesse stürzt sie sich auf musikalische Fachausdrücke, bereitet abends mit mir die Vorlesungen vor und absolviert quasi nebenher in den Mittagspausen ihre Prüfungen an der Universität. Ohne dieses wundervolle Sprachrohr hätte ich zu »meinen« Studenten kaum eine freundschaftliche Beziehung entwickelt.

Im Unterricht keine Pflichterfüllung, sondern Heißhunger. Vormittags wandern wir durch Musikgeschichte und Analyseformen, nachmittags steht Dirigieren an zwei Klavieren auf dem Programm. Bach, Mozart, Brahms, Prokofjew, schließlich auch Minimalmusic von John Adams. Ein CD-Spieler wird gebracht, der dazu nötige Strom kommt erst einen Tag später. Gemeinsam hören wir Beethovens »Coriolan«-Ouvertüre und Strawinskys »Pulcinella-Suite«. Äußerste Ruhe und Konzentration. Alles ist unerhört, jeder Ton eine Premiere. In den Zwischenpausen diskutieren wir über Komponisten, Aufführungspraxis, Familie, die niederländische Hügellosigkeit und italienisches Essen. Ein junger Pianist bittet mich, ihm die wichtigsten Werke des 20. Jahrhunderts aufzuschreiben. Er reißt ein Blatt aus seinem bierdeckelgroßen Notizbuch und streckt es mir freundlich entgegen. Drei Zigaretten passen in 10 bis 15 Minuten. Rauchen dürfen offiziell nur der Dekan, die Dozenten und Postgraduierte. Die jüngeren Semester suchen auffallend häufig den Weg zur Toilette und kehren nach fünf Minuten mit verschmitztem Lächeln zurück.

Dirigieren bedeutet, gemeinsam nach der richtigen musikalischen Form zu suchen, die Partitur formal zu analysieren und Komponist und Komposition auf Motivation und Programm zu prüfen. Undenkbar, »Romeo und Julia« ohne das Wissen um die kulturgeschichtlichen Hintergründe zu vertonen. Dirigieren meint aber, das Orchester durch Gestik und Sprache zu organisieren, es zu motivieren und Verantwortung zu teilen – alles zu dem Zweck, gemeinsam die musikalische Wahrheit zu finden. Zu Recht fragen die Studenten nach der richtigen Interpretation. Was ist das richtige Tempo, welche Phrasierung die gültige? Kann sich ein Komponist auch irren?

Die Fragen, die in Nordkorea gestellt werden, sind die gleichen wie anderswo auch.

Erste Orchesterprobe bei fünf Grad Raumtemperatur. Student Hwang dirigiert Mozart. Sein Allegro molto wird zum Prestissimo impossibile. Nicht jeder Musiker kann der extremen Tempovorgabe folgen. Obwohl das Orchester auseinander zu brechen droht, duldet Hwang – 22 Jahre, 3. Studienjahr – in seiner Premiere am Dirigierpult keine Verzögerung. Atemlos rast er durch die Coda. Als die Schlusstakte verklingen, legt er seinen Stab aufs Pult, verbeugt sich kurz und wendet sich mir mit hochgezogenen Augenbrauen zu. Meine kurze Anweisung übersetzt Jon Un Suk dem Konzertmeister Kim, einem hochsensiblen und virtuosen Geiger. Kurz darauf gibt er seinem Orchester einen dezenten Auftakt, und es geschieht das, wovon jeder Dirigent nur träumen kann: Nach ein paar Sekunden Orientierungszeit spannt sich ein durchsichtiger Klang wie ein filigranes Zelt über dem Orchester. Nebenstimmen werden hörbar, das Ensemblespiel ist perfekt, die Musiker spielen Mozart im selbstverständlichen Dialog zwischen Bläsern und Streichern. Auf der Bühne sieht man leuchtende Augen. Bauchiges Grunzen als Zeichen koreanischer Zustimmung im Probesaal des Yun-I-Sang-Instituts. Dem 1995 in Berlin verstorbenen Namensgeber hätte es sicherlich gefallen.

Yun I Sang war ein Wanderer zwischen den Welten. Sein abenteuerliches Leben spiegelt die Zerrissenheit der geteilten Nation. 1917 in Südkorea geboren, studierte Yun I Sang in Japan und Europa Komposition. Nach seiner Lehrtätigkeit in Seoul wagte sich Isang Yun – so die westliche Schreibweise – in den sechziger Jahren nach Nordkorea. Die Besuche inspirierten ihn zu seiner »Symphonischen Szene« und zum Stück »Imagine«. 1967 entführte ihn der südkoreanische Geheimdienst aus Westberlin. In Seoul wurde er wegen angeblicher Spionage zu lebenslanger Haft verurteilt. Erst weltweite Proteste führender Musiker und Intellektueller erwirkten seine Freilassung. Yun I Sang kehrte nach Berlin zurück, nahm die deutsche Staatsbürgerschaft an und lehrte bis 1985 Komposition an der Hochschule der Künste. Seine Werke, die westliche Zwölftonmusik mit traditionellen asiatischen Elementen verbinden, stehen im Ruf, schwierig zu sein. Trotzdem gilt er mittlerweile in beiden Koreas als bedeutendster einheimischer Komponist. In Pjöngjang sind das Institut und ein Ensemble nach ihm benannt.

Besitzt das Dreieck Seoul–Berlin–Pjöngjang einen musikalischen Ahnherren, so steht auch die jetzige Zusammenarbeit auf festem Grund. Seit einigen Jahren ist das Goethe-Institut in Seoul treibende Kraft gemeinsamer Musikprojekte. Im April 2000 gastierte das Cello-Ensemble der Berliner Hochschule der Künste in Pjöngjang. Zwei Jahre später brachte Uwe Schmelter, der Leiter des Goethe-Instituts in Seoul, die Junge Deutsche Philharmonie und mich zu Gastspielen in beide Landesteile. Auf dem Programm standen neben Bruckners 8. Symphonie die Werke Schuberts und Yun I Sangs. Deutsche und Koreaner probten und konzertierten gemeinsam. Es fiel auf, wie feingliedrig die Koreaner die Melodien führen, wie natürlich sie die lyrischen oder dramatischen Passagen artikulieren.

Aber nicht allein die Studenten beeindrucken durch ihr musikalisches Einfühlungsvermögen. Auch Hotelangestellte, Chauffeure und Familien beim Sonntagsausflug verraten, dass sie von Kindesbeinen an mit Gesang leben. Pjöngjang singt. Beim Picknick im Morangbong-Park werden Speisen und Getränke ausgebreitet. Kimchi gibt es, Wodka, Bier, Trauben und Bananen. Jemand hat Bulgogi und einen Fleischgrill mitgebracht. Es dauert nicht lange, bis der erste Student zum Vortrag anhebt. Vom rhythmischen Klatschen der Kommilitonen angefeuert, singen wir bald Potpourris, Arien, Volkslieder und Tänze. Professor Kim Jong Won, Dekan der Musikhochschule, schmettert neapolitanische Arien. Mozarts Figaro, die kanadische Popsängerin Celine Dion oder Gedichte – niemand verlässt ungehört den Grillplatz.

Im Anschluss Fußball. Der Dekan und ich stellen die Mannschaften zusammen. Vor dem Kim-Il-Sung-Stadion mimt mein Begleiter Ri Chol Ryol den Schiedsrichter wie in einem Weltmeisterschaftsendspiel und pfeift übermütig Freistöße, Einwürfe und Fouls. Student Hwang, rasender Dirigent bei Mozartsymphonien, wird auch beim Ballsport zum draufgängerischen Stürmer. Mehrere Schürfwunden und eine zerissene Hose können ihn nicht stoppen. Der Dekan, schon knapp über 60, wird trotz Wodka und Zigaretten zum rasenden Wiesel. Student Ham Hyok, dessen Äußeres an eine asiatische Version von Harry Potter erinnert, tänzelt, kombiniert und trickst wie ein Brasilianer. Am Ende fordert der harte Beton seinen Tribut: Schürfwunden und Muskelkater.

Zum Abschlusskonzert sind zehn Dirigenten ausgewählt. Beethoven, Sinfonien von Schubert und Mozart, Strawinskys »Pulcinella-

Suite« und Musik aus Mendelssohn Bartholdys »Ein Sommernachtstraum« sollen dargeboten werden. Bei der Generalprobe am
Morgen herrscht Unsicherheit. Vieles scheint sich mit angezogener
Handbremse zu bewegen. Am späteren Nachmittag haben sich die
Studenten mit ihren Taschenpartituren in die Ecken des Instituts
zurückgezogen. Nur »Zauberlehrling« Ham Hyok beugt sich entspannt über den Billardtisch und versenkt eine Kugel nach der anderen.

Am Abend sitze ich im Publikum, viel nervöser als bei meinen eigenen Konzerten. Student Zheng beginnt Beethovens »Coriolan«-
Ouvertüre mit fulminanten Schlägen und führt die Musiker mit trei-
bender Energie durch die rastlose Komposition. In den Händen von
Studentin Zhong wird Strawinskys »Pulcinella-Suite« zum baro-
cken Tanz. Trotz etwas schüchteren Auftretens gestaltet sie überzeu-
gend und feinsinnig die Melodiebögen und Taktwechsel. »Harry
Potter« zaubert. Mit sichtbarem Vergnügen lässt der 23-Jährige im
»Sommernachtstraum« bockige Esel wiehern und zarte Elfen tanzen. Puck treibt sein Unwesen und träufelt den Saft der Wunder-
blume auf schlafende Wimpern. Lebendige Bilder entstehen in purer
musikalischer Hingabe. Die jungen Dirigentinnen und Dirigenten
haben keine Mühe, ihre Gefühle auf dem Podium zu zeigen.

Auf dem Fest nach dem Konzert wird noch einmal gesungen.
Volkslieder, Schlager, Jazz. Einige improvisieren am Klavier. Meine
Übersetzerin Jon Un Suk erweist sich einmal mehr als schauspie-
lerisch begabte Sängerin. Ihr zu Ehren singe ich »I Do It My Way«
von Frank Sinatra. Doris Hertrampf, die deutsche Botschafterin in
Pjöngjang, singt »Der Mond ist aufgegangen«. Die Nacht ist ster-
nenklar, als wir durchs nächtliche Pjöngjang fahren. Eine absolute Seltenheit inmitten einer Millionenstadt. Ham Hyok, der asiatische Harry Potter, wird diesen Anblick vielleicht bald vermissen.
Im nächsten Jahr wird er voraussichtlich mit einem Stipendium des
DAAD nach Deutschland reisen. Die Konrad-Adenauer-Stiftung
will ein weiteres Stipendium vergeben, vielleicht an Frau Zhong.
Der DAAD und das Goethe-Institut wollen vier Musik-Dozenten
nach Nordkorea holen. Und im Mai 2004 wird das Isang-Yun-En-
semble fünf Konzerte in Deutschland geben. Im Herbst soll die Auf-
erstehungssymphonie von Gustav Mahler erstmals aufgeführt werden. Pjöngjang singt, und Deutschland singt mit.

Jan Holtermann

Mit leichtem Gepäck.
Das deutsch-nordkoreanische Internet-Projekt

(2004)

Am 15. April 2000 tanzen etwa 70 000 Nordkoreaner auf dem Kim-Il-Sung-Platz in Pjöngjang. Es ist der »Tag der Sonne«, der Geburtstag des verstorbenen Großen Führers Kim Il Sung. Ich sehe eine choreographische und logistische Meisterleistung. Sobald der letzte ausländische Besucher auf der Tribüne Platz genommen hat, geht das Spektakel los. Ein Militärorchester spielt. Scheinwerfer umkreisen die abendliche Szenerie. Die Nordkoreaner tanzen scheinbar ganz spontan Gesellschaftstänze. Ein Feuerwerk explodiert am Himmel. Dann sind die Feierlichkeiten zu Ende. Sobald der letzte Besucher die Tribüne verlassen hat, ist der Platz wie leer gefegt. Es herrscht absolute Stille. Die Teilnehmer gehen zu ihren Bussen oder nach Hause, als wenn das Spektakel nie stattgefunden hätte.

Pjöngjang macht den Eindruck einer künstlichen Stadt. Ihr fehlt jede Spur asiatischer Exotik und jede Art von Urbanität, wie wir sie aus Europa gewohnt sind. Die nach dem Koreakrieg völlig verwüstete Hauptstadt scheint nur wiederaufgebaut worden zu sein, um das Land darzustellen. Statt Cafés und kleinen Plätzen, auf denen sich die Einwohner treffen können, prägen riesige, kilometerlange Sichtachsen die Stadt. Die Menschen in den Straßen sind in ständiger Bewegung. Ein Verweilen, eine Unterbrechung, ein Stillstehen gibt es nicht, es sei denn, man wartet auf die nächste Transportmöglichkeit. Pjöngjang scheint wie eine virtuelle Stadt. Doch auch auf dem abendlichen Kim-Il-Sung-Platz hat es der Besucher mit realen Menschen zu tun. Auf dem Pflaster sind unzählige kleine Markierungen eingelassen, die genau angeben, wo die Tänzer sich aufstellen mussten.

Seit Anfang 2004 hat das scheinbar virtuelle Land Zugang zu einem Medium, das tatsächlich virtuell ist: dem Internet. Die Berliner Firma KCC Europe GmbH, der ich vorstehe, hat es innerhalb eines Jahres aufgebaut. Am 16. Februar 2004, dem 62. Geburtstag des

Staatsoberhauptes Kim Jong Il, wurde es nach einer Testphase offiziell eingeweiht. Damit erhielt das weithin verschlossene Land endlich Teilhabe an einer Kommunikationsform, die vor allem in Wirtschaft und Wissenschaft längst unverzichtbar geworden ist.

Der Weg dorthin war lang. Er begann in eben jenen Tagen im April 2000, als Nordkorea den Geburtstag seines Staatsgründers feierte. Ich war mit einem Cello-Ensemble der Berliner Hochschule für Künste ins Land gereist. Während des erfolgreichen Gastspiels der jungen Musiker überlegte ich, wie ich mich in dem Land engagieren könnte. Es war die Zeit des weltweiten IT-Booms. Junge Computerfirmen gingen nahezu täglich an die Börse. In Nordkorea aber war von dieser Aufbruchstimmung nichts zu spüren. Zwar gab es ein Kommunikationsnetz in guter Qualität, mit dem man sich über China ins Internet einwählen konnte. Doch diese Leistung war exorbitant teuer, bis zu 2,5 Euro pro Minute. Es schien überfällig, dass das Land über einen eigenen Internetzugang verfügte.

Mir war klar, dass die schöne bunte Welt des elektronischen Datenverkehrs in Nordkorea nicht ohne weiteres geschätzt werden würde. Und gerade deswegen reizte mich die Aufgabe. Ich reise gerne »mit leichtem Gepäck«. Neue und ungewöhnliche Projekte spornen mich an. In Nordkorea nun stand ich vor einer echten Herausforderung: Wie kann man das Internet aufbauen, ohne die Besonderheiten des Landes zu verletzen?

Mir kam zugute, dass ich mit den Nordkoreanern und ihren geschäftlichen Usancen seit längerem vertraut war. Ende der achtziger Jahre hatte ich als Leiter einer Privatbank in München für eine nordkoreanische Bank ein Konto eingerichtet. Ich merkte, dass darüber ganz normale Geschäfte getätigt wurden. Die Nordkoreaner lernten mich ebenfalls als verlässlichen Partner kennen, obwohl sie anfangs oft anriefen und nachfragten, was gerade mit ihrem Geld geschehe. Nach dem Mauerfall hatte ich es als freier Wirtschaftsberater in Berlin wieder mit Nordkorea zu tun. Hierbei half mir eine deutsche Vertrauensperson, die mich bei den Handelsvertretern des Landes bekannt machte. Solch ein persönliches Bindeglied ist unerlässlich. Man kann nicht einfach anklopfen und sagen: »Hallo, hier bin ich.« Asiaten und gerade auch Koreaner arbeiten ungern mit Leuten zusammen, die sie überhaupt nicht kennen.

Bei der Internet-Idee mussten nun zwei Dinge in Übereinstimmung gebracht werden. Die Nordkoreaner wünschten Vorkehrungen, damit nicht jeder Inhalt ungefiltert ins Land kommt und umgekehrt kein Unbefugter Zugriff auf sensible Daten hat. Die dafür notwendige Technologie unterliegt jedoch strengen Exportbestimmungen, da sie unter Umständen auch militärisch genutzt werden kann. Sie konnte daher nicht ohne weiteres in Nordkorea installiert werden. Als Lösung bot sich eine Teilung des Systems an: Der Hauptserver mit seinen Verschlüsselungssystemen steht in Deutschland. Dort können die Nordkoreaner ihre Inhalte lagern und in die Welt übertragen. In Pjöngjang steht ein so genannter Proxy, der die Webinhalte entsprechend den Wünschen der Koreaner im Land verfügbar macht.

Das Konzept überzeugte die Nordkoreaner. Andere Anbieter hatten die Möglichkeiten betont, die das Internet bietet. Ich hingegen legte Wert auf die Sicherheit. Mit der notwendigen Technologie hätten die Nordkoreaner das Internet durchaus selbst aufbauen können. Die über 6000 Mitarbeiter des Korea Computer Center Pyongyang (KCC) verfügen über hinlänglichen technischen Sachverstand, und die Glasfiberleitungen, die die Nordkoreaner verlegt haben, gewährleisten schnelle Übertragungen. Doch besaßen sie nicht die nötige Hardware. Nach zahlreichen Gesprächen in Pjöngjang konnte Anfang 2003 der Vertrag abgeschlossen werden. Von nordkoreanischer Seite unterschrieben das KCC und das Post- und Telekommunikationsministerium, da alles, was Kommunikation betrifft, in Nordkorea ein hoheitlicher Akt ist, so wie das in Deutschland vor der Privatisierung des Telekommunikationsmarktes auch der Fall war. Von deutscher Seite unterschrieb ich als Geschäftsführer der neu gegründeten KCC Europe GmbH.

Alsbald begannen wir, die Geräte in Nordkorea und Deutschland zu installieren. Die Abstimmung war nicht immer einfach. Wir mussten nicht nur 13 000 Kilometer Entfernung überwinden, sondern auch viel Technik mitbringen. Wenn wir einmal etwa ein Verbindungsstück vergessen hatten, war das Projekt kurzfristig unterbrochen und wir mussten improvisieren. Man kann in Pjöngjang nicht einfach in einen Laden gehen und Ersatzteile nachkaufen. Im Oktober 2003 gingen wir erstmals über die Satellitenstrecke online. Die Verbindung klappte. Im November standen sämtliche technische Leitungen. Das System war voll funktionsfähig. Bis zum offiziellen Start am 16. Februar 2004 waren die 15 festen und freien Mitarbeiter der KCC Europe GmbH damit beschäftigt, das System auf Herz und Nieren zu testen und eventuelle »Kinderkrankheiten« zu beseitigen.

Zwischen April 2000 und Dezember 2003 war ich zehnmal in Nordkorea. Dabei sind mir viele, im Ausland nur wenig wahrgenommene Veränderungen aufgefallen. Am deutlichsten zeigen sie sich in der Einführung privater Handels- und Dienstleistungsunternehmen, die im Zuge der wirtschaftlichen Umstrukturierung im Sommer 2002 legalisiert wurden und zugenommen haben. In Pjöngjang gibt es neben einigen kleineren privaten Stadtteilmärkten mittlerweile drei große private Markthallen. Das Geschehen in einer solchen Markthalle wollte so gar nicht zu dem Bild eines hungernden Landes passen. In fünf langen Gängen boten Hunderte von Händlern ihre Waren feil. Im ersten Gang wurde Schweinefleisch, Rindfleisch, Geflügel und auch Hundefleisch verkauft; auch frischer und getrockneter Fisch war in großer Auswahl im Angebot. In einem weiteren Gang wurden Obst und Gemüse angeboten. Darunter waren nicht nur Äpfel, die sowieso in der Gegend von Pjöngjang angebaut werden, sondern auch Importobst wie Mandarinen und Bananen. In den drei übrigen Gängen wurde jede erdenkliche Art von Haushaltswaren, technischen Geräten, Textilien und Möbeln angeboten. Tausende von Menschen waren in der Markthalle. Sie haben die Waren nicht nur bestaunt, sondern auch gekauft. Es wurde kräftig gehandelt. Ein Kilo Äpfel kostet etwa 40 Cents, ein Kilo Mandarinen 60 Cents, ein Kilo Fleisch zwei Euro, wobei auch in lokaler Währung, dem Won, bezahlt werden kann. Ausländer dürfen die Märkte zwar betreten, aber nicht überall kaufen, da ihre Kaufkraft zu groß ist. Nach dem offiziellen Kurs vom Dezember 2003 entsprechen 180 Won einem Euro. Inoffiziell bekommt man für einen Euro aber etwa 1000 Won. Die Inflation ist hoch. Vor einem Jahr lag sie bei ungefähr 1000 Prozent, mittlerweile dürfte sie sich bei etwa 100 Prozent eingependelt haben.

Seit Juli 2002 ist jedes Unternehmen angehalten, zusätzliche Aktivitäten zu entwickeln, um gewinnbringend zu arbeiten. So hat etwa ein Möbelkombinat in Pjöngjang ein Hamburger-Restaurant eröffnet. Statt Käse gibt es auf dem Fleisch zwar Rührei, was aber dem Geschmack der Burger keinen Abbruch tut. Auch die einheimische Limonade und das Eis sind durchaus genießbar. Viel Kleingewerbe ist privatisiert. Die staatliche Lebensmittelverteilung sei in vielen Gegenden eingestellt worden, berichteten mir Ausländer, die im

Land leben. Es gebe sie noch für sozial Schwache wie etwa Alte und Alleinstehende. Ich hatte den Eindruck, dass der private Handel inzwischen so gut funktioniert, dass die Versorgung weiter Teile der Bevölkerung sichergestellt ist. Auch Computer sind nun frei erhältlich. Sie sind etwa so teuer wie bei uns, ihr Besitz ist aber eher mit dem eines Autos der oberen Mittelklasse vergleichbar.

Was aber vielleicht die wichtigste Veränderung ist: Die Nordkoreaner interessieren sich zunehmend fürs Ausland. Im vergangenen Sommer verwickelten mich nordkoreanische Ingenieure plötzlich in Diskussionen über das deutsche Rentensystem. Ich war erstaunt, wie gut sie über die Altersstruktur in Deutschland Bescheid wussten. Informationen über das Ausland sind zwar nur spärlich, ausländische Zeitungen und Zeitschriften liegen aber in Universitätsbibliotheken aus. Und diese seien bestimmten Studentenkreisen zugänglich, sagte man mir.

Gerade die jüngeren Nordkoreaner sind neuem Denken aufgeschlossen. Anders als viele ältere Regierungsmitglieder, die noch immer oftmals in starren Mustern verharren, befürworten sie eine Öffnung des Landes. Dabei wollen sie keineswegs ihre nordkoreanische Identität preisgeben. Sie wollen lediglich, dass das Land wirtschaftlich wieder auf die Beine kommt und vor allem am weltweiten Dienstleistungsverkehr teilnimmt. Seitdem Nordkorea aufgrund des Energiemangels erhebliche Schwierigkeiten im produzierenden Gewerbe hat, haben Ingenieurs- und Geisteswissenschaften einen großen Aufschwung genommen. Die Leute sind hervorragend ausgebildet, warten nur auf Arbeit. Dies geht aber ausschließlich über internationale Kontakte. Und diese wiederum geschehen hauptsächlich über das Internet.

Die staatlichen Ingenieure und Computerexperten des KCC werden mit dem Internet wohl am intensivsten befasst sein. Sie können das Medium nutzen, um für ausländische Firmen kostengünstig Betriebssysteme zu entwickeln, zu verbessern und zu warten. Alles, was heutzutage einen Chip hat, von Mobiltelefonen bis hin zu komplexen Werkzeugmaschinen, kommt hierfür in Frage. Die nordkoreanischen Programmierer arbeiten hauptsächlich auf der Basis von Linux. Bei diesem robusten System sind keine urheberrechtlichen Probleme zu erwarten, und außerdem grenzen sich die IT-Worker so von der amerikanischen Firma Microsoft und deren Betriebssystem »Windows« ab.

KCC Europe versteht sich langfristig als Vertriebsarm dieser Dienstleistungen. Der Aufbau des Internets war nur der Anfang. Wir haben in das Projekt etwa 800 000 Euro investiert. Über die Gebühren der nordkoreanischen Telekom sind wir direkt an den Einnahmen beteiligt. Wir hoffen, dass sich die Summe in zwei bis drei Jahren amortisiert, obwohl der Kundenkreis klein ist und wir zunächst nur E-Mail-Dienste anbieten. Bei einem Potenzial von 2500 bis 3000 Kunden rechnen wir etwa mit der Hälfte tatsächlicher Nutzer. Wer nur einmal im Monat eine E-Mail schickt, wird sich wahrscheinlich weiter über China einwählen und später eines der geplanten Internetcafés nutzen. Die Gebühren der nordkoreanischen Telekom sind nach der jetzigen Planung nur für Dauernutzer attraktiv. Ob sich daran etwas ändert, ist ebenso ungewiss wie die Frage, welche Internetseiten später herausgefiltert werden sollen. Bis März 2004 verwehren sich die Behörden lediglich gegen pornographische, nicht aber politische Inhalte.

Der Kundenkreis wird auch in absehbarer Zukunft überschaubar bleiben, da nur sehr wenige Menschen Zugang zu Internet-tauglichen Verbindungen haben. Das liegt daran, dass es in Nordkorea zwei völlig verschiedene Telefonnetze gibt. Das lokale Netz besteht aus analogen Kupferleitungen und ist nur für Telefonverbindungen innerhalb des Landes geeignet. Das zweite Netz bilden selbst hergestellte Glasfiberleitungen, die über Satellit eine ausgezeichnete Verbindung ins Ausland ermöglichen. Der Anschluss an dieses Netz bedarf der besonderen Genehmigung. Er ist aber allein schon rein mathematisch auf 20 000 begrenzt: Nur die Nummern, die in Pjöngjang mit 381 und 382 anfangen, haben Auslandszugang. Dann folgt eine vierstellige Nummer, und vierstellige Nummern sind mit 9999 zu Ende.

Privatpersonen haben in der Regel keinen Auslandsanschluss. Man kann sich aber nach Genehmigung für 450 Euro eine Leitung legen lassen. Beides wird den wenigsten Nordkoreanern möglich sein. Hauptnutzer werden für lange Zeit Regierungsstellen und Ministerien sein, die sich endlich selbst im Internet präsentieren können, sowie diverse Im- und Exportfirmen, die neben den Märkten in China, Japan und Südkorea besonders Europa im Auge haben. Daneben richtet sich das Angebot an Forschungsstellen, Universitäten und die Mitarbeiter des KCC sowie an ausländische Organisationen und Botschaften.

Ich halte es für ausgeschlossen, dass das Internet in Nordkorea missbraucht wird. Was soll schlecht daran sein, wenn zusätzliche Informationen ins Land kommen? In gewisser Weise verlängert das Internet das Konzept der Ostpolitik in die Gegenwart: Je mehr man miteinander spricht, sich annähert und versucht, auf die Denkweisen des anderen Rücksicht zu nehmen, desto eher ist es möglich, gegenseitiges Misstrauen abzubauen und die Lebensbedingungen der Menschen zu verbessern.

Das wird nicht überall so gesehen. Wir bemühen uns seit längerem vergeblich, ein Länderkürzel für Nordkorea zu bekommen. Da die dafür zuständigen Organisationen ICANN und IANA in den Vereinigten Staaten angesiedelt sind, können sie jedoch nicht so überparteilich agieren, wie es wünschenswert ist. Das KCC Europe sollte der ICANN zunächst erklären, warum der Server nicht in Nordkorea steht – ein ungewöhnlicher Wunsch. Auch der Server des Südsee-Atolls Tuvalu mit dem attraktiven Länderkürzel »tv« steht nicht im Pazifik, sondern in Amerika. Danach verlangte die ICANN ein offizielles Regierungsschreiben, das belegte, dass wir auch wirklich von der Regierung mit der Verwaltung der Länderdomain beauftragt seien. Dieses Schreiben sei über eine Botschaft an die ICANN zu leiten, was zur Zeit aber nicht möglich ist, da Nordkorea in den Vereinigten Staaten keine Botschaft unterhält, sondern nur ein Büro bei den Vereinten Nationen. Die Vergabe der Länderdomain bleibt ein schwebendes Verfahren, obwohl das Kürzel schon feststeht: »kp«. Es steht für »Democratic People's Republic Korea«. Das südkoreanische Kürzel »kr« steht für »Korean Republic«. Bis zu einer endgültigen Lösung behelfen wir uns mit »kp.net«.

Aufgezeichnet von Christoph Moeskes

Hartmut Koschyk

Einmal gesehen ist besser als 100-mal gehört. Die bilateralen Beziehungen

(2003)

Am 1. März 2001 nahmen die Bundesrepublik Deutschland und die Demokratische Volksrepublik Korea diplomatische Beziehungen auf. Doch der beste Weg nach Pjöngjang führt noch immer über über Peking. Im Mai 2002 trafen ich und weitere Mitglieder der Deutsch-Koreanischen Parlamentariergruppe in der chinesischen Hauptstadt ein. Es waren Abgeordnete aus allen damals im Bundestag vertretenen Fraktionen. Schon zu dem Zeitpunkt war deutlich, welch herausragendes Interesse China einer stabilen und friedlichen Entwicklung auf der koreanischen Halbinsel beimisst. Unsere Gesprächspartner wünschten, dass sich Deutschland in diesem Prozess stärker engagiert. Wir konnten überdies eine gewisse Ungeduld bemerken, was die Bereitschaft zur Öffnung und zu wirtschaftlichen Reformen in Nordkorea betrifft. Manchmal gewannen wir den Eindruck, dass man sich des »armen Verwandten« in Pjöngjang sogar schämt und viel lieber mit dessen »reichen Bruder« in Seoul zusammenarbeitet.

In Nordkorea stieß die von mir geleitete Parlamentarierdelegation auf ein äußerst wohlwollendes Interesse an einer weiteren Ausgestaltung der deutsch-nordkoreanischen Beziehungen. Der Vorsitzende des Präsidiums der Obersten Volksversammlung, Kim Yong Nam, aber auch Parlamentspräsident Choe Thae Bok, brachten dies zum Ausdruck. Kim Yong Nam erinnerte rührselig an die Besuche der Schriftstellerin Luise Rinser, die besonders in den achtziger Jahren intensive Kontakte zu Kim Il Sung pflegte. Der Parlamentspräsident Choe verfügt durch sein Studium in der früheren DDR über hervorragende Deutsch- und Deutschlandkenntnisse, ebenso wie der relativ junge Außenhandelsminister Ri Kwang Gun und der Vorsitzende der Koreanisch-Deutschen Freundschaftsgruppe in der Obersten Volksversammlung Ri Jong Hyok, der zugleich Direktor des nordkoreanischen Instituts für Wiedervereinigungsfragen und stellvertretender Vorsitzender des Asien-Pazifik-Friedenskomitees ist.

Dass die nordkoreanische Seite den Beziehungen zu Deutschland einen hohen Stellenwert einräumt, hängt auch mit der umfangreichen humanitären Hilfe zusammen, die Deutschland vor allem durch die Welthungerhilfe, aber zeitweise auch durch Cap Anamur und das Deutsche Rote Kreuz leistet. Die deutsche Botschafterin in Pjöngjang, Doris Hertrampf, genießt großes Ansehen, nicht zuletzt aufgrund der Dynamik, mit der sie den Ausbau der Beziehungen vorantreibt. Auch die deutschen Bundesländer beginnen sich für Nordkorea zu interessieren, was eine Reise des bayerischen Wirtschaftsministers Otto Wiesheu mit einer Wirtschaftsdelegation im Jahr 2001 und der Gegenbesuch des stellvertretenden nordkoreanischen Außenhandelsministers in Bayern dokumentieren.

Mein nächster Besuch in Nordkorea fand Anfang November 2003 just zu dem Zeitpunkt statt, als der chinesische Parlamentspräsident Wu Bangguo zu bilateralen Konsultationen in Pjöngjang weilte. Dabei konnten die Chinesen bei den Nordkoreanern die Bereitschaft wecken, an einer zweiten Runde der Sechs-Parteien-Gespräche zur Lösung der Nuklearkrise teilzunehmen.

Im Vergleich zu meinem Besuch im Vorjahr habe ich im November 2003 einige Unterschiede feststellen können. Ein nordkoreanischer Gesprächspartner, den ich nach dem Fortschreiten des Reformprozesses im Lande befragte, sagte mir deutlich, dass man das Wort »Reform« in Nordkorea sehr ungern höre. Wir einigten uns auf die Formulierung »interessante Veränderungen«. Einige dieser »interessanten Veränderungen« konnte ich selbst in Augenschein nehmen: Da ist das rasant gestiegene Verkehrsaufkommen in Pjöngjang. Da sind umfangreiche Sanierungsarbeiten an Fassaden entlang seiner »Prachtstraßen«. Da ist auch eine größere Offenheit der Regierungsverantwortlichen hinsichtlich des Aktionsradius der Mitarbeiter der Deutschen Welthungerhilfe. Da ist das Anwachsen der privaten Bauernmärkte. Einige der Märkte, auf denen nicht nur zum offiziellen Kurs getauscht wird, sind inzwischen auch für Ausländer zugänglich. Da ist die im Sommer 2002 erfolgte Währungsumstellung, die bewirkt hat, dass der nordkoreanische Won nicht mehr nur eine symbolische Bedeutung innehat, sondern zunehmend zum Wertmaßstab für Güter und Leistungen wird. Sogar einen 5000-Won-Schein gibt es bereits.

Bei diesem jüngsten Besuch wurde ich von Vertretern der Konrad-Adenauer-Stiftung und der Hanns-Seidel-Stiftung in Südkorea begleitet. Der Vertreter der Friedrich-Naumann-Stiftung in Seoul hatte das Land kurz zuvor besucht. Meine Begleiter und mich überraschte, wie stark die nordkoreanische Seite daran interessiert ist, mehr mit den deutschen politischen Stiftungen zusammenzuarbeiten, die den Reform- und Demokratisierungsprozess in Südkorea entscheidend begleitet haben und auch umfassend in der Volksrepublik China tätig sind. Das Interesse reichte bis zum nominellen nordkoreanischen Staatsoberhaupt Kim Yong Nam. Das Goethe-Institut Seoul, das bereits mit umfangreichen Projekten in Nordkorea engagiert ist, hat hier wie ein wahrer Eisbrecher gewirkt. Im Sommer 2004 will es einen deutschen Lesesaal mit über 6000 Bänden in Pjöngjang einrichten. Auch der Deutsche Akademische Austauschdienst (DAAD) ist seit Anfang 2002 in Nordkorea engagiert und vermittelt Stipendien an Nordkoreaner und Deutsche. Die Welthungerhilfe leistet längst nicht mehr nur humanitäre Hilfe, sondern führt auch umfassend angelegte Projekte durch, welche die Wasserversorgung verbessern und ländliche Gebiete unter nachhaltigen Umweltaspekten entwickeln.

Es ist ohne Zweifel, dass die Aufnahme diplomatischer Beziehungen mit Deutschland und den meisten Mitgliedstaaten der Europäischen Union – aber auch das Engagement des Goethe-Instituts, des DAAD, der Deutschen Welthungerhilfe, des Deutschen Roten Kreuzes und das Wirken der deutschen Botschaft – dazu geführt haben, dass den nordkoreanischen Behörden wichtige Erfahrungen hinsichtlich der Gepflogenheiten in den internationalen Beziehungen vermittelt werden konnten. Dies gilt etwa für die Einsicht, dass humanitäre Hilfsleistungen an überprüfbare Bedingungen geknüpft werden (Monitoring). Ein nordkoreanischer Vertreter räumte offen ein, das man durch die humanitäre Hilfe überhaupt erst verstanden habe, was Monitoring bedeutet.

Bei meinem Gespräch mit dem stellvertretenden nordkoreanischen Verteidigungsminister, dem Vier-Sterne-Armeegeneral Ryo Chun Sok, wurde mir deutlich, dass auch die »Volksstreitkräfte« an einer möglichen Verstärkung der Außenbeziehungen des Landes teilhaben wollen. So wünscht man sich mit der deutschen Bundeswehr Kontakte auf den Gebieten des Sports, der Kultur und der Medizin. Der südkoreanische Außenminister Yoon Young Kwan hat mir gegenüber das nordkoreanische Militär als die »entscheidende Variable« für die künftige innere Entwicklung des Nordens bezeichnet. Ich ziehe daraus den Schluss, dass man das Militär bei der Ausgestaltung der bilateralen, aber auch der multilateralen Beziehungen wie etwa zur Europäischen Union nicht links liegen lassen kann. Nur durch Kontakte zu den Volksstreitkräften kann man in Erfahrung bringen, ob es dort ein für Reformen offenes, »aufgeklärtes« Offizierkorps gibt.

Insgesamt ist für die koreanische Halbinsel wie für den gesamten nordostasiatischen Raum nach meiner Überzeugung ein vertrauensbildender Prozess notwendig, für den der KSZE-Prozess in Europa eine Vorbildfunktion haben kann. Bei meinen jüngsten Gesprächen mit dem südkoreanischen Außenminister Yoon Young Kwan sowie dem Sicherheitsberater des südkoreanischen Präsidenten Roh Moo Hyun, Ra Jong Yil, bin ich mit dem Vorschlag, aus den gegenwärtigen Sechs-Parteien-Gesprächen eine Art Folgekonferenz für Sicherheit und Zusammenarbeit in Nordostasien zu entwickeln, auf große Zustimmung gestoßen. Auch meine chinesischen Gesprächspartner finden diesen Gedanken interessant. An einem derartigen Vertrauensbildungsprozess sollten sich die Europäische Union und Deutschland aktiv beteiligen. Dies würde nach meinem Eindruck auch auf nordkoreanischer Seite auf große Zustimmung stoßen. Ebenso sollten die Vereinigten Staaten, Russland und Japan an einem derart institutionalisierten Vertrauensbildungsprozess Interesse haben.

In einem zum Jahresende 2002 in den Deutschen Bundestag eingebrachten Antrag spricht sich auch das deutsche Parlament für eine Art nordostasiatischen KSZE-Prozess aus, »der nicht nur auf die unmittelbare Lösung des Nuklearproblems abzielt«. So sollten nach Auffassung dieses Antrages auch »Vertrauensbildung und Rüstungskontrolle, Wirtschafts- und Energiethemen, innergesellschaftlicher Wandel, Menschenrechte und ein breiter Dialog sowie ein Interessenausgleich (...) ebenso wesentliche Ziele« eines derartigen Prozesses sein. »Deutschland und die Europäische Union«, so heißt es weiter, »könnten das regionale Bemühen um Sicherheit in Nordostasien dahingehend unterstützen, dass Nordkorea seine Nuklearambitionen aufgibt und wieder internationale Kontrollen zulässt.« In diesem Fall würde es mittel- bis langfristig international eingebunden, erhielte Sicherheitsgarantien und würde mit »effektiven

Hilfsmaßnahmen« ausgestattet, die die Energieversorgung, die humanitäre Lage und die wirtschaftliche Entwicklung verbesserten. All dies könnte langfristig auch in eine politische Öffnung des Landes münden, prognostiziert der Parlamentsantrag.

Im Jahr 2005 wird Korea Länderschwerpunkt der Frankfurter Buchmesse und der Asien-Pazifik-Wochen in Berlin sein. Wenn sich die Sechs-Parteien-Gespräche weiter positiv entwickeln, muss man daran denken, dass nicht nur Südkorea, sondern auch Nordkorea an den Veranstaltungen teilnimmt. Die Zusammenarbeit zwischen den drei Staaten sollte auch den persönlichen Austausch umfassen. So hat der Deutsche Bundestag mehrfach vorgeschlagen, Parlamentarier aus Süd wie Nord nach Berlin einzuladen, um eine Vertrauensbildung und eine Annäherung beider koreanischer Staaten zu bewirken. Ferner forderte ein Parlamentsantrag die Bundesregierung zur Prüfung auf, inwieweit geeignete Schritte für einen deutsch-koreanischen Jugendaustausch entwickelt werden können, der beide koreanischen Staaten einbezieht.

Vor meinen beiden offiziellen Visiten in Nordkorea war ich im November 2000 als Tourist im Land. Ich besuchte das Kumgang-Gebirge, das der südkoreanische Hyundai-Konzern vornehmlich für Touristen aus dem Süden erschlossen hat. Obwohl das Naturwunder eingezäunt ist und Begegnungen mit Nordkoreanern stark eingeschränkt sind, waren gerade ältere Südkoreaner von dem Aufenthalt dort emotional berührt; bei jüngeren überwog die Neugier. Eine Studentin aus Seoul räumte mir gegenüber freimütig ein, dass ihr erst hier die Teilung ihres Landes bewusst geworden ist. Mich hat das Tourismus-Projekt stark an die Art und Weise erinnert, wie die deutsche Bundesregierung die Reisen und Begegnungen vor allem junger Menschen in der DDR gefördert hat.

Nachdem Deutschland und Europa ihre Teilung 1989/1990 friedlich überwinden konnten, sollten sie alle Bemühungen zur Überwindung der Spannungen auf der koreanischen Halbinsel unterstützen und einen aktiven Beitrag für Frieden, Stabilität und Demokratie dort und in der gesamten Region leisten. Ich jedenfalls habe bei meinen bisherigen Besuchen in Nordkorea festgestellt, dass das koreanische Sprichwort vollends zutrifft: »Einmal gesehen ist besser als 100-mal gehört!«

Anhang

Anmerkungen

1 Vgl. Cuming, Bruce: Korea's Place in the Sun. A Modern History. New York/London, S. 432.

2 Frankfurter Rundschau, 15.11.1994.

3 Die koreanischen Namen folgen außer der Hauptstadt Pjöngjang der einfachen englischen Umschrift. Juche hat nichts mit dem deutschen Begeisterungsruf »Juche!« gemein, es wird »Dschutsche« ausgesprochen.

4 Kim Il Sung wurde am 15. April 1912 in einem Dorf nahe Pjöngjang geboren, an dem Tag, an dem die Titanic unterging. Der Unterschied von einem Jahr zwischen beiden Kalendern erklärt sich dadurch, dass Kinder in Korea schon bei der Geburt ein Jahr alt sind.

5 Vgl. Maass, Harald: »Dann spürst du überhaupt nichts mehr«. In: Tagesspiegel, 25.2.2000.

6 Verlässliche Angaben zu den Besucherzahlen liegen nicht vor. Nordkorea gibt 200 000 Besucher jährlich an, davon 50 000 Touristen im Jahr 2002. Vgl. Maierbrugger, Arno: Nordkorea-Handbuch. Unterwegs in einem geheimnisvollen Land. Berlin 2004, S. 5. Diese Zahlen entsprechen wohl eher nordkoreanischem Wunschdenken als der Realität. Von unabhängiger Stelle werden 16 000 Touristen im Jahr 1988 (davon 12 000 aus der Sowjetunion) und 2000 im Jahr 1996 genannt. Vgl. Dege, Eckart: Korea als Ziel des internationalen Tourismus. In: Mitteilungen der Geographischen Gesellschaft zu Lübeck, Bd. 60/2002, S. 53–80, hier S. 55. In der BBC-Reportage »Holidays on the Axis of Evil« (Erstausstrahlung 27.11.2003 auf BBC Four) ist sogar von nur 150 westlichen Touristen im Jahr 2002 die Rede. Ein anderes Bild zeigt sich in der Wirtschaftssonderzone Rajin-Sonbong im Nordosten des Landes. Hierher kommen vor allem Chinesen, um in einem im Jahr 2000 eröffneten Casino dem Glücksspiel nachzugehen. Besucher der Sonderzone benötigen kein reguläres Visum, können sie aber auch nicht verlassen. Vgl. http://www.tumen-programme.org/tumen/sectors/tourism/tourismrason. Amerikanischen und südkoreanischen Staatsbürgern wird die Einreise nach Nordkorea in der Regel verwehrt.

7 Vgl. Cumings, Bruce: Korea's Place in the Sun, S. 404.

8 Pfabigan, Walter: Schlaflos in Pjöngjang. Vom gescheiterten Versuch, einen skeptischen Europäer zu einem Mitglied der Großen Roten Familie zu machen. Wien/München 1986, S. 85, 99 und 102.

9 Vgl. Cumings, Bruce: Korea's Place in the Sun, S. 409.

10 Vgl. Lankov, Andrei: The official Propaganda in the DPRK: Ideas and Methods; http://north-korea.narod.ru/propaganda_lankov.htm. Im Internetausdruck S. 8. Der Text ist die Übersetzung des 4. Kapitels seines Buches »Sewernaja Koreja. Wtschera i segodnja« (North Korea. Yesterday and Today), das 1995 im Moskauer Verlag Wostotschnaja Literatura erschienen ist.

11 Ebenda, im Internetausdruck S. 3 f.

12 Vgl. Hunter, Helen-Louise: Kim Il-song's North Korea. Westport/London 1999, S. 27 und 20.

13 Shim Jae Hoon: Vom Land der Stille zur asiatischen Mittelmacht. Eine kurze politische Geschichte Koreas. In: Du. Die Zeitschrift der Kultur: Korea. Fernöstliche Passagen. April 2000, S. 5–11, hier S. 7.

14 Vgl. Cumings, Bruce: North Korea. Another Country. New York/London 2003, S. 125.

15 Vgl. Bradt Travel Guide, S. 27. Andere Schätzungen gehen von 900000 chinesischen, 520000 nordkoreanischen und 400000 UN-Soldaten aus, die getötet oder verletzt wurden. Vgl. Oberdorfer, Don: The Two Koreas. A Contemporary History. London 1999, S. 9 f. Nordkorea behauptet, 1567128 alliierte Soldaten gefangen oder getötet zu haben, wobei 405498 Amerikaner gewesen seien. Ferner wurden demnach 564 feindliche Kriegsschiffe zerstört und 925152 Handfeuerwaffen erbeutet. Angaben zu eigenen Verlusten werden nicht gemacht. Vgl. Jon Un Bong: Panmunjom. Pjöngjang 1996, S. 7.

16 Pfabigan, Walter: Schlaflos in Pjöngjang, S. 62.

17 Vgl. Cumings, Bruce: Another Country, S. 20 und 27.

18 Vgl. Kim Sung Ung (Hg.): Panorama of Korea. Pjöngjang 1999, S. 22 f.

19 Vgl. Snyder, Scott: Negotiating on the Edge. North Korean Negotiating Behavior. Washington 1999, S. 22.

20 Vgl. Hilpert, Hanns Günther: Nordkoreas Nuklearpoker. Diskussionspapier der Forschungsgruppe Asien der Stiftung Wissenschaft und Politik (SWP). Berlin 2003, S. 2.

21 Ders.: Nordkorea vor dem ökonomischen Zusammenbruch? Studie der Stiftung Wissenschaft und Politik (SWP). Berlin 2003, S. 17.

22 Ebenda, S. 13.

23 Martin Mosebach: Der Krieg ist eine Bühne. In: Süddeutsche Zeitung, 13.6.2003.

24 Vgl. Time Asia, 20.5.2002. Die Geschichte des Mordkommandos ist mittlerweile verfilmt. Seit Januar 2004 läuft »Simildo« in den südkoreanischen Kinos.

25 Kim Jong Il soll als Chef der Geheimdienstgruppe »Raum 35« höchstpersönlich für diese und weitere Aktionen in den siebziger und achtziger Jahren verantwortlich sein. Übergelaufene Mitarbeiter des nordkoreanischen Geheimdienstes berichten dies in der BBC-Dokumentation »The Real Dr. Evil« von Rob Lemkin (Erstausstrahlung am 20.7.2003).

26 Vgl. Bork, Henrik: Der verschleierte Gulag. In: Süddeutsche Zeitung, 31.1.2003; U.S. Committee for Human Rights in North Korea (Hg.): The Hidden Gulag: Exposing North Korea's Prison Camps. Prisoner's Testimonies and Satellite Photographs; http://www.hrnk.org/hiddengulag.html.

27 U.S. Committee: The Hidden Gulag, im Internetausdruck S. 1.

28 Natsios, Andrew: The Politics of Famine in North Korea. United States Institute of Peace, Special Report 51/1999. http://www.usip.org/pubs/specialreports/sr990802.html. Im Internetausdruck S. 1. Die Angabe ist glaubwürdig. Der Autor ist auch Verfasser des Buches »The Great North Korean Famine. Famine, Politics and Foreign Policy«. Washington 2002, in dem verschiedene Schätzungen zusammengestellt sind.

29 Human Rights Watch (Hg.): The Invisible Exodus. North Koreans in the

People's Republic of China. November 2002; http://www.hrw.org/reports/2002/northkorea. Im Internetausdruck S. 2.
30 Ebenda.
31 Flake, L. Gordon; Snyder, Scott: Paved with Good Intentions. The NGO Experience in North Korea. Westport/London 2003, S. 133–135 u. 151–154.
32 Frankfurter Allgemeine Zeitung, 16.12.2003.
33 Kolonko, Petra: Gewinn theoretisch erlaubt. In: Frankfurter Allgemeine Zeitung, 16.12.2003.
34 Pfabigan, Walter: Schlaflos in Pjöngjang. S. 42 f.
35 Die Korea Film Export & Import Corporation Pyongyang gibt nur die koreanischen und englischen Filmtitel an. Manches Entstehungsjahr lässt sich nicht genau angeben.
36 Kenpachiro, Satsuma: Gojira ga mita kita chosen. Tokio 1988.

Literatur

Akaha, Tsuneo; Akahara, Tsuneo (Hg.): The Future of North Korea. London u.a. 2002.
Becker, Anne-Katrein: Länder der Erde. Korea (KDVR). Berlin (Ost) 1988.
Dies.: Tschoson. Land der Morgenfrische. Berlin (Ost) 1989.
Becker, Jaspers: Famine en Corée du Nord. Paris 1998.
Belke, Thomas J.: Juche. A Christian Study of North Korea's State Religion. Bartlesville 1999.
Bermudes, Joseph S. Jr.: Terrorism. The North Korean Connection. Annapolis 1990.
Breen, M.: Kim Jong-il. North Korea's Dear Leader. Hoboken 1994.
Buzo, Adrian: The Guerilla Dynasty. Politics and Leadership in North Korea. London/New York 1999.
Cha, Victor D.; Kang, David C.: Nuclear North Korea. A Debate on Strategies of Engagement. New York 2003.
Choi, E. Kwan et al.: North Korea in the World Economy. London u.a. 2003.
Cornell, Erik: North Korea under Communism. Report of an Envoy to Paradise. London u.a. 2002.
Cumings, Bruce: Korea's Place in the Sun. A Modern History. New York/London 1998.
Ders.: North Korea. Another Country. New York/London 2003.
Dege, Eckart: Kleiner Reiseführer Nordkorea. Kiel 1991.
Ders.: Korea. Eine landeskundliche Einführung. Kiel 1992.
Derichs, Claudia; Heberer, Thomas: Einführung in die politischen Systeme Ostasiens. China, Japan, Nordkorea, Südkorea, Taiwan. Opladen 2002.
Destexe, Alain: Corée du Nord. Voyage en dynastie totalitaire. Paris 2001.
Downs, Chuck: Over the Line. North Korea's Negotiating Strategy. Washington 1999.
Eberstadt, Nicholas: Korea Approaches Reunification. Armonk/New York u.a. 1995.
Ders.: The End of North Korea. Washington 1999.

Eberstadt, Nicholas; Ellings, Richard J. (Hg.): Korea's Future and the Great Powers. Seattle/London 2001.

Feffer, John: Nordkorea und die USA. München 2004.

Flake, L. Gordon; Snyder, Scott: Paved with Good Intentions. The NGO Experience in North Korea. Westport/London 2003.

Frank, Rüdiger: Die DDR und Nordkorea – Der Aufbau der Stadt Hamhung von 1954–1962. Aachen 1996.

Fritz, Martin: Schauplatz Nordkorea. Das Pulverfaß im Fernen Osten. Freiburg 2004.

Gerig, Uwe; Kuo, Xing-hu: Roter Gott im »Paradies«. Reisenotizen und Bilder aus Nordkorea. Böblingen 1987.

Graham, Billy: So wie ich bin. Die Autobiographie. Gießen 2001.

Grangereau, Philippe: Au pays du grand mensonge. Paris 2001.

Harrold, Michael: Comrades and Strangers. Behind the Closed Doors of North Korea. Hoboken 2004.

Henriksen, Thomas H.; Mo, Jongryn: North Korea after Kim Il Sung. Continuity or Change? Stanford 1997.

Hoare, J. E.; Pares, Susan: North Korea in the 21st Century. An Interpretive Guide. Dorset 2004.

Hunter, Helen-Luise: Kim Il-songs's North Korea. Westport/London 1999.

Kang, Chol Hwan: Les Aquariums de Pyongyang. Paris 2000.

Ders.: The Aquariums of Pyongyang. Ten Years in the North Korean Gulag. New York 2001.

Kim, Samuel S. (Hg.): The North Korean System in the Post-Cold War Era. New York u.a. 2001.

Kim, Suk Hi: North Korea at a Crossroads. Jefferson 2003

Kuo, Xing-hu: Nordkorea. Ein fernöstlicher Gulag. Herford 1985.

Maierbrugger, Arno: Nordkorea-Handbuch. Unterwegs in einem geheimnisvollen Land. Berlin 2003.

Maretzki, Hans: Kim-ismus in Nordkorea. Eine Analyse des letzten DDR-Botschafters in Pjöngjang. Böblingen 1991.

Maull, Hans W.; Maull, Ivo M.: Korea. Geteiltes Land der Morgenruhe. München 1993.

Mazarr, Michael J.: North Korea and the Bomb. Basingstoke u.a. 1997.

Miller, Debra A. (Hg.): North Korea. San Diego 2003.

Mohr, Oliver: Hinter dem 38. Breitengrad. Mit Cap Anamur in Nordkorea. Göttingen 2000.

Monterey Interpretation and Translation (Hg.): North Korea Handbook. Armonk/New York u.a. 2003.

Natsios, Andrew S.: The Great North Korean Famine. Famine, Politics and Foreign Policy. Washington 2002.

Nanchu; Hang, Xing: In North Korea. An American Travels through an Imprisoned Nation. Jefferson 2003.

Noland, Marcus; Bergsten, C. Fred: Avoiding the Apocalypse. The Future of the Two Koreas. Washington 2000.

Oberdorfer, Don: The Two Koreas. London 1999.

Oh, Kong Dan et al.: North Korea through the Looking Glass. Washington 2000.

O'Hanlon, Michael; Mouchizuki, Mike: Crisis on the Korean Peninsula. How to Dial with a Nuclear North Korea. New York 2003.

Pan, Christoph: Nordkorea. Die ideologische und soziologische Basis. Wien 1992.

Pfabigan, Walter: Schlaflos in Pjöngjang. Vom gescheiterten Versuch, einen skeptischen Europäer zu einem Mitglied der Großen Roten Familie zu machen. Wien/München 1986.

Quinones, C. Kenneth et al.: The Complete Idiot's Guide to Understanding North Korea. Indianapolis 2004.

Righetti, Nicolas: The Last Paradise. North Korea. New York 2003.

Rigoulot, Pierre: Nordkorea. Steinzeitkommunismus und Atomwaffen. Anatomie einer Krise. Köln 2003.

Rinser, Luise: Nordkoreanisches Reisetagebuch. Frankfurt (Main) 1986.

Schaller, Peter: Nordkorea. Ein Land im Banne der Kims. Böblingen 1994.

Schönherr, Johannes: Trashfilm Roadshows. Off the Beaten Track with Subversive Movies. Manchester 2002.

Smith, Heather: The North Korean Economy. Collapse, Stasis or Reform? Canberra 1997.

Snyder, Scott: Negotiating on the Edge. North Korean Negotiating Behavior. Washington 1999.

Springer, Chris: Pyongyang. The Hidden History of the North Korean Capital. Budapest 2003.

Suh, Dae Suk: Kim Il Sung. North Korean Leader. New York 1995.

Ders.; Lee, Chae-Jin (Hg.): North Korea After Kim Il Sung. Boulder 1998.

The Korea Economic Institute (Hg.): Cooperation and Reform on the Korean Peninsula. Washington 2002.

Vollertsen, Norbert: Inside North Korea. Diary of a Mad Place. San Francisco 2003.

Willoughby, Robert: Bradt Travel Guide to North Korea. Bucks 2003.

Choi, E. Kwan; Merril, Yesook; Kim, E. Han: North Korea in the World Economy. London/New York 2003.

Abbildungsnachweis

Über den Herausgeber und die Autoren

Christoph Moeskes (Hg.)
Jahrgang 1971, Osteuropastudien und Studium der Kulturwissenschaft in Berlin; journalistische und schriftstellerische Tätigkeiten in Bukarest, Moskau und Berlin; Volontariat bei der Frankfurter Allgemeinen Zeitung; seit 2002 ihr freier Mitarbeiter.
Veröffentlichungen: Soljanka am Scharmützelsee. In: Buch der Unterschiede. Warum die Einheit keine ist, Berlin 2000; Die kleine und die große Unabhängigkeit. Der Konflikt zwischen Abchasien und Georgien, Wiesbaden 2001.

Werner Adam
Jahrgang 1935, besuchte Nordkorea 1994 und 1995 als Korrespondent der Frankfurter Allgemeinen Zeitung, für die er von 1984 bis 1990 aus der Sowjetunion berichtet hatte.
Veröffentlichungen u. a.: Ein Imperium zerbricht. Reportagen über den Untergang der Sowjetunion. Frankfurt (Main) 1992; Das neue Russland. Wien 2000; Unheilige Kriege im Herzen Asiens, Wien 2002.

Anne-Katrein Becker
Jahrgang 1943, besuchte als ADN-Journalistin und Rundfunkreporterin zwischen 1970 und 1989 regelmäßig Nordkorea. Die Koreanistin war zuletzt 1994 im Land.
Veröffentlichungen: Länder der Erde. Korea (KDVR). Berlin (Ost) 1988; Tschoson – Land der Morgenfrische. Berlin (Ost) 1989.

Simon Bone
Geboren in England, Wahlheimat Berlin. Simon Bone war 1998 in Nordkorea. Sein umfassender Reisebericht ist Bestandteil seines Internet-Projekts »Life after Tyranny«. Dort erzählt er von Orten, die sich in einem »Übergang von autoritärer Herrschaft zu etwas anderem« befinden, so etwa aus Weißrussland, Moskau oder Kuba.

Dirk Brauns
Jahrgang 1968, war 2002 auf einer Journalistenreise in Nordkorea. Seit 1999 berichtet er aus Peking, so für die Schweizer Sonntagszeitung und die Berliner Zeitung. Im November 2002 war Dirk Brauns für den Stern im Irak.
Veröffentlichung: Berlin–München. Zu Fuß. Stuttgart 1997.

Marceli Burdelski
Jahrgang 1952, Politikwissenschaftler in Gdańsk, besuchte Nordkorea 1986, 1987 und 2003. Der Vizepräsident der Asien-Pazifik-Gesellschaft in Warschau hat zahlreiche Bücher und Artikel zu Nord- und Südkorea veröffentlicht.

Eckart Dege
Jahrgang 1942, 1974 bis 1976 Gastprofessur für Geographie in Südkorea, seither zahlreiche Forschungsreisen nach Korea, darunter acht Reisen nach Nordkorea. Sein Beitrag ist in gekürzter Fassung dem Koreaforum 1/1997 entnommen.
Veröffentlichungen u.a.: Kleiner Reiseführer Nordkorea. Kiel 1991. Korea. Eine landeskundliche Einführung. Kiel 1992; Korea als Ziel des internationalen Tourismus. In: Mitteilungen der Geographischen Gesellschaft zu Lübeck, Bd. 60, 2002.

Birke Dockhorn
Jahrgang 1971, 1994/95 Studienaufenthalt in Seoul. Die Koreanistin und Sprachlehrerin war 1995 als Touristin in Nordkorea, ein Jahr später begleitete sie den Journalisten Volker Handloik.

Bernd Girrbach
Jahrgang 1955, drehte im Winter 2002 drei Wochen lang eine Reportage in Nordkorea fürs Fernsehen. 1991 gründete er mit drei Kollegen die Produktionsgesellschaft Along Mekong Productions, die für die ARD und Arte vorzugsweise Themen aus Afrika und Südostasien behandelt.

Volker Hagemeister
Jahrgang 1974, Rechtsreferendar, war im Oktober 2003 als Tourist in Nordkorea. Er schreibt für mehrere Zeitungen, darunter die Frankfurter Allgemeine Zeitung, wo er 2000/2001 volontierte.

Gert G. Harigel
Jahrgang 1930, besuchte Nordkorea 2002 und 2003. Der Experimentalphysiker im Ruhestand arbeitet ehrenamtlich im Europäischen Zentrum für Kernforschung (CERN), für das er von 1966 bis 1995 tätig war. Er engagiert sich in zahlreichen NGOs, so etwa dem Genfer Internationalen Institut zur Friedensforschung (GIPRI), dem Internationalen Netzwerk der Ingenieure und Wissenschaftler für Globale Verantwortung (INES) sowie der Pugwash-Bewegung und dessen Lehrzweig, der Internationalen Schule für Abrüstung und Konfliktforschung (ISODARCO).

Jan Holtermann
Jahrgang 1953, war seit 2000 zehnmal in Nordkorea, um das Internet mit aufzubauen. Er ist Geschäftsführer der KCC Europe GmbH, die das Projekt von Berlin aus betreut. Er beriet vorher Firmenkunden bei verschiedenen deutschen Banken sowie Botschaften.

Kang Chol Hwan
Jahrgang 1968. Als er neun Jahre alt war, wurde seine ganze Familie für zehn Jahre in das Arbeitslager Yodok interniert, weil der Großvater offenbar in Ungnade gefallen war. Nach seiner Freilassung konnte Kang über China nach Seoul fliehen. Heute arbeitet er als Redakteur der Chosun Ilbo, der größten Tageszeitung Südkoreas. Sein Beitrag ist dem 10. Kapitel seines Bu-

ches »The Aquariums of Pyongyang. Ten Years in the North Korean Gulag«, New York 2000, entnommen.

Hartmut Koschyk
Jahrgang 1959, seit 1990 Bundestagsabgeordneter der CSU, besuchte Nordkorea im Jahr 2000 als Tourist sowie 2002 und 2003 in einer Delegation der Deutsch-Koreanischen Parlamentariergruppe, der er seit 1998 vorsitzt. Seit 2002 ist er Präsident der Deutsch-Koreanischen Gesellschaft e. V.
Veröffentlichung u.a.: Begegnungen mit Kim Dae-jung. Korea auf dem Weg zu Frieden, Versöhnung und Einheit. München 2002 (Hg.).

Alexander Liebreich
Jahrgang 1968, Dirigent und stellvertretender Musikdirektor des Brabants Orkest in den Niederlanden. 2002 gastierte Alexander Liebreich mit der Jungen Deutschen Philharmonie in Nord- und Südkorea, 2003 war er Gastprofessor im Yun-I-Sang-Institut in Pjöngjang und unterrichtete Dirigieren.

Britta-Susann Lübke
Jahrgang 1958, begleitete 2002 ihren Vater nach Hamhung, der als Mitglied der deutschen Arbeitsgruppe die zerstörte Stadt 1956/57 wiederaufbauen half. Die seit 1987 bei Radio Bremen arbeitende Fernsehjournalistin machte daraus zwei Filme: Jenseits der letzten Mauer – Nordkorea (Erstausstrahlung 8.12.2002, ARD); Nordkorea – eine Wiederkehr. Der Traum vom Tausend-Mond-Fluss (Erstausstrahlung 30.6.2003, Arte).

Sofia Malmquist
Jahrgang 1973, war von Mai 2002 bis Mai 2003 in Nordkorea. Sie arbeitete an der Schwedischen Botschaft, bei der Swiss Development Cooperation (SDC) und der italienischen Hilfsorganisation Cesvi (Cooperazione e Sviluppo). Neben ihrer journalistischen Tätigkeit für Rundfunk und Zeitungen erstellt sie Video-Dokumentationen.

Helga Picht
Jahrgang 1934, leitete von 1980 bis 1992 die Koreanistik an der Berliner Humboldt-Universität und dolmetschte auf höchster Regierungsebene. Längere Aufenthalte in Nordkorea in den fünfziger und sechziger Jahren, danach häufige Kurzbesuche bis 1991. Seit 1992 übersetzt sie vor allem südkoreanische Literatur, darunter Teile des 21-bändigen Romans »Land« von Pak Kyong Ni.

Hubertus Rüffer
Jahrgang 1951, war von 1997 bis 1999 der erste Programmdirektor der Deutschen Welthungerhilfe (DWHH) in Nordkorea. Derzeit ist er für die DWHH in Tadschikistan tätig.

Peter Schaller
Jahrgang 1948, leitete von 1991 bis 1993 die Deutsche Interessenvertretung in Nordkorea. 1979 Eintritt in den diplomatischen Dienst, Auslandsposten in

Brüssel, Peking, Havanna, Aschgabat/Turkmenistan, Praia/Kap Verde. Peter Schaller ist heute Protokollchef der Staatskanzlei Brandenburg.

Veröffentlichungen: Nordkorea. Ein Land im Banne der Kims. Böblingen 1994; Die Kapverdischen Inseln. Impressionen vom Grünen Kap. Berlin 2002.

Orville Schell

Jahrgang 1940, besuchte Nordkorea 1996. Der ehemalige China-Korrespondent ist Dekan für Journalismus an der Universität Berkeley, Kalifornien. Sein gekürzter Beitrag ist dem Harper's Magazine vom Juli 1996 entnommen.

Veröffentlichungen u. a.: Discos and Democracy. China in the Throes of Reform. New York 1988; Virtual Tibet. Searching for Shangri-La from the Himalayas to Hollywood. New York 2000.

Anne Schneppen

Jahrgang 1965, seit 1997 Korrespondentin der Frankfurter Allgemeinen Zeitung in Tokio. Sie war zweimal in Nordkorea und besucht regelmäßig den Süden der Halbinsel. Ihre journalistischen Beobachtungen aus Süd und Nord sind 2002 in Südkorea als Buch erschienen. Ihr Beitrag ist der Frankfurter Allgemeinen Zeitung vom 23.2.2004 entnommen.

Johannes Schönherr

Jahrgang 1961, freier Journalist und Filmshow-Organisator in Japan. Er besuchte Nordkorea 1999 und 2000. Die von ihm beschriebenen nordkoreanischen Spiel- und Dokumentarfilme liefen 2000 in mehreren europäischen Kinos. Sein Beitrag ist in gekürzter Fassung der Zeitschrift CineAsia vom Juni 2001 entnommen.

Veröffentlichung: Trashfilm Roadshows. Off the Beaten Track With Subversive Movies. Manchester 2002.

Rainer Stahl

Jahrgang 1941, leitete im ersten Halbjahr 2001 die Projekte von Cap Anamur in Nordkorea. Die deutsche Hilfsorganisation beendete 2002 ihr Engagement, weil die Behörden nicht bereit waren, die Bewegungsfreiheit der Mitarbeiter zu verbessern. Heute arbeitet er als freier Unternehmensberater mit Schwerpunkt Osteuropa und Asien.

Hans Stehling

Jahrgang 1957, Redakteur bei der Gesellschaft für Technische Zusammenarbeit (GTZ) in Frankfurt, begleitete im Dezember 2001 mit einer Gruppe deutscher Journalisten die erste deutsche Rindfleisch-Lieferung nach Nordkorea. Sein Beitrag ist der GTZ-Zeitschrift Akzente 1/2002 entnommen.

Günther Unterbeck

Jahrgang 1950, lebt seit 1972 mit wenigen Unterbrechungen in Pjöngjang. Der Koreanist und vermutlich dienstälteste Ausländer in Nordkorea war für die Botschaft der DDR tätig und leitete später einen deutschen Firmenpool für den Ostasiatischen Verein (OAV). Vertritt seit 2002 die KCC Europe GmbH, die das Internet in Nordkorea mit aufbaut.

Elke Werry
Jahrgang 1957, war mit Bernd Girrbach im Dezember 2002 im Land, um die Reportage »Mission Nordkorea« zu drehen. Seit 1984 ist sie Autorin, Kamerafrau und Produzentin für Dokumentarfilme und betreibt mit drei Kollegen die Produktionsfirma Along Mekong Productions in Heidelberg.

Käthi Zellweger
Jahrgang 1952, seit 1986 Direktorin der Caritas Hongkong. Von 1995 bis 2003 war Käthi Zellweger 44-mal in Nordkorea und hat dabei alle Provinzen besucht. Die katholische Hilfsorganisation ist vor allem in den östlichen Landesteilen tätig. Sie gibt Nahrungsmittelhilfe, unterstützt Gesundheitsprojekte und versucht, die Landwirtschaft auf lokaler Ebene zu verbessern.

Kontaktadressen

Reiseveranstalter

Korea-Reisedienst, Hannover [www.nordkoreareisen.de]
Reisedienst Wunderlich, Gladebrügge [www.rdw-reisen.de]
Indo Orient Tours/Indoculture, Schweiz [www.indoculture.ch]
Die Windrose, Österreich [www.diewindrose.com]
VNC Travel, Niederlande [www.vnc.nl]
Regent Holidays, Großbritannien [www.regent-holidays.co.uk]
Koryo Tours, Großbritannien [www.koryogroup.com]
Chollima Group, Großbritannien [www.chollima-group.com]
Staatliches Tourismusbüro, Nordkorea [www.dprknta.com]

Nordkoreanische Webpages

Korean Central News Agency [www.kcna.co.jp]
Portal für internationale Wirtschafts- und Kulturbeziehungen
    [www.dprk.com]
Souvenirs und Geschäfte [www.korea-dpr.com]
Infobank [www.dprkorea.com]

Südkoreanische Webpages

Botschaft der Republik Korea, Berlin [www.koreaheute.de]
Ministry of Unification, Seoul [www.unikorea.go.kr]
Koreanische Zentrale für Tourismus [www.tour2korea.com]
Goethe-Institut, Seoul [www.goethe.de/os/seo]

Webpages über Nordkorea

Private , sehr aktuelle Webpage, kostenpflichtig
    [www.pyongyangsquare.com]
Korean Web Weekly [www.kimsoft.com]
North Korean Studies [www.north-korea.narod.ru]

Travelogues (Reiseberichte)
 [www.stat.ualberta.ca/people/schmu/nk.html]
U-Bahn Pjöngjang [www.pyongyang-metro.com]
Private Webpage [www.nordkorea-online.de]
Freundeskreis der Juche-Ideologie [www.kdvr.de]

Institutionen

Institut für Asienkunde, Hamburg [www.duei.de/ifa]
Koreaverband e.V. im Asienhaus, Essen [www.koreaverband.de]
Human Rights Watch [www.hrw.org]
Stiftung Wissenschaft und Politik [www.swp-berlin.org]
Nautilus Institute for Security and Sustainability
 [www.nautilus.org]
United States Institute of Peace [www.usip.org]
U.S. Committee for Human Rights in North Korea [www.hrnk.org]
CIA – The World Factbook
 [www.cia.gov/cia/publications/factbook/geos/kn.html]
Weltstatistik [www.nationmaster.com]
Internationale Organisationen [www.databeuro.com]

Hilfsorganisationen

Caritas [www.caritas-international.de]
Deutsches Rotes Kreuz [www.drk.de]
Deutsche Welthungerhilfe [www.dwhh.de]
Diakonie [www.diakonie-katastrophenhilfe.de]
Unicef [www.unicef.org]
World Food Program [www.wfp.org]